전교인 예배가 행복하다!

전교인 예배가 행복하다!

초판 1쇄 찍은 날 · 2013년 04월 08일 | **초판 1쇄 펴낸 날** · 2013년 04월 15일

지은이 · 신현숙 | **펴낸이** · 김승태

등록번호 · 제2-1349호(1992. 3. 31) | **펴낸 곳** · 예영커뮤니케이션

주소 · (136-825) 서울시 성북구 성북1동 179-56 | **홈페이지** www.jeyoung.com

출판사업부 · T. (02)766-8931 F. (02)766-8934 e-mail: jeyoung@chol.com

출판유통사업부 · T. (02)766-7912 F. (02)766-8934 e-mail: jeyoung@chol.com

ISBN 978-89-8350-834-8 (03230)

값 12,000원

전교인 예배가 행복하다!

신현숙 지음

예영커뮤니케이션

책머리에

주님을 만나고 구원의 확신과 뜨거운 감격 속에서 첫 발을 디딘 곳이 아동부 교사였다. 즐겁고 행복했던 교사 시절을 보냈고, 아동부 전도사로 시작하여 교육목사까지 20여 년 동안 사역자로서의 삶을 살았다.

그 많은 시간 동안 나는 사역의 꿈도 깊어졌고 관심도 넓어졌다. 처음에는 단순히 내 부서, 내 아이들이 나의 전부였는데 더 멀리, 더 깊게 보면서 대다수의 중소형 교회와 아주 작은 교회들의 어려움도 알게 되었다. 교회교육의 현장에서 늘 아쉬웠던 부분이 성인 성도들과 교회학교 학생들은 함께 하기가 어렵고 자칫 소외되는 부분이 많다는 것이었다. 그 짐도, 그 숙제도 나의 관심과 열정으로 풀어야 함을 알게 되었다. 그래서 전교인목회에 관심을 갖고 흥미롭게 다가가게 되었다.

나는 기회가 닿을 때마다 전교인 예배와 행사를 정성껏 기획하고 진행하며 평가와 반응을 보면서 다시 접근하는 노력을 오랫동안 계속해 왔다. 매우 흥미 있고 즐거웠던 그 시간들이 마침내는 신앙공동체와 간세대 교육에 대해서 석사 논문을 쓰도록 이끌었는지도 모른다. 전교인 목회에 관심 있는 목회자들을 위하여 언젠가는 자료와 도움을 드리고 싶은 마음도 꾸준히 지켜 왔다. 그래서 우선 전교인 예배 분야만이라도 책으로 담아 내고 싶었다.

이 책은 이론과 실천의 두 부분으로 나누어져 있다. 1부는《이해하기, 신앙공동체와 목회》이다.

독자들이 전교인 목회의 개념을 이해하기 쉽게 간세대교육 이론에 관해 설명했다. 목차의 1-4장까지는 내가 쓴 대학원 석사 논문("신앙공동체 이론에 근거한 간세대교육 프로그램 연구", 장로회신학대학교 대학원, 2006년)에서 일부 내용을 발췌해 더 쉽고 간단하게 요약했다. 1부를 편안하게 읽을 수 있도록, 논문에는 자세한 각주가 있지만, 꼭 필요한 부분 외에는 각주를 생략했다.

2부는 《실천하기, 행복한 전교인 목회》이다. 전교인 목회에서 비교적 시도하기 쉬운 것이 절기 예배라고 생각했다. 그래서 1년 동안 11개의 절기와 기념 예배를 드릴 수 있는 11개의 자료를 수록했다. 그동안 내가 사역하던 교회에서 기획했던 예배들을 더 다듬고 손질하였는데, 각 교회 형편에 맞게 전체적으로, 또는 부분적으로 사용할 수 있을 것이다. 목회현장에서 편안하게 사용할 수 있도록 최대한 자세히 설명하고 충실한 자료를 넣으려고 노력했다.

오래 전 꿈꾸었던 희망이 하나씩 열매를 맺는 가운데, 이제 다섯 번째 책이 출판되었다. 내용이 조금은 부끄럽고 부족할지라도 부디 전교인 목회와 예배에 관심이 있는 목회자들에게 조금이라도 유익한 도움이 되기를 간절히 바란다.

나를 믿어 주고 과감하게 전교인 목회 기획의 기회를 주셨던 여러 교회들과 담임 목사님들에게 깊은 감사를 드린다. 특히 신뢰와 은혜로 전교인 목회의 비전을 키워 주신 일산영문교회의 최제연 목사님께 진심어린 감사의 인사를 드린다. 사랑과 칭찬과 격려로 앞길을 밝혀 주신 故 황장옥 목사님, 박혜성 목사님과 이 다섯 번째 기쁨을 함께하고 싶다. 또한 모두가 힘들어하는 이런 시기에도 문서사역에 대한 열정으로 책을 출판해 주신 김승태 사장님께 깊은 감사를 드린다. 이 책의 독자들과, 내 곁의 사람들에게 하나님의 사랑과 은총이 봄날의 햇빛처럼 따뜻하게 내리기를 잔잔히 기도하면서….

2013년 3월
신현숙

목차

제1부 : 이해하기, 신앙공동체와 목회

제2부 : 실천하기, 행복한 전교인 목회

스타트 라인에서

　기독교인들의 생활의 중심축은 예배에 있다. 그러므로 기독교인들은 일주일 중 주일을 최고로 중요하게 생각한다. 주일은 일주일의 시작이요, 성전에서 예배드리는 날이요, 그리스도인의 정체성을 확인하는 신앙고백의 날이기 때문이다.

　이렇게 소중하고 귀한 주일날, 성도의 가정이나 교회 내에서의 생활을 잠시 생각해 보았으면 좋겠다. 가족이 한 교회에 다닌다고 하면 보통의 경우 주일 아침이면 각자가 교회로 간다. 교회학교 아이들은 교회학교 예배 시간에 맞추어, 부모들은 어른 예배 시간에 맞추어 집을 나선다. 그러고는 교회 안에서도 각자의 공간에서 다른 교인들과 시간을 보낸다. 아빠는 남선교회실에서, 엄마는 성가대실이나 다른 장소에서, 자녀들은 교회학교 교실에서 각자 활동한다. 심지어는 점심도 교회 내 식당에서 따로따로 먹는 경우가 많다.

　그렇게 주일 하루가 지나고 밤이 되면 뿔뿔이 흩어진 가족은 다시 집에 모인다. 그리고 교회에서 있었던 일들에 대해 이야기꽃을 피우면서 시간을 보낸다. 그런데 이들의 대화를 자세히 살펴보면, 한 가지 이상한 점이 있다. 이들에게는 주일날 교회에서 함께한 추억이 없다는 것이다. 왜 그럴까? 그것은 그들이 한 교회 건물에 있었어도 서로 다른 장소에서 다른 사람들과 어울려 이야기하고, 예배드리고, 다른 활동에 참여했기 때문이다. 이러한 모습은 한국교회 교인들 가정에서 흔히 볼 수 있는 일이다.

이런 경우 외에도 아주 소규모 교회나 개척 교회에서는 더욱 안타까운 모습을 볼 수 있다. 주일날 교회학교 학생들은 예배 장소가 부족하거나 지도자나 교사가 없어서 따로 예배를 못 드리고 어른들과 함께 예배를 드리는 둥 마는 둥 하다가 집에 가는 경우가 있다. 과연 이런 교회학교 학생들이 교회에 대한 소속감, 한 성도로서의 동질감을 얼마나 깊이 느낄까? 교회라는 한 공간에 있어도 서로 섬나라와 본토 육지처럼 쓸쓸한 거리감과 괴리감을 느끼면서 지낸다면 얼마나 슬픈 일일까?

가족이 함께 한 교회에 다니고, 한 교회 건물 안에 있지만 함께 나눌 공동의 이야깃거리, 즉 신앙의 유산이 형성되기 어려운 것이 바로 현대 한국교회의 일면이다. 무엇이 한 교회 안에서 가족 간, 세대 간의 '단절'의 장벽을 가져왔을까?

이 책에서는 이 질문에 대한 해답과 길을 찾아가려고 한다. 그리고 그 길을 찾아가는 데 키워드가 될 '신앙공동체'는 목회자에게 새로운 시야를 열어 줄 것이다.

자, 이제부터 즐거운 대화를 나누면서 신나게 활로를 찾아 떠나 보자.

제1부

이해하기, 신앙공동체와 목회

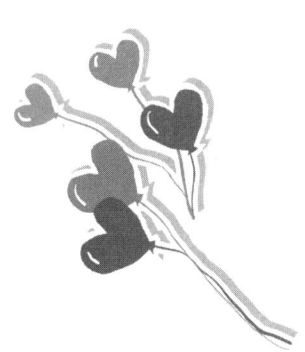

이 단어를 알면 이해가 쏙쏙!!!

간세대(間世代)

일반적으로 '세대'(generation)라고 하면 동일한 시대의 연령층을 의미한다. 그래서 2세대라고 하면 '어린이 세대', '부모 세대'를 의미하고, 3세대라고 하면 '조부모 세대'를 포함한다. 여기에 '간'(間/inter)은 '성인층과 아동층이나 세대를 구분하지 않고 둘, 또는 그 이상의 세대를 함께 연결하고 '합성함'을 뜻하는 말이다. 그러므로 '간세대'라고 하면 '연령이 다른 여러 세대와 함께 연합하고 서로 교류하는 장소와 방법과 구조'를 말한다. 그래서 보통은 '간세대'라는 용어를 '세대통합'(世代統合)으로 이해하는 경우가 있다.

간세대(間世代) 교육(목회)

이 말을 기독교교육적·목회적으로 이해한다면 '교회라는 신앙공동체 안에서 연령이 다른 2세대나 3세대 이상의 연령 그룹들이 동일한 장소에서 동일한 주제와 목적을 가지고 함께 활동하고 경험하고 배우며 서로 역동성을 가져오는 교육목회적 구조와 내용들'이라고 요약할 수 있다.

상호관계(相好關係)

두 사람 이상이 서로 관계를 맺고, 그 관계 속에서 이루어지는 정서적·영적인 반응과 공유할 수 있는 내용을 말한다. 친밀함(상호교류), 신뢰감(상호지지), 서로에게 기여하고 자발적으로 헌신하는 희생의지(상호헌신), 서로에게 영향을 끼침(상호작용), 돌봄, 비전 공유 등이 이루어지는 것을 말한다.

신앙공동체

한 교회의 성도라면, 교회의 머리되신 예수 그리스도를 함께 섬기고, 한 분이신 하나님을 믿는 하나의 신앙고백을 하며, 하나의 교회를 섬기고 있는 모습에서 신앙의 정체성을 유지해야 한다. 하지만 한 공동체 안에 다양한 경력을 지닌 다양한 세대들이 모여 있기 때문에 다양성도 존중해야 한다. 이러한 다양성과 일치성을 존중하면서 신앙의 구심점 아래 함께 모여 살아가고 연합해 가는 교회의 모습이 신앙공동체이다(고전 10:16-17, 고전 12:12,27, 엡 4:4-6, 엡 4:15-16).

1장. 간세대(세대통합) 교육은 꼭 필요하다

1. 교회 안에서의 분리와 단절 현상

한국의 근대사는 갑오경장부터 시작해서 100여 년 동안 조선 시대의 사회와 문화를 뛰어넘는 시대적 변화의 시기였다. 그 후 한국의 현대사는 정치적인 체제 변화(왕정정치에서 대통령제로)로 인해 많은 정치적 사건과 격랑의 파도를 헤쳐 나와야 했다. 급속도로 유입된 서구 과학문명의 영향은 사회, 경제, 정치, 교육, 문화적 측면에서 세계 어느 나라보다도 빠른 사회적 변화를 가져왔다. 이는 한국 사회에 긍정적인 영향을 끼쳤지만, 고유한 전통의 붕괴, 세대 간의 단절, 개인주의, 대가족과 공동체 문화의 유실, 산업화라는 부정적인 현상도 초래했다.

이러한 격동의 시기에 외국에서 파송된 선교사를 통해 한국은 기독교 시대를 맞이하게 되었다. 초창기 교회 시대는 유교 문화로 인해 '남녀의 구별'과 '신분의 구별'이 교회 안에 존재했다. 유교적 영향인 '남녀칠세부동석'이라는 전통적 관념을 극복하지 못해서 예배당 좌석이 남녀 별도로 구분되기도 했고, 심지어는 중간에 휘장을 쳐 놓아서 서로 마주보지 못하게 하기도 했다.

또한 신분과 직업(양반과 상놈, 천민 계급과 사대부 가문)의 차별을 신앙으로 극복하지 못해 많은 갈등이 생겼고, 그로 인해 교회가 분열되기도 했다. 교회 안에서 보이지 않는 벽처럼 존재하던 신분과 성별에 대한 차별은 8·15 해방과 6·25 전쟁을 겪으면서 자연스럽게 소멸되었다.

그러나 한국교회는 '연령별 구분'이라는 새로운 장벽이 등장했다. 이는 교회 안에서 개인주의와 세대 간의 단절을 더욱 가속화하고 고정화하는 현상을 가져왔다. 또한 지금까지도 한국교회의 목회와 교육 패러다임에 많은 영향을 끼치고 있는 고정관념이기도 하다.

한국교회에 '연령별 구분' 현상이 나타난 이유를 두 가지로 살펴볼 수 있다.[1] 첫째, 1970년대 이후 미국에서 들어온 교육 심리학, 발달 심리학 등의 영향으로 한국교회는 연령별 교육의 장점을 알게 되면서 교육의 개인차를 존중하게 되었다. 그러면서 자연스럽게 성인부와 아동부, 청소년부로 분화되었다. 그 당시 신학교에서 훈련받은 학생들이 교회 현장에서 교육전도사라는 명칭으로 사역하면서 연령별 분화 교육을 하였고, 많은 교회가 이 제도를 선호하였다.

둘째, 농경사회에서 산업사회로 바뀌던 1970-1980년대에 농촌의 청장년 인구가 도시로 집중하면서 도시 과밀화 현상이 나타났다. 그리고 때마침 한국교회에 불어 왔던 성령운동으로 도시 교회가 폭발적인 성장을 일으켰다. 중대형 교회로 성장한 많은 교회는 성도의 관리와 교육의 측면에서 성도들을 연령별로 나누어 조직화했다. 그러나 이 제도가 여러 가지로 대단히 효율적인 것은 분명했지만, 중요한 것을 한 가지 놓치고 있었다. 그것은 바로 신앙공동체의 공동체성을 간과한 것이다.

1) 사회적인 필요성

19세기 인류 사회의 주요 키워드가 '자유'였다면, 20세기는 '평등'이었다고 할 수 있다. 그리고 21세기 주요 키워드는 '공동체'가 될 것이라고 예측하는 사람들이 많다. 세계화의 추세 속에 지구촌이 직면하고 있는 공통된 관심사가 '공동체'라는 사실은 무엇을 의미할까? 현대 사회에 만연한 세대, 남녀, 계층 간의 갈등과 차별, 핵가족화에 따른 공동체성의 붕괴 위기, 가족공동체의 해체와 분열에 따른 위기감과 절망감 등은 공동체의 중요성을 새롭게 인식시켜 주고 있음을 증명하고 있다.

21세기는 산업사회에서 더욱 발전하여 초산업사회(超産業社會)로 향하고 있다. 전자기술사회, 정보산업사회라고 불리는 이 시대는 전 세계의 지구촌화(地球村化), 첨단 미디어와 광통신 문화의 발달로 언어적·문화적·사회적 장벽이 무너지고 있다. 정보화 시대가 빠르게 진행되면 될수록 세대 간의 사고 차이와 문화 차이는 더욱 가파르게 골이 깊어질 것이다. 이러한 정보화 사회에서는 정보를 잘 취급하

---

1) 신현숙, "신앙공동체 이론에 근거한 간세대 교육 프로그램 연구", (미간행 석사학위 논문, 장로회신학대학교 대학원, 2006), p.1.

고 이용할 줄 아는 20-30대 청장년이 문화의 주도권을 잡는다. 이들 연령층은 기술문명(디지털 기술)에 대해 친근감이 높고 문화적 속도감에 충분히 편승하여 즐길 줄 알지만, 그렇지 못한 세대들은(50-60 대 이상) 점점 젊은 세대들과의 사이에서 소외감과 박탈감, 차별감을 강하게 느낀다. 이러한 세대 차이는 단순하게 세대 간의 갈등 차원을 뛰어넘어 보이지 않는 전쟁으로 비화될 정도이다. 20-30대는 감성 중심, 문화 중심, 디지털 세대, N세대[2]라고 일컬어진다. 반면 50-60대는 이성 중심, 경제 중심, 아날로그 세대, 비N세대라고 일컬어진다. 이 사이에서 40대는 공동체에서 '교량 세대'(bridge-generation)로서 세대 간 차이를 극복하는 중요한 역할을 수행할 수 있다.

현대 사회는 이중구조(二重構造)를 지니고 있는데, 온라인에서는 전 세계가 하나로 연결되고 소통되는 개방성 문화를, 오프라인에서는 지나친 개인주의가 팽배한 폐쇄성 문화를 보이고 있다. 따라서 유사성을 지닌 동일집단과 유사집단, 또래모임은 상당한 결속력으로 유지될 수 있지만, 다른 세대, 또는 다른 문화적 집단과는 점점 멀어질 수 있다. 그렇기에 앞으로는 세대, 계층, 문화적 단절이 점점 더 심화될 것이다. 그러므로 교회는 간세대 교육과 간세대적 경험과 참여를 통해 이러한 차이와 단절을 서로 메워 줄 수 있어야 한다. 서로 마주 대하고, 서로 나눠 주며, 서로 존중하고 배려하면서 서로의 차이를 함께 공유하는 교육을 시도해야 한다.

2) 가정적인 필요성

가정은 사회적인 기능을 습득하면서 인간이 인격을 갖고 인간답게 살 수 있는 터전이다. 또한 어떤 경우에서든지 부모와 자녀의 돈독한 관계에 의해 심리적 안정감을 누리는 사회적·정신적 요람이다. 기독교에서는 가정이 신앙교육적 기능과 역할을 수행하는 교육현장이라고 할 수 있다. 가장 작게 축소한 '하나님의 나라'인 성도의 가정은 하나님을 예배하며 섬기는 모습이 자연스럽게 훈련되고 체득되는 곳으로, 성전의 기능도 함께 지니고 있다. 그런데 현대 사회에서의 가정은 여러 사회적·경제적 요인에 의해 가정으로서의 본질적인 기능을 점점 상실하고 있다.

전통적인 농경사회에서는 대가족 제도 아래 이웃과 친족들과 가깝고 밀접한 유대관계를 맺으면서 간세대적으로 서로 교류하는 관계를 유지했다. 즉 한 마을, 한 씨족 간에 거대한 가족공동체, 혈연

---

2) 미국의 사회학자 돈 탭스콧(Don Tapscott)이 자신의 책 『N세대의 무서운 아이들』에서 처음 사용한 말. 이 말은 'network-generation', 또는 'netizen-generation'이라는 뜻으로 사용된다. 즉, 인터넷을 통한 네트워크 안에서 살아가는 세대라는 의미이다.

공동체로서의 유대적 기능이 강했다. 그런데 오늘날의 도시 산업사회에서는 핵가족 제도와 더불어 새로운 형태의 가정이 양산되었다. 직업과 학업 등의 이유로 가족 구성원들이 뿔뿔이 흩어져 살다가 주말에만 모이는 가족 분화(分化)의 주거지 형태가 생긴 것이다. 현대의 주거 문화로 인해 가족 구성원 개개인의 격리된 생활공간이 늘어가고 있는 실정이다. 또한 아파트의 증가로 자기 가족이나 개인의 권리, 요구가 중요시되기 때문에 가족개인주의의 경향이 깊어지고 있다.

도시 산업화에 따른 핵가족화는 필연적으로 노인 문제를 가져왔다. 전통적 가치관의 붕괴와 주택 구조의 변화로 인해 노인소외 현상이 나타난 것이다. 조부모와 손자손녀 세대의 밀접한 관계성은 점점 약화되고 있다. 또한 만혼(늦은 나이에 결혼하게 되는 현상)과 이혼, 재혼으로 이어지는 가정의 해체와 1인 가구의 급증은 더욱 극심한 개인주의와 공동체에서의 소외 현상을 부채질했다.

한국 선교가 시작된 지 120년이 흐른 지금, 한국교회는 대물림 교인이 많아지고, 3대 교인 가정도 아주 흔하게 되었다. 하지만 핵가족화, 분가가족으로 인해 주거지역에 따라 출석교회가 달라지면서 3세대가 함께 모여 공동의 이야기를 나누는 것이 어렵게 되었다. 모든 가족이 한 교회를 출석하면서 얻는 신앙의 역사와 경험을 조부모와 손자 세대가 공유하기 힘들게 되었다.

현대 가정은 조부모와 부모, 자녀, 친척들이 서로 깊은 유대감을 가지고 의미 있는 간세대적 교류를 하는 것이 점점 약화되고 있다. 따라서 교회들은 가정 안에서의 인격적인 교류와 대화, 상호 관계를 증진시켜 줄 수 있는 간세대 교육과 경험이 절실히 필요한 시점에 와 있다.

3) 교회적인 필요성

앞에서 말했듯이 한 교회에 소속된 한 가정이 서로 공유할 만한 추억이 없고 신앙적 유산과 전통을 유지하기가 점점 어렵다는 사실은 교회 목회적인 면에서 다시 한 번 생각해 보아야 할 것이다. 이와 같은 현상은 교회의 '연령별 구분'의 형태와 '주일학교의 학교화 시스템'이 가져온 부정적인 결과라고 할 수 있다. 한 개인에게 가장 적합한 수준의 단계별 교육과 또래별 연령 모임을 통한 효율적인 조직 유지와 관리는 매우 유익한 점이 많지만, 중요한 한 가지를 놓칠 위험이 있다. 그것은 바로 신앙 공동체로서의 한 몸인 교회의 생명력과 역동성을 고갈시킬 수 있다는 점이다.

요즘 한국교회의 기독교교육은 세 가지 분리현상이 일어나고 있다. 첫째, 교회 안에서의 세대적 분리현상이다. 즉 성인부와 교회학교로 이원화(二元化)되어 한 교회 안에서 서로 관심을 두지 않은 채 따로 움직이는 두 개의 강물과 같은 흐름이다. 이는 예배는 물론이고 행사도 완전히 별개의 부서처럼 운영된다. 둘째, 교회학교 부서 간의 분리현상이다. 교회학교 부서끼리 각자 자기의 부서에만 관심을 두고 자기 부서의 부흥과 행사에만 관심을 갖는 형태이다. 부서끼리 연합하여 행사를 지원해 주고 도와주는 경우를 보기가 어렵게 되었다. 셋째는 교회(교회학교)와 가정(또는 학교)교육과의 분리현상이다. 교회학교의 교육이나 장년 성인부의 목회 커리큘럼이 학교와 가정, 사회와 연관성을 갖고 있지 못하다. 단지 우리의 진리와 신앙고백은 '우리들만의 진리와 교육'에 머물러 있다. 교회는 가정교육에서의 인성과 사회성, 감수성 교육을 전혀 지원하지 못하고 있고, 학교교육 과목과 커리큘럼과의 연계성도 파악하지 못한 채 성서의 내용을 지식적으로 전달하는 데 그치고 있다는 느낌을 받는다.

간세대 교육과 경험이 교회적으로 꼭 필요한 이유를 세 가지로 제시할 수 있다. 첫째, 교회(교회학교) 교육이 '학교식 시스템'으로 굳어진 데서 오는 문제에 대한 대안으로서 간세대 교육이다. 20세기 초 기독교교육은 자유주의 신학의 영향으로 진보주의 교육의 이념에 따라 학습자의 인간발달에 맞춘 커리큘럼을 만들어 시행했다. 교육심리학, 발달심리학, 인지발달론 등의 영향이 기독교교육에 미친 결과였다.

그 후 1950년대 초에는 신정통주의 신학의 영향을 받아 '주일학교'가 '교회학교'가 되어 성인들도 이와 같은 '학교식 시스템' 안에서 교육을 받았다. 명칭이 '교회학교'로 바뀌었다고 해도 여전히 제도 자체는 '학교식 제도의 모방'에 그친 채 연령별 교육의 한계를 벗어날 수 없었다.

주일학교 중심의 연령별·학년별 교육구조는 성인 교육에도 동일하게 구조화·구획화되어 정착해 갔다. 그리고 이는 지나치게 교수-학습 중심의 지식을 전달받는 가르침의 형태, 즉 학교식 교실 수업 구조로 굳어지게 되었다. 이러한 교회교육, 교회학교의 '학교화'는 1970년대에 등장했던 신앙공동체 교육이론가들에 의해 문제가 제기되었다.

신앙공동체 이론가들 중 웨스터호프(Westerhoff)와 동시대의 인물인 넬슨(C.E. Nelson)은 "주일학교 중심의 교회교육은 재고되어야 한다. 주일학교는 기독교교육을 지나치게 교수-학습적(instructional-teaching)으로 만드는 경향이 있다"고 말한다. 넬슨은 주일학교를 완전히 없애자는 것이 아니라 주일학교의 역할을 축소하고 주일학교가 감당할 수 없는 부분에 대한 대안으로서 회중 중심의 신앙공동

체의 참여를 통한 교육을 주장하였다.[3]

둘째, 한국교회의 80% 이상을 차지하는 중소형 교회의 장점을 살리기 위해 간세대 목회가 필요하다는 것이다. 교단마다 교세 통계를 일일이 참조할 수 없어서 아쉬운 점이 있지만 오래전 통계를 한번 살펴보고자 한다. 우선 예장통합 측 교단의 2001년 말 통계를 보면 자료조사에 응한 6,621개의 교회 중에서 교인이 500명 이상인 교회는 전체의 13.1%에 지나지 않았다. 전체 교회의 84.2%가 교인 500명 이하인 중소형 교회라고 할 수 있다. 여기에서 교인 수는 성인부와 교회학교를 다 합한 숫자이다. 이러한 중소형 교회의 확산은 이미 진행되고 있는 교인 수 감소(성인과 교회학교의 심각한 감소세)와 더불어 계속 더 깊어질 것이다.

이러한 중소형 교회는 교회 재정과 운영의 어려움, 장소와 공간 확보의 어려움, 각 연령대의 교육 전도사들을 청빙하기 어려운 학생 수의 숫자적 열세의 어려움도 함께 겪고 있다. 농어촌 교회, 산촌이나 벽지 교회, 개척 교회의 경우에는 교회학교의 어린 학생들이 충실한 교육을 받기 어려운 '기독교교육의 불평등'의 사각지대(死角地帶)에 있을 수 있다.

하지만 이와 같은 중소형 교회가 당면한 어려움은 교육목회적인 차원에서 오히려 더욱 적극적으로 간세대적 프로그램을 도입할 수 있는 계기가 된다. 중소형 교회는 소규모의 인원이 확대가족 개념으로 신앙공동체성을 살리기 쉽고, 공간이나 장소 이동에 효율적이며, 밀도 깊은 일체감을 형성할 수 있다. 존 웨스터호프 3세는 상호작용과 교류를 통한 관계 증진이 가장 잘될 수 있는 신앙공동체의 적정한 인원을 300명이라고 제시했다.[4] 이는 전세대(全世代)가 함께 예배드리고 간세대 교육 프로그램을 시행하는 데 적절한 인원이다.

셋째, 주 5일제를 대비한 새로운 교육목회의 모델로서 간세대 프로그램을 도입할 수 있다. 교회는 시대 변화에 걸맞은 새로운 패러다임의 목회 프로그램을 제공할 의무가 있다. 따라서 교회는 목회의 고정관념을 깨고 주 5일제 근무를 목회의 위기가 아닌 다변화한 목회를 이끌어 낼 수 있는 기회로 생각하고 새로운 비전을 선포할 수 있어야 한다. 이제 교회는 '주일 목회' 체제에서 '주말 목회'로 새로운 축을 만들어 시간적 접근을 과감히 시도할 수 있다. 즉 토요일부터 주일까지 다양한 간세대적 프로그램을 마련할 수 있다. 예를 들어 특별한 목적의 연합가족수련회나 2세대(부모와 자녀, 60대

---

3) 김도일, 『교육인가 신앙공동체인가?』, (서울: 한국장로교출판사, 2003), p.112.
4) 존 웨스터호프, 『교회의 신앙교육』, 정웅섭 역, (서울: 대한기독교교육협회, 1983), p.103.

와 30대 등)의 간세대적 집회와 모임 등을 할 수 있고, 전교인이 함께하는 봉사활동이나 취미활동, 문화사역 등을 개발할 수 있다.

요즘 한국 사회에서나 교회에서 '공동체'에 대한 관심이 새로운 주제로 떠오르는 이유는 '공동체성' 회복에 대한 열망이 있다는 반증(反證)이다. 이제 한국교회는 교회의 본질로서의 신앙공동체성을 회복해야 한다.

2장. 신앙공동체란 과연 무엇인가?

신앙공동체는 신앙의 유산을 함께 누리고, 경험하고, 유지하며, 전통으로 승화시켜 후손에게 넘겨주는 일을 하는 공동체이다. 하나님과 예수님, 성령님을 함께 사랑하고 믿으며 이를 위해 헌신하는 신앙의 의지가 행동으로 연결되는 가족공동체이다. 찬송가(새찬송가220장, 통일찬송가278장)를 보면 참으로 아름답게 신앙공동체의 모습이 그려져 있다. 1절부터 3절까지 가사를 음미해 보자. 이 얼마나 아름다운 신앙공동체의 모습인가?

1. 사랑하는 주님 앞에 형제자매 한자리에 크신 은혜 생각하며 즐거운 찬송 부르네.

   내 주 예수 본을 받아 모든 사람 내 몸 같이 환난 근심 위로하고 진심으로 사랑하세.

2. 사랑하는 주님 앞에 온갖 충성 다 바쳐서 괴로우나 즐거우나 주님만 힘써 섬기네.

   우리 주님 거룩한 손 제자들의 발을 씻어 남 섬기는 종의 도를 몸소 행해 보이셨네.

3. 사랑하는 주님 예수 같은 주로 섬기나니 한 피 받아 한 몸 이룬 형제여 친구들이여.

   한 몸 같이 친밀하고 마음으로 하나 되어 우리 주님 크신 뜻을 지성으로 준행하세.

특히 3절의 가사 속에 "사랑하는 주님 예수, 같은 주로 섬기나니, 한 피 받아 한 몸 이룬 형제여 친구들이여"라는 가사가 있다. 이 가사야말로 신앙공동체의 특성을 간단하게 핵심적으로 요약한 것이다. 그런데 이 찬송가를 부르는 많은 성도들이나 목회자들이 여기에 나온 "한 피, 한 몸, 형제, 친구들"을 단지 성인 성도라고 생각하면 어쩌나 하는 우려도 생긴다.

우리는 흔히 성도를 '하나님의 백성', '하나님의 양무리'라는 말로 지칭하는데, '성도'라고 하면 보통 성인 성도로 통틀어 이해하는 경향이 있다. 하지만 엄밀히 말하면 성도라는 말 속에는 유아부부터 아동부, 중고등부, 청년부, 장년부, 노년부까지 다 포함되어 있다. 그런데도 이처럼 '성도'라는 용어의 이해에서부터 교회학교 학생들이나 유아들이 배제된 것은 앞서 말한 연령 차이의 장벽이 너무 높았던 데에 원인이 있다고 본다. '성도'는 하나님의 백성으로 모든 연령을 초월한 한 가족이며, 한 피 받아 한 몸을 이룬 신앙공동체이다.

1. 존 웨스터호프의 '신앙공동체' 이론

현대 기독교교육학자들 가운데 '교회는 신앙공동체'라는 견해를 지닌 학자들은 찰스 R. 포스터, 엘리스 넬슨, 존 웨스터호프, 마리아 해리스 등이 있다. 여기서 이 학자들의 이론을 다 소개할 수 없기 때문에 존 웨스터호프의 이론 중에서 신앙공동체의 네 가지 특성만 간단히 요약해서 제시하고자 한다. 그는 신앙공동체에는 네 가지의 특성이 있는데, 이것이 갖춰지면 진정한 신앙공동체를 이룰 수 있다고 말한다.

1) 공동의 기억(common memory)

우리가 기독교인으로서의 삶의 목적과 의미를 설명하기 위해, 또한 다음 세대에게 이를 전해 주기 위해 필요한 신성한 이야기는 성서 안에 모두 있다. 교회는 예수 그리스도의 이야기를 담은 곳이다. 교회는 그 이야기가 바르게 인식되고, 구체적으로 획득되는 곳이며, 신약과 구약의 구원 사건들을 조상 때부터 이어받아 기억해 온 곳이다. 교회는 성서가 말해 주는 구원의 이야기를 함께 기억하며, 이를 신앙공동체의 공동의 기억으로 내면화해야 한다. 즉 이는 신앙의 정체성과 본질을 교회 안에 속한 모든 구성원이 함께하는 기억으로, 함께하는 이야기로 듣고 말할 수 있어야 한다. 이는 간단히 말하면 한 교회에 속한 모든 성도들에게 공통된 신앙고백이 기억되고 전수되어야 한다는 뜻이다.

2) 공동의 비전(common vision)

주를 믿는 신앙은 '우리가 하나님의 의도를 온전히 알지 못하고 이해하지 못하더라도 그분은 우리에게 미래의 비전을 제공하고 우리는 그 어떤 완성을 향해 나아간다'는 것을 포함한다. 하나님은 우리를 '하나님의 전위대(前衛隊)'로 살도록 창조하셨기 때문에 우리는 미래에 대한 영감과 비전을 지녀야 한다.[5] 성서에는 "비전이 없는 백성은 망한다"(잠 29:18)라는 말씀이 있는데, 이는 신앙공동체(우리)가 과거에 대한 '공동의 기억'과 미래의 '환상'(vision) 사이에서 살도록 소명을 받았음을 말해 준다. 웨스터호프는 "우리에겐 공동의 비전이 있어야 한다. 그리고 그 꿈을 나누어 갖는 곳마다 공동체의 선물이 있을 것"이라고 말한다. 즉, 성도들이 교회의 존재 이유와 목회 비전, 교회의 사역과 미래상을 함께 이해하고, 그 비전을 품으며, 이를 위해 함께 나아가는 모습이 있어야만 한다는 뜻이다.

3) 공동의 권위(common authority)

모든 사람들이 순종하고 따르기로 합의한 외부적 권한(권위) 없이는 공동체가 성립되고 유지되기 어렵다. 신앙공동체에서 필요한 공동의 권위라는 것은 1차적으로는 성서와 복음이다. 이는 기독교 신앙의 내용과 규범, 근거이기 때문이다. 크리스천은 복음의 권위에 순종하면서 책임을 다하여 살아야 한다. 웨스터호프는 신앙공동체 안에서 공동의 권위는 예배에 있다고 말하면서 예배의 중요성을 지적한다. 그는 교회의 권위는 예배와 교리, 이 둘 사이의 영향력에서 찾을 수 있으며, 크리스천에게 신앙과 생활에 대한 권위를 제공하는 것은 함께 예배하는 교회라고 본다. 다양한 성도들과 세대들 사이에서 일치된 유일성(唯一性), 유일한 권위는 한 몸으로 함께 예배를 드림으로써 나온다고 말한다.

---

5) 존 웨스터호프, 『교회의 신앙교육』, 정웅섭 역, (서울: 대한기독교교육협회, 1983), p.103.

4) 공동의 의식(common rituals)

교회(신앙공동체)는 크리스천 신앙을 습득하고 유지하기 위해 교회의 예배 의식뿐만 아니라 의미 있는 공동 의식을 제공하고 함께 나누는 노력을 해야 한다. 신앙공동체 안에서 이루어지는 여러 의식이나 예배 생활이 공동체에 속한 사람들의 자기 이해와 삶의 방식에 변화와 성숙을 가져오게 한다. 그래서 웨스터호프는 신앙공동체의 구성원들이 신실한 삶을 살도록 공동의 기억, 공동의 비전, 공동의 권위가 담긴 의미 있는 예배나 의식을 계속적으로 변형하며 개혁해야 한다고 말한다. 생활과 생애 주기에 따른 여러 예배와 의미 있는 의식에 참여하는 것이 신앙공동체라는 것이다. 즉, 이것은 교회에서 목회적으로 여러 가지 순서와 프로그램을 준비하고 실행해야 한다는 의미이다.

우리는 이 네 가지 특성을 살펴보면서, 우리 교회의 교회학교 학생들(유치부부터 아동부, 청소년부, 청년부까지)이 공동의 기억, 비전, 권위와 의식 속에서 자라고 있는지를 자문자답(自問自答)해 볼 필요가 있다.

웨스터호프가 말한 신앙공동체는 모든 나이나 신분, 경력, 직분을 초월하는 신앙의 정체성과 일치가 필요하다고 말한다. 이처럼 다양성과 일치성을 유지하기 위해서는 서로에 대한 배려와 존중감이 필요하고 그것을 경험해야 한다. 또한 신앙과 생활을 서로 공유하면서 강한 유대감으로 맺어진 친밀한 관계가 필요하다.

신앙공동체는 세대 간의 상호 협력이 있어야 한다. 한 세대만이 주도세력이 아니라 3세대가 연합하여 참다운 공동체를 이루고 유지해야 한다. 노인 세대를 통하여 신앙의 전통을 전수받고, 현 세대를 통하여 현 신앙을 점검하고, 미래의 세대와 함께 비전을 품고 나아갈 때 신앙공동체는 더욱 성숙해질 것이다. 이제는 장년이나 청년 중심의 목회에서 노인과 어린이들 모든 세대가 연합할 수 있는 신앙공동체의 본질과 특성을 살린 간세대 교육이 교회를 교회답게 할 것이다.

3장. 간세대 교육목회는 과연 무엇인가?

1. 간세대(inter-generation)

일반적으로는 '세대'(generation)라고 하면 동일한 시대의 연령층을 의미한다. 동일한 시대를 살아가고 있는 비슷한 연령층을 '세대'라는 의미로 파악한다. 그래서 보통은 2세대라고 하면 '어린이 세대', '부모 세대'를 말하는 것이고, 3세대라고 하면 거기에 '조부모 세대'를 포함하는 것이다. 3대 가족이라고 하면 보통 조부모와 부모, 어린이가 함께하는 대가족을 말한다.

여기에 '간'(間)이라는 접두어가 붙은 '간세대'라는 말이 어떤 뜻일지는 대충 짐작할 수 있을 것이다. 즉, '간'(間/inter)은 둘 또는 그 이상의 세대 간의 관계를 말한다. '세대'(世代/generational)라는 말은 자신 세대, 다른 세대의 사람들과 함께 어울린다는 뜻이다.

간세대에 관한 여러 학자들의 의견은 보통 둘, 또는 그 이상의 세대의 사람들이 간세대의 교육 대상이라고 정의한다. 보통은 3세대로 이해하여 '어린이 세대', '부모 세대', '조부모 세대'로 구분하는 경우가 많다. 그러나 현대 교육에서는 다양한 문화와 세대 차이를 고려하여 조금 더 세분화하여 구분할 필요성도 커졌다. 3세대를 더 세분화한다면, '영유아 세대', '어린이 세대', '청소년 세대', '청년 세대', '성인초기(30대) 세대', '성인중기(40대) 세대', '성인후기(50대) 세대', '노년초기(60대) 세대', '노년중기(70대) 세대', '노년후기(80대 이상) 세대'로 구분할 수도 있다.[6] 이러한 세분화는 발달이론의 영향을 많이 받은 것도 사실이다. 이러한 세분화 작업이 간세대 교육의 상호교류와 공동경험의 확대를 위한 좋은 도구가 될 수 있다. 그러나 한편으로는 간세대에 대한 기본적인 이해가 충실한 입장에서 본다면 세분화가 반드시 유익하고 좋은 것만은 아니다.

요즘 사회에서 소통되는 '통합'이라는 의미처럼 '간세대'라는 용어를 '세대통합'(世代統合)으로 이해하는 경우가 있다. '세대통합'이라는 말이 어느 정도는 '간세대'적인 의미를 담고 있지만, '간세대'의 정확한 의미에서 본다면 '세대연합'(世代聯合)이나 '세대연결'이라는 의미를 담아야 더 정확하지 않을까 싶다.

2. 간세대 교육목회

간세대의 교육 핵심은 세대와 세대 사이의 관계를 통해, 사람과 사람 사이의 관계를 통해, 서로 함께하는 방식을 통해 하나의 관계성을 추구하는 것이다. 즉 서로가 진리, 생명, 믿음, 가치 등을 배우고 나누면서 함께 성장하는 것이다.

그러므로 간세대 기독교교육이라고 하면 "세대, 또는 사람들이 공동으로 하는 경험을 통해서(공동경험의 교류), 누구에게나 이해되고 습득될 수 있는 배움의 내용으로(평행학습), 서로가 서로에게 도움이 되고 유익을 얻을 수 있도록 도우며(상호헌신), 함께 참여하는 행사와 의식 속에서(공헌적 봉사) 친밀감을 나누고 신뢰감과 영향력을 공유하며(상호작용), 깊은 유대감과 관계성을 증진시켜 나가고, 신앙 안에서 함께 성장하도록 돕는 교육"으로 정의할 수 있다.

간세대 기독교교육은 '신앙공동체 안에서 함께 배우고 살아감으로써 함께 성장한다'는 의미를 강조한다. 배움, 삶, 성장은 각기 분리된 요소가 아니라 서로 밀접하게 연관되어 각 요소는 다른 요소를 필요로 한다.

---

6) 정웅섭, 『현대 교육목회의 전개』, (서울: 한국신학연구소, 2001), p.173.

그러므로 간세대 교육목회는 '교회라는 신앙공동체 안에서 연령이 다른 2세대나 3세대 이상의 연령 그룹들이 동일한 장소에서 동일한 주제와 목적을 가지고 함께 활동하고 경험하고 배움으로써 역동성을 가져오게 하는 목회적 구조와 내용'이라고 요약할 수 있다.

여기서 신앙공동체에 대한 탁월한 이론을 가진 마리아 해리스의 이론을 간단하게 설명함으로 간세대 교육목회에 대한 이해를 돕고자 한다. 마리아 해리스는 그의 책에서 '교회란 무엇인가?'라는 질문을 던지면서 건물 혹은 조직, 시스템, 임무로서의 교회보다는 '한 하나님의 백성'으로서의 교회의 의미를 강조하면서 교회의 정체성을 밝힌다. 그녀는 "하나님의 백성은 두 가지 소명을 갖는데, 그것은 목회적 소명과 교육적 소명이다"고 말한다.[7]

마리아 해리스가 말하는 '하나님의 백성'은 예수 그리스도 안에서 한 피를 받고 한 몸을 이룬 하나님의 백성으로서의 신앙공동체를 의미한다. 그녀는 '하나님의 백성'은 공동체이기 때문에 연령이나 신분, 지위 고하를 막론하고 교회 안에 속한 모든 구성원을 포함한다고 말한다. 하나님의 백성은 복음에 의해 부름받았고, 세상 속에서 구별된 존재로 부름받았다. 그러므로 모든 세대는 이 세상과 하나님 나라를 섬기고 돌보며 보존하는 목회적 소명을 지니고 있다. 하나님의 백성답게 살도록 특별한 삶의 방식인 '목회적 소명'을 주신 것이다. 교회는 '목회적 사명'을 지닌 하나님의 백성으로 구성되는데, 거기에는 서로 다른 배경에서 서로 다른 방식으로 배운 모든 세대를 포함한다. 그런 이유로 '목회적 사명'을 실현하기 위해서는 여러 형태의 도움과 교육을 받아야 한다. 그것이 바로 '교육적 사명'이다.

마리아 해리스는 그의 책에서 '학교식 교육(schooling)의 커리큘럼'과 '교육목회의 커리큘럼'을 구분한다. 여기서 학교식 커리큘럼이라는 것은 교육내용의 지나친 구조화와 일정한 형식화를 의미한다. 그녀는 '교육목회의 커리큘럼'을 신앙공동체에 속한 모든 구성원(회중)의 삶과 형태를 커리큘럼화하는 것으로 이해하면서 교육이 어린이만을 위한 것이라는 첫 번째 오해에서 벗어나야 함을 주장한다. 또한 교육을 일정한 장소와 건물, 교실, 자료, 교육과목, 형식에 얽매인 학교식 교육으로만 생각하는 두 번째 오해에서 벗어나야 한다고 주장한다. 그는 "교육은 교회의 전체 회중이 대상이고, 교육내용과 형식은 '비형식적 교육'에 의해서 이루어지며, 교육과정은 비형식적으로 공동체적 삶과 관계와 내용 속에서 이루어진다"고 말한다.

---

7) 마리아 해리스, 『회중 형성과 변형을 위한 교육목회 커리큘럼』, 고용수 역, (서울: 한국장로교출판사, 2002), p.8.

마리아 해리스는 '교육의 대상은 회중 전체이고, 교사는 특정한 사람이 아니라 공동체 내에 있는 모든 사람이 서로에게 교사가 되어 줄 수 있으며, 교회의 목회적 모든 활동과 의식과 경험이 교육의 내용과 자료가 된다'고 본다. 또한 모든 세대의 사람들이 공동체 안에서 교육의 대상이고, 교사이며, 학습자로서 평생 동안 교회 안에서 세상 속으로 사역하는 목회적 사명과 교육적 사명을 지닌 하나님의 백성이라고 말한다.

이러한 견해와 원칙을 기반으로 하여 마리아 해리스는 교육목회의 기능을 다섯 가지로 분류한다. ① 코이노니아(교제), ② 레이투르기아(예배), ③ 케리그마(선포), ④ 디아코니아(봉사), ⑤ 디다케(교육). 그는 교회의 공동체가 바로 교육하는 공동체이며, 그 모든 과정이 공동체 안에서의 전체 생활, 전체 사역, 전체 활동 등의 상호작용을 통해 이루어진다고 본다.

4장. 간세대 교육에 대한 배경과 근거는 무엇인가?

1. 성경에 나타난 간세대 교육

1) 구약에 나타난 간세대 교육

'간세대 교육'이라는 용어가 교육학에서 사용된 것은 최근이지만, 간세대 교육 형태는 구약시대부터 이미 등장했다. 시편 145편 4절의 "대대로 주께서 행하시는 일을…"이라는 구절에서 중요한 단어는 '대대로'인데, 모든 세대는 서로 연관되어 있으며, 하나님 안에서 함께 사는 삶이 요청되고 있음을 알 수 있다. 창세기 17장 7절에도 "내가 내 언약을 나와 너와 네 대대 후손 사이에 세워서 영원한 언약을 삼고 너와 네 후손의 하나님이 되리라"고 했는데, 이처럼 세대 간의 언약 관계는 하나님과 나와 대대 후손까지 계속됨을 알 수 있다.

구약 시대 이스라엘의 교육에서 가르치고 배우는 교수-학습 장소는 유대의 전통적 신앙교육의 자리인 '가정'과 '회당'이었다. 유대의 가정은 대표적인 간세대 신앙교육의 장소였다. 가정에서의 부모와 자녀 사이의 예배의식이나 토라와 계명에 대해 서로 묻고 대답하며 암송하는 과정은 주로 대화를 통해 이루어졌다.

그중 대표적인 예는 유월절 만찬(출 12:5-11, 26-27)과 다른 예배 의식(출 13:8-10, 14-16)에서 찾아볼 수 있다. 특히 유월절 만찬 식탁에서 간세대적으로 신앙이 재확인되고 전수되었는데 자녀들은 이런 질문을 하곤 했다. "왜 이 밤은 다른 밤과 구별되지요?", "왜 우리는 절을 해야 하나요?", "왜 우리는 무교병을 먹어야 하나요?", "왜 우리는 쓴나물을 먹어야 하나요?" 이런 질문이 나오면 부모는 성서에 기초하여 대답해 주었고, 밥을 먹는 동안 종교적 의미를 상징하는 많은 신체적 움직임과 의식을 가르쳐 주었다. 매번 반복되는 유월절 만찬 식탁이나 절기 예배는 이스라엘 백성에게 율법과 계명을 가르치고 배우는 도구로써 매우 구체적인 힘을 지니고 있었다.[8]

유대의 회당은 간세대 신앙교육의 대표적인 장(場)이었다. 회당은 유대인들의 종교적인 중심이요, 삶의 중심이면서 이스라엘 백성의 예배와 교육, 친교를 위한 장소였다. 오랜 세월 동안 회당은 모든 세대의 유대인들이 상호교류를 통해 신앙을 전승하고 유지한 간세대적 교육의 자리였다.

회당과 관련한 전형적인 간세대 교육의 예는 사무엘상 1-3장까지의 내용에서 찾아볼 수 있다. 한나는 사무엘을 낳고 어린 사무엘을 데리고 성전으로 올라간 후 엘리 제사장에게 사무엘의 양육을 맡긴다. 엘리 제사장은 사무엘을 양육하고 가르친다. 사무엘은 유년 세대로, 한나는 중년 세대로, 엘리 제사장은 노년 세대로 볼 때 이들 사이의 교류와 영적 영향력이 바로 간세대 교육이라고 볼 수 있다.

구약에서의 간세대 교육은 가정과 회당을 중심으로 세대 간의 상호 작용을 통해 하나님과의 언약과 계약이 중심이 된 신앙의 전수가 이루어진 것이다.

2) 신약에 나타난 간세대 교육

예수님은 어린이들을 초대하시면서 "내게 오는 것을 금하지 말라"고 말씀하셨다(마 19:13-15, 막 10:13-15, 눅 18:15-17). 예수님은 어린이들을 어른의 범주 안에 초대하여 하나님의 나라에 관하여 가르쳐 주셨다. 매우 추상적이고 어려운 이 개념을 어린이들의 특성에 맞게 비유적으로 설명하신 것이다. 또, 예수님은 " … 누구든지 내 이름으로 이 어린아이를 영접하면 곧 나를 영접함이요…"라고 말씀하셨다(막 9:36-37, 눅 9:46-48).

그 외에도 예수님은 그의 메시지가 어른들만을 위한 것이 아니라 어린이들을 위한 것이기도 함을

---

8) 정웅섭, 『현대 교육목회의 전개』, (서울: 한국신학연구소, 2001), p.180.

여러 번 암시하셨다. 예수님은 어린이들도 이해할 수 있는 쉬운 비유를 사용하셔서 어른 세대와 학습이 이루어지도록 간세대적 교육을 하셨고, 상호작용을 통해 세대와 세대를 연결하셨다.

바울은 그가 쓴 서신에서 회중을 "하나님의 모든 백성", 또는 "그리스도의 몸"이라고 표현한다. 특히 그는 고린도전서 12장 12-13절에서 "몸은 하나인데 많은 지체가 있고…"라고 말하고 있고, 갈라디아서 3장 28절에서 "…그리스도 예수 안에서 하나(한 몸)이니라"(갈 3:28)라고 말하고 있다.

초대교회의 삶을 통해 간세대적 모임의 예를 더욱 분명하게 발견할 수 있다. 사도행전 16장 11-15절을 보면, 루디아는 온 집안 식구와 함께 세례를 받고 나서 "정말 저를 주님의 충실한 신도로 여긴다면 제 집에 오셔서 머물러 주십시오"라고 간청하면서 사도들을 자기 집으로 데리고 갔다. 여기서 '온 집안 식구'라는 것은 어린이들까지 포함하는 가족 구성원을 의미하는 것이다. 빌립보 감옥의 간수 이야기(행 16:29-34)도 간세대적 교육의 성서적 근거가 된다. 간수는 바울 일행을 데려다가 상처를 씻어 주고 그 자리에서 그와 온 가족이 세례를 받았다. 그들을 자기 집에 모시고 가서 음식을 대접하며 온 가족과 함께 기뻐했다는 이야기를 통해 '그와 온 가족', '그 집안 온 식구'라는 표현은 분명히 여러 세대를 포함하는 가정 공동체와 간세대적인 관계를 암시한다. 초대교회에서는 여러 신도의 가정이 함께 모이기에 힘쓰고, 기도하고 말씀을 들으며, 음식을 함께 나눈 흔적들이 나타난다.

구약이나 신약의 성서적인 근거를 통해 간세대 교육이 시대적인 흐름을 타고 21세기에 갑자기 부상한 새로운 교육 방법이 아니라는 것을 발견할 수 있다. 간세대 교육은 하나님의 교육 방법이었고, 이스라엘 역사에서 시작된 신앙공동체의 오랜 교육 방법이었음을 확인할 수 있다.

2. 발달이론에 나타난 간세대 교육

학습자를 포괄적으로 이해할 수 있는 지식 체계 중에서 인간 발달을 설명해 주는 발달이론이 있다. 학습자가 기독교 신앙을 배우고 삶 속에서 이를 실천하며 지속적으로 신앙의 성장을 가져올 수 있도록 이끌어 주는 것이 기독교교육이 지향해야 할 방향이라면, 간세대 교육에서도 인간발달의 지식은 필수적으로 적용되어야 할 것이다.

간세대 교육에 대해 잘못된 오해를 가진 사람들은 인간발달 이론과 간세대 교육 간에는 연결점이 없을 것이라고 생각할 수 있다. '연령별, 단계별로 발달하고 발전한다'고 보는 발달이론과 '모든 연령층의 상호교류'를 통한 간세대 교육은 서로 상충된다고 볼 수 있다. 그렇다면 여러 이론 중 에릭슨과 파울러의 이론을 보면서 간세대 교육과 어떤 연결고리가 있고 그것을 어떻게 적용할 수 있는지 알아보자.

1) 에릭슨의 심리사회적 발달이론

에릭슨은 "건강한 사람이란 주변 환경을 잘 다스리고, 인격이 통합되어 있으며, 자기 자신이나 주변 세계를 올바르게 인식하는 주관이 뚜렷한 사람"이라고 정의한다. 그는 한 사람의 인격이 자기 자신과 다른 사람 간에 어떤 관계를 맺는지에 중점을 두면서, 인간의 발달을 사회화 과정으로 보았다. 에릭슨은 "인격은 일평생 동안 환경과의 지속적인 상호작용과 그를 통해 갖는 자아를 통해 형성된다"고 주장한다.

에릭슨은 인격과 사회성과의 상관관계에서 환경의 중요성을 강조한다. 비록 어린 시절에 치명적인 상처를 입었다 하더라도 나중에 좋은 환경을 지속적으로 만나면 인격과 사회성에서 수정과 개선이 가능하다는 것이다. 여기서 말하는 '좋은 환경'에는 영향력을 끼칠 수 있는 좋은 어른, 좋은 교사, 좋은 경험과 배경 등이 포함한다. 이 이론을 간세대 교육과 연결할 수 있는 이유는 자기 생애주기뿐만 아니라 다른 생애주기에 속한 세대와의 교류(성인과의 상호작용)를 통해 훌륭한 학습 효과를 거둘 수 있기 때문이다.

그러므로 신앙공동체가 더 넓은 의미의 가정이 되어서 좋은 환경을 만들어 주면 사회·인격적인 성숙이 가능하다는 의미이다. 교회 안에 간세대적인 경험과 환경을 잘 만들기 위해서 가장 필요한 덕목은 배려이다. 따라서 먼저 학습자가 지닌 연령별 심리적 특성을 깊이 이해하고, 각 세대가 지닌 다양하고 독특한 측면을 깊이 알아야 한다. 그런 다음 서로가 교류하고 공유할 수 있는 교육 계획을 세워서 실천한다면 좋은 환경을 제공하는 신앙공동체를 만들 수 있다.

2) 제임스 파울러의 신앙발달이론

제임스 파울러는 "신앙은 계속 성장하기 때문에 생명을 본질로 하고 있고 일평생 지속적으로 평생 발달(life-span)한다"는 관점을 갖고 있다. 그는 신앙의 본질적 성격이 발달심리학이 말하는 단계와 거의 비슷하다고 보았으며, 신앙발달을 7단계로 구분했다.[9]

파울러는 신앙은 어디까지나 개인 주체적으로 발달하고 성장하지만, 다양한 영역들과 유기적인 관계를 맺고 있음을 잊지 말아야 하며, 신앙의 공동체성(communal)도 간과해서는 안 된다고 말한다. 즉 개인의 주체성은 공동체의 공동체성에 의해 결정된다는 뜻이다. 파울러는 신앙 성장을 가능하게 하는 두 가지 주요한 요인으로 '개인의 준비성'과 '환경'을 들었다. 그가 말한 환경은 교회라는 신앙 공동체의 핵심적 역할을 강조하는 것이다.

교회는 개인의 신앙 성장과 함께 신앙공동체의 성장에도 관심을 가져야 한다. 교회가 구성원들의 개인적인 신앙 성숙에 얼마나 관심을 갖고 노력하느냐에 따라 신앙공동체(교회 자체적인)의 신앙은 크게 좌우된다. 신앙공동체의 교육은 신앙의 내용에서는 일치를 추구하지만, 그 내용에 대한 형태와 방식에서는 다양성을 인정해야 한다.

파울러의 신앙발달이론을 보면 신앙과 공동체가 서로 밀접한 영향을 주고받는다는 점에서 간세대 교육과 깊이 연결되어 있음을 알 수 있다. 그는 교사(사람)의 역할도 매우 중요하다는 사실을 역설했는데, 그가 말하는 '좋은 교사'란 교사와 학습자 사이에 훌륭한 상호작용이 일어나도록 하는 좋은 모델로서의 사람과 환경이다. '좋은 교사'란 신앙의 다양성을 포용하고 인정하며 서로 다름을 통해 배울 수 있는 자세를 지녀야 하고, 또한 정답을 주는 사람이 아니라 배우는 사람과 함께 겸손히 진리 앞에서 순례의 길을 걸어가는 사람이어야 한다. 신앙과 인격과 삶이 동반된 사람이라면 상호교류가 가능하며 좋은 교사를 통해 좋은 신앙을 가질 수 있다. 이러한 면이 간세대적인 환경과 밀접한 의미 교환을 이루고 있다.

신앙은 분명히 관계적인 성격을 지니고 있다. 신앙은 언제나 대상이 있으며, 그 대상과의 관계 속에서 성장한다. '신앙은 인간과의 관계 속에서 궁극적으로 신의 거룩한 이미지와 관계하는 방법을 형성하고 발전한다'는 의미에서 본다면 파울러 이론은 모든 사람에게 적용할 수 있다. 또한 함께 배우

---

9) 박원호, 『신앙의 발달과 기독교교육』, (서울: 장로회신학대학 출판부, 1996), pp.66-75.

고 성장하는 간세대적인 공동학습의 원리와도 교육적 적용이 가능하다고 추론할 수 있다.

위의 두 가지 발달이론을 통해 환경의 중요성을 알 수 있다. 또한 인간 발달이 고정적이 아니라 유동적이며, 단계별이나 시기별로 경직성이 없다는 사실도 알 수 있다. 그러므로 우리는 상호교류와 상호작용을 통한 간세대 교육이 가능하다는 사실을 추론할 수 있다.

교육의 세대 간 단절이라는 현상을 가져온 단초가 발달이론이라고 한다면, 에릭슨과 파울러의 발달이론을 보면서 간세대 교육과의 접목을 훌륭하게 할 수 있다는 점도 발견하게 될 것이다. 발달이론은 교회 안에서 성경과 교리의 지식적인 이해도 파악에 집중하는 측면에서 세대 간의 긴장이나 갈등, 장벽들을 낳게 한 요인이 될 수 있다. 교회에서 학습자 개개인의 단계를 중시하는 발달이론을 교육의 기초로서 인식하는 것도 필요하다. 그러나 이제는 단계별로만 묶으려는 노력에서 벗어나 신앙공동체의 삶과 연결하고 세대 간의 연합과 결합을 추구하는 노력을 통해 간세대 교육목회를 시도할 수 있어야 한다.

5장. 간세대 교육목회, 전교인이 행복해진다!

1. 한국교회의 간세대 교육목회 현장

한국의 목회자(교역자)들에게는 '간세대적 목회'라는 용어보다 '전교인 목회 프로그램'이라는 말이 더 많이 통용되고 있다. 요즘은 한국교회에서도 전교인을 한 가족으로 연결하려는 목회적 노력을 하고 있다. 또한 어떤 형태로 어떻게 시도되고 있는지도 많이 알려져 있다. 하지만 그러한 노력이 무척 긍정적으로 여겨지면서도 한편으로는 아쉬움도 있다. 간세대적 목회(전교인 목회)를 제대로 이해하면서 접근하고 있는지 아니면 단순히 목회적 차원에서 이벤트처럼 진행하고 있는 것은 아닌지 염려스럽다.

매 주일마다 전교인을 대상으로 간세대적 목회 프로그램을 진행한다는 것은 정말 어려운 일이다. 그래서 가장 보편적이고 현실적인 대안으로 그동안 해 왔던 세대별 목회와 간세대적 목회를 함께 연결하는 구조를 단계적으로 확대하는 방법이 가장 낫지 않을까 하는 생각이 든다. 즉, 1년 교회력에 의한 절기 예배나 특별 행사를 중심으로 간세대적 예배와 목회 프로그램을 시도해 보는 것이다. 어떤 교회에서는 1달에 5주가 있는 경우에는 그 5주째 예배를 전교인이 함께 드린다고 한다. 전교인 예배 외에 절기 예배나 특별 행사를 전교인이 함께한다면 1년 행사가 매우 풍성해질 것이다.

그런데 전교인 예배를 드리는 교회들도 전교인 대상의 간세대적 특별 행사는 의외로 소홀히 하는 경우가 많다. 전교인이 함께할 수 있는 행사나 프로그램도 성인을 중심으로 기획되어 이루어지는 경우가 많다. 즉 그 교회들이 하는 전교인 프로그램은 아직도 예배가 전부라고 생각하는 한계를 갖고 있다.

또한 전교인 예배를 드린다 해도 내용과 진행을 살펴보면 해결해야 할 목회적 과제가 많다는 생각이 든다. 말로는 전교인 예배라고 하지만 어린이와 교회학교 학생들은 그저 단순히 예배의 구경꾼, 관객으로만 앉아 있는 경우가 많다. 전교인 예배는 평상시 드리는 성인 예배 뒷자리에 교회학교 학생들이 앉아서 단지 예배에 참석하는 것이 아니다. 전교인이 한 자리에 함께 앉아서 예배드렸다고 전교인 간세대 예배는 아닌 것이다.

이는 대부분의 교회가 해마다 하는 전교인수련회에서도 동일하다. 말로는 거창하게 전교인수련회라고 하지만 막상 가 보면 어른과 아이는 따로 활동한다. 성인부는 성인부대로, 청년부는 청년부대로, 청소년부는 청소년부대로 각각 별도의 장소에서 별도의 프로그램을 진행한다. 교사들은 어쩔 수 없이 해당 부서에서 교사로 봉사한다. 이런 형태의 전교인 수련회는 대부분 오고 갈 때와 식사할 때만 전교인이 함께 모이는 경우가 많다. 이는 전교인이 한 장소에 같이 다녀왔다는 점 외에는 진정한 전교인 수련회라 말할 수 없다.

진정한 전교인(간세대) 목회 프로그램은 앞에서 말한 간세대적이고 신앙공동체적인 특성과 본질을 담고 있어야 한다. 함께 시간을 보내고, 함께 프로그램에 참여하며, 함께 활동하면서 서로 돕고, 함께 그 내용을 배우고 이해할 수 있어야 하며, 함께 공통으로 나눌 이야기와 경험이 있어야만 간세대 프로그램이라고 할 수 있다.

주도층과 비주도층, 주인공과 들러리, 주인과 손님과 같이 따로따로 국밥 같은 형태의 예배나 수련회는 전교인 프로그램이 아니다. 전교인 목회는 모든 세대가 한 구심점을 향해 하나로 연결되고, 상하, 직분, 나이, 경력을 초월하여 함께 나누고 경험하며, 서로 존중하고 수용하고 용납하며 한 몸을 만들어 가는 것이다.

2. 전교인 수련회를 더욱 알차게!

교인 규모가 작은 교회들은 여름이면 '전교인 수련회'라는 명목 아래 경치 좋은 야외나 기도원으로 수련회를 떠난다. 중대형 교회에서도 교구별로 '전교인 수련회'를 떠난다. 그런데 그 안에 담긴 순서나 프로그램을 보면 진정한 전교인 수련회라고 볼 수 없는 경우가 대부분이다. 성인부는 성인부만의 프로그램을, 교회학교는 교회학교만의 프로그램을 따로따로 진행하기 때문이다. 이는 진정한 의미에서 전교인 수련회라고 할 수 없다.

교회학교 각 부서의 성경학교나 수련회는 자체적으로 그 이전에 미리 진행하는 것이 좋다. 전교인 수련회를 할 때는 가족 중심, 또는 조별 형태로 그룹을 나누고 모든 세대의 연령층이 다함께 참여하고 경험을 나누는 내용으로 진행하는 것이 좋다. 1박 2일이나 2박 3일 정도 모든 세대원이 함께 어울리고 기여할 수 있는 프로그램을 만들어야 한다. 또한 여가와 가족 중심 문화(신앙가족으로 맺어졌어도)를 충분히 즐길 수 있게 여유 있는 진행을 해야 좋은 수련회가 될 수 있다.

3. 절기 예배를 더욱 은혜롭게!

1년의 교회력에 따라 절기마다 전교인이 예배를 함께 드리면 절기의 교육적 의미와 예전이 더욱 공고해질 것이다. 교회학교에서 드리는 예배보다 조부모, 부모 세대와 어울려서 함께 드리는 전교인 예배를 통해 학생들은 여러 가지로 얻는 것이 더 많을 것이다. 이는 세대 간의 간격을 좁혀 주고, 전교인이 한 가족이라는 사실을 예배를 통해 몸과 마음으로 느낄 수 있게 한다.

담임목사님과 부목사님이 성인 목회에 치중하다 보면 교회학교 학생들을 멀리서 바라보는 낯선 느낌을 갖게 될 수 있다. 교회학교 학생들은 자기 교회의 담임목사님과 장로님들, 권사님들, 어른들을 가까이에서 접하지 못하기 때문에 친근감을 갖기도 어렵다. 그러나 이런 절기 예배를 본당에서 함께 드리면 교회에 대한 친숙감, 소속감을 더 강하게 느낄 수 있고, 우리가 한 신앙공동체라는 사실을 인식할 수 있다.

절기를 통한 전교인 예배를 활성화해 보자. 예배 순서를 잘 기획해서 각 연령층이 골고루 함께 준비하고 참여하는 가운데 어린이는 어른에게서, 어른은 어린이에게서 배우고, 서로에게 헌신하고 기여하는 시간을 가져 보자. 그러면 절기 예배는 더욱 은혜롭고 감동 있는 예배가 될 것이다.

4. 구역모임을 더욱 신선하게!

간세대적 목회에서는 구역모임을 가족모임의 확대 개념으로 생각한다. 여러 세대가 모인 통합모임으로 여기기 때문에 이는 훌륭한 간세대적 모임이 될 수 있다. 한국교회에서는 여성 성도들의 친목을 위해 지역별로 묶어 구역모임을 했고, 최근에는 남성 구역모임을 하고 있는 교회도 있다. 간세대적 목회에서는 성인 성도만의 모임과 예배가 아니라 성인 성도에게 속한 어른과 어린이까지도 포함하는 확대가족 형태로 접근해야 한다.

그러면 1달에 한 번 정도는 구역 구성원 전체모임으로 어르신, 어린아이들까지도 함께 모일 수 있다. 셀 목회를 하는 교회처럼 셀 모임화가 되는 것이다. 구역예배에서는 어린이들, 청소년들도 성경 봉독이나 기도를 담당할 수 있다. 이런 간세대적 구역모임에서는 함께 예배를 드리고 기도회를 하고 토론과 대화를 통해 성경공부를 할 수 있다. 또한, 세대가 다함께 어울려 편안하고 여유롭게 여가시간을 함께 보낼 수 있다(연극이나 영화 보기, 스포츠 관전, 합창, 합주, 산책 등).

매주 구역모임을 가족모임처럼 하기가 어렵다면 1달에 한 번, 또는 2달에 한 번 정도 정기적으로 진행하는 것이 좋다. 그러면 다양한 아이디어나 제안이 나올 수 있다. 구역의 인도자는 구역의 전체 가족의 제안을 받아들이고 수용하는 소통 능력이 있어야 한다. 또한 자발적인 참여가 이루어지도록 하는 것이 좋다. 그러면 구역의 전체 가족 구성원이 즐겁게 참여할 수 있고, 모두가 기다리는 신선한 구역모임을 만들 수 있다.

5. 특별행사를 더욱 활기차게!

교회는 기본적으로 예배에 충실하면서도 교인 양육을 위한 성경공부와 교회가 지향하는 비전을 위해 여러 사역을 한다. 교인들의 참여와 신앙생활의 재미, 유익을 위해 특별한 행사를 개최한다. 이러한 행사는 아동부를 비롯해서 전교인이 참여할 수 있다. 하지만 아직도 대부분의 교회들이 성인 성도만을 대상으로 행사를 진행하고 있는 것 같아 아쉬운 마음이 든다.

전교인 체육대회의 경우도 유치부나 유년부, 중고등부는 아예 게임의 순서에도 들어가 있지 않아서 자기들끼리 돌아다니면서 간식을 먹거나 주변인처럼 따로 나가서 노는 경우가 많다. 또한 청년들은 진행의 보조요원, 물품 관리나 운송, 설치나 청소 등의 허드렛일을 하면서 행사의 들러리가 되는 경우가 많다. 이런 행사야말로 전교인이 함께 즐기며 놀 수 있는 축제인데, 이를 잘 활용하지 못하는 것 같아 아쉽다. 전교인 체육대회 개막식을 성대하게 하는 방법이 있다. 부서별로, 또는 구역별로 가장 행렬 퍼레이드를 하는 것이다. 성경 속의 한 장면을 재현해서 복장과 소품을 다 꾸민 다음, 차례대로 입장하여 운동장을 한 바퀴 돌면서 음악과 함께 즐기는 시간을 갖는 것이다. 체육대회가 끝날 때쯤에는 가장 정성껏 잘 꾸미고 재미있게 참여한 부서에 상을 준다. 게임의 종목에서도 3세대가 함께하고, 새신자와 인도자, 교회학교 어린이와 장로님, 권사님이 함께 즐길 수 있는 게임이나 순서 등을 꾸준히 개발하는 것도 필요하다. 행운권 추첨이나 선물 배부 등 아무리 작은 일일지라도 아동부나 중고등부 학생들에게 맡겨서 그들도 같은 교회의 한 가족으로서 주인의식을 가질 수 있도록 해야 한다.

등산대회는 봄이나 가을쯤에 야외에서 전교인 축제로 즐길 수 있다. 이때 중요한 것은 어린아이들과 청소년들도 어른들과 함께 즐길 수 있도록 행사를 준비해야 한다는 점이다. 산에 올라갈 때는 등산로 곳곳에 어린이나 청소년과 함께할 수 있는 미션을 제공해 그것을 수행하게 할 수도 있다. 숲 속의 만찬을 세팅하는 일은 엄마와 아이들이 함께할 수 있다. 또한 보물찾기를 할 때 쪽지를 숨기는 일은 어린이나 청소년들이 할 수 있다. 야영체험을 위해서 돌멩이와 풀, 나뭇가지를 주워 오고 평평한 바닥을 고르게 하는 일은 어린이 세대가, 나무기둥을 이용해서 텐트 천(아니면 집의 커튼이나 긴 천을 미리 준비하여)으로 차양막을 설치하는 것은 어른 세대가 담당할 수 있다.

바자회도 여전도회의 행사로만 끝나는 것이 아니라 전교인이 참여할 수 있도록 기획하는 것이 좋다. 판매대에 조부모와 아빠 세대들이 참여할 수 있는 공간을 만들어서 전통식품이나 아빠 용품을 판매할 수 있다. 또한 어린이나 청소년 세대가 물물교환을 할 수 있는 '아나바다 장터'를 열 수도 있다. 바자회가 전교인의 장터가 되어서 함께 참여하고 즐길 수 있도록 해 보자. 장소도 교회 내에서 교인들만의 잔치로 끝내지 말고, 교회 앞길이나 공원으로 나가서 이웃들과 함께하는 것도 좋다. 그래서 바자회가 지역 주민과 소통하고 화합하는 축제가 되게 하는 것이다. 남선교회 회원들은 폴라로이드 사진기로 지역 주민에게 가족사진을 즉석에서 찍어 줄 수 있고, 할아버지들은 지역 주민과 본 교회 어린 학생들과 민속놀이를 진행하면서 함께 즐길 수 있다.

6장. 간세대 교육목회, 준비하고 시작하자!

1. 올바른 교회관 정립

한 사람의 목회자가 교회를 어떻게 보는가에 따라 그 교회의 색깔이 달라진다. 그래서 교회가 백인백색(百人百色), 천인천색(千人千色) 다양한 모습으로 존재한다. 한국의 목회자들은 교회를 어떤 곳이라고 생각할까? 아마 '하나님의 은혜를 경험하는 곳', '성도들이 모여서 예배드리는 곳', '선교적 사명을 이루어 가는 곳', '전도나 구제를 실천하는 곳'이라고 생각할 것이다. 주변의 교인들이나 목회자들에게 물어보면 대부분의 성도나 목회자들이 교회를 하나님의 사역을 위한 도구로 생각하는 경향이 많다. 그리스도의 재림까지 이 땅에서 교회는 그리스도의 사역(구원, 전도, 섬김, 선교, 나눔 등)을 실천해야 하는 것이다. 즉 교회를 예수 그리스도의 사역을 하는 '사역 중심의 교회'로 보는 것이다. 그렇기에 교회도 교인도 재정도 일(사역) 중심으로 흘러간다. 어느 교회 목회자나 교인들은 자기 교회가 선교 중심, 또는 구제 중심의 교회라고 하면서 교회의 업적과 물량, 숫자를 자랑하기도 한다.

그러나 교회는 하나님의 사역 도구 이전에 이미 하나님 백성으로서의 공동체이다. 교회를 세대와 경험, 직분 등을 다 초월한 간세대적 하나님의 백성으로, 그리고 하나님의 대가족으로 보는 '공동체 중심의 교회'에 대한 이해가 먼저 선행되어야 한다. 내부적으로 공동체적인 교회관이 먼저 정착되고 그에 따라 외부적인 사역의 도구가 되는 균형 잡힌 아름다운 교회가 되어야 한다.

2. 건강한 목회 전략

우리는 교회의 부흥과 성장을 위한 기도를 하지 않은 적이 있을까? 이런 기도는 당연히 하나님 나라의 확장 차원에서 끈질기게 해야 한다. 하지만 이를 일방적이고 맹목적으로 추구해서는 안 된다. 목회자의 역량이나 교회와 교인들의 수용 능력(영적, 조직적, 관계적인 면)은 고려하지 않고, 무조건적으로 많은 성도와 큰 건물을 추구하는 '대교회주의'는 반성할 필요가 있다. 교육목회적으로 깊은 숙고와 준비 없이 대량, 대형의 성장을 집중적으로 추구하는 교회에서는 간세대적 교육목회를 시도하기 어렵다. 교회의 규모는 작을지라도 알차고 건강하게 성장하는 교회라면 간세대적 교육목회를 뿌리 내릴 수 있다. 신앙공동체로서의 신앙가족 형태로 함께 살아가고 공유하면서 성장해 가는 교회가 아름답고 견고하며 튼튼하지 않을까? 꾸준히 성장하는 교회의 교인으로서 누릴 수 있는 건강한 신앙적 아름다움을 추구하는 것이 더 바람직하다고 생각한다. 따라서 우리는 알차게 성장하고 건강하게 부흥하는 중소형 교회의 육성에 관심과 열정을 기울여야 한다.

3. 확신과 열정과 노력

목회자가 간세대적 교육목회에 대한 뚜렷한 목회관을 정립하고 이를 시도해 나간다면 좋은 열매를 반드시 맺을 수 있을 것이다. 이를 위해서는 목표를 세우고 효과적인 접근을 위한 방법이나 수단을 연구하는 자세가 필요하다. 더 깊은 열정으로 연구하는 부단한 노력 속에서 하나님의 창조적인 지혜가 샘솟을 것이다. 하나님은 지혜와 창조력을 구하는 자에게 그것을 부어 주신다. 신앙공동체로서의 한 몸을 이루는 간세대적 목회에 대해 교인들을 꾸준히 설득하는 것도 필요하다. 간세대 목회에 대해 다소 부정적이거나 의구심을 가진 성도들을 설득하면서 좋은 면을 부단히 보여 주면 초기의 부정적인 반응은 사라지게 될 것이다.

한 교회의 목회자라면, 단지 교회의 부흥만을 위해서 어느 특정한 세대에 편중하는 편향적 목회가 아니라 모든 세대를 똑같이 바라보면서 교육해야 할 책임이 있다. 모든 세대를 수용하고, 공동 경험을 통해서 함께 성장하며, 공동의 비전을 추구해야 한다. 그러기 위해서는 모든 세대의 구성원에게 호응과 공감과 협조를 얻어야 한다. 목회자(교역자)의 의식이 변해야 교인들의 의식도 변화할 수 있다. 교인들이 원하니까 마지못해 간세대적 예배나 프로그램을 시도한다면, 또는 특별한 노력 없이 대충 기획해서 형식적으로 시도한다면 교인들도 역시 긍정적인 반응을 보이지 않을 것이다. 하지만 목회자가 확신과 열정을 갖고 연구한다면 교인들도 그렇게 변화할 것이다.

4. 전문적인 교역자 양성

간세대 교육은 다양한 세대의 교육적 욕구를 충족시키면서도 세대별 개인 차이를 무시하거나 개인의 성장 속도와 특수성을 제한하지 않기 위해 세심한 교육적 배려가 있어야 한다. 간세대 교육은 평생에 걸친 교육과정이며, 또한 형식적·비형식적 구조를 함께 병행해야 하기 때문에 장기적인 계획이 필요하다. 교육적 성과도 장기간에 걸쳐서 검토해야 하고, 그에 따른 수정과 보완도 필요하기에 목회자의 전문적인 교육적 역량이 요구된다.

이를 위해 교육적인 이론과 경험이 풍부한 전문적인 교역자가 많이 양성되어야 한다. 그래서 교역자는 간세대의 본질과 특성을 살리면서도 여러 형태의 교회의 특수성을 담아 낸 다양한 형태와 우수한 사례의 프로그램을 계속 개발해야 한다. 절기 예배나 의식, 삶의 통과의례(세례, 결혼, 성찬, 기념일), 교회의 주 전략사역과 행사 등을 간세대 교육목회의 기회로 삼아야 한다. 개 교회 형편에 따라 우선은 두 세대 간의 연합을 목표로 하고, 나중에는 3세대 간의 연합이 되게 해서 간세대적인 경험의 폭을 확대할 수 있도록 기획하고 실행하는 데 도움을 주어야 한다. 또한 다양한 사례의 간세대 프로그램을 개발하고 보급할 필요가 있다.

5. 창의적인 목회기획

목회자들은 자신들이 목회자가 되기 전 평신도일 때부터 성인 중심의 예배와 프로그램에 젖어 있었기 때문에 자연스럽게 굳어져 버린 경험의 틀이 있다. 그래서 목회자가 되었을 때, 특별한 사고의 전환이 없고 새로운 목회에 대한 간절함과 절박함이 없는 한, 자신도 모르게 그 경험의 틀 때문에 성인 중심의 목회를 하게 된다.

또한 목회자가 간세대적인 목회를 부분적으로 도입하고 싶어도 이미 성인 중심의 목회와 프로그램에 젖어 있는 평신도들과 중직자들의 반대에 직면한다. 전문적인 교역자가 없다 보니 무엇을 기획해도 전교인에게 은혜와 감동을 안겨 주지 못하고, 어설프고 소란스러운 프로그램이 되어 버려서 갈수록 더 불만이 깊어진다. 그래서 간세대적인 목회는 교인들과 교역자들 두 가지 입장에서 어려움을 겪다 보니 뚜렷한 해결책을 찾지 못하는 경우가 많다.

그렇지만 이를 해결할 수 있는 활로는 분명히 있다. 그 해결의 열쇠는 목회자에게 있다. 목회자가 스스로 고정관념과 편견에서 자유로워지는 의식의 변화가 있다면 간세대적인 목회는 가능하다. 목회자가 스스로 노력하고 연구하고 탐구하면 해결의 길은 분명히 있다. 목회자는 설교자 이전에 자신이 목회자이며 교역자라는 의식을 먼저 가져야 한다. 목회자는 성도들의 신앙생활과 신앙고백에 대해 양육하고 관리할 책임이 있다. 그래서 목회자는 기획자이고 관리자이며 설교자이고 교육자이기도 하다.

1) 예배에 대한 기존의 고정관념에서 벗어나야 한다

예배가 아주 엄숙하고 거룩해야 한다는 생각을 지니고 있다면 간세대 예배에 대한 부정적인 시각과 염려가 있을 수밖에 없다. 이러한 고정관념이 간세대 목회를 실천하는 데 큰 장애가 되기도 한다. 예배는 하나님께 우리의 진정어린 신앙고백을 하고, 믿음의 헌신을 올려드리며, 하나님으로부터 내려오는 은혜와 기쁨을 마음껏 누리는 것이다. 이 세상에 대한 사명감과 자신의 성결한 삶에 대한 의지와 열정을 회복하는 시간이기도 하다. 예배의 거룩성은 당연히 유지되어야 하지만, 너무나 굳어 버리고 형식적인 예배에 얼마나 많은 성도가 질식할 것 같은 답답함과 부담감을 갖고 있는지 모른다. 얼마나 많은 교역자와 중직자가 엄숙하다 못해 이제는 딱딱하게 굳은 기존의 예배 패턴을 고수하는지 모른다.

예배는 축제이다. 성도들이 하나님과 만나고 대화하는 시간이다. 하나님과의 우리 사이에 현존, 살아 계심, 함께하심에 대한 생생한 간증이 있어야 한다. 하나님과 성도들과 더불어 누리는 감격과 감동, 은혜가 있어야 한다. 그러기에 예배는 잘 차려진 은혜의 식탁과도 같으며, 만남의 기쁨이 있는 신명 나고 행복한 신앙의 축제이기도 하다. 우리는 굳어진 예배 패턴에서 벗어날 필요가 있다. 전교인이 함께 어울려 드리는 예배에 여러 순서가 들어간다고 해서 예배가 이벤트화된다는 염려를 버려야 한다. 예배의 본질은 고정적인 순서나 담당자에게 있는 것이 아니라 늘 새롭게 주님을 만나고 싶어 하는 예배자들의 준비와 노력에서부터 시작되는 것이다.

간세대 예배는 대상이 전교인, 전세대이기 때문에 전통적인 순서에 과감한 개혁이 필요하다. 적어도 한두 가지 순서를 첨가할 수도 있으며, 반대로 적어도 한두 가지 순서를 빼도 무방하다는 폭넓은 생각을 해야 한다. 예배의 본질과 의미에 부합되기만 하면 더 많은 부분에서 새로운 시도나 개혁을 받아들일 수 있어야 한다. 전교인의 세대별 차이나 이해도와 호응도를 반영할 줄 알아야 한다. 간세대 예배에서 순서 담당자는 목회자나 항존직(장로, 권사)과 성가대의 전유물이 아니라고 생각해야 한다. 교독문이나 장로님의 대표기도가 빠지면 크게 이상할까? 장로님들의 권위가 흔들릴 것처럼 뭔가 불안할까? 혹시 서운해하지 않으실까? 우리는 고정관념에 매이지 않는 과감한 개혁과 수용이 필요하다.

2) 참신한 예배기획이 필요하다

목회자는 간세대적인 예배나 프로그램을 할 때 자신의 설교 시간과 패턴을 고수하려는 완고함에서 과감히 벗어날 필요가 있다. 또한 교인들이 은혜를 받을 수 있다면 그 어떤 것이라도 시도해 볼 수 있는 열린 마인드를 가져야 한다. 청중들에게 은혜의 통로는 꼭 목회자의 설교가 아니라 다른 순서에도 있을 수 있음을 인정해야 하는 것이다. 자신의 설교 메시지가 중심이 되어야 한다는 생각을 버리고, 메시지 중심의 예배에서 전교인이 참여하는 순서 중심의 예배로 접근해야 한다. 그러면 다양하고 특성 있는 예배를 드릴 수 있다.

그동안 자신이 해 왔던 설교 시간을 고수하려는 습관적 사고에서 벗어나서, 설교 시간을 대폭 줄여 보자. 필요하다면 10분 정도로 줄일 수 있는 여유로운 마음을 가져 보는 것도 좋다. 다양한 설교의 패턴을 도입해서 모든 세대가 공감하고 감동할 수 있는 설교자가 되기를 바란다. 일방적인 강의식 패턴에서 이제는 영상을 이용하거나, 찬양과 내레이션을 병행하거나 아니면 연극식, 대화식 등 다양한 형식으로 설교할 수 있다.

장로님들의 고정적인 전유물인 대표기도나 회중들의 교독문, 다른 순서에서도 변화를 시도해 볼 수 있다. 대표기도를 어린이나 교회학교 학생들이 한다고 해서 예배의 본질이 훼손되는 것은 아니다. 어린이들이 읽기 어려운 교독문 대신 기도문을 함께 읽거나 좋은 시를 함께 낭독한다고 해서 예배의 의미가 삭감되는 것은 아니다. 어려운 말을 쉬운 말로 고쳐서 하고, 헌금봉헌을 청년부나 교회학교에서 담당하게 하는 것도 시도해 볼 필요가 있다.

모두가 기쁜 마음으로 준비하고 참여한 예배는 감동을 준다. 전교인의 호응과 은혜를 샘솟게 한다. 참신하게 잘 기획된 예배는 굳어진 예배에 식상함을 느끼는 교인들에게 축제와 잔치처럼 생기 넘치는 예배로 안내할 수 있다.

7장. 간세대 교육목회, 이렇게 하면 된다!

1. '간세대목회연구위원회'를 운영해 보자

간세대 교육 목회는 목회자가 혼자하기보다 교인들과 함께하는 것이 좋다. 그러기 위해서는 교인들의 공감대와 지지를 얻어 내는 것이 무엇보다 중요하다. 교인들은 다양한 세대로 구성되어 있기 때문에 다양한 요구와 생각을 갖고 있다. 목회자는 이들의 의견을 반영하고 자신의 생각을 그들과 공유하고 협력하기 위해 능력과 은사가 있는 교인들에게 목회적 지원을 받는 것도 고려해 볼 수 있다. 이를 위해 '간세대목회연구위원회'를 운영해 볼 것을 제안한다. 위원회의 이름은 '평신도사역기획위원회'나 '평신도사역운영위원회'라고 해도 좋을 것이다.

위원회를 너무나 흔하고, 평범하게, 늘 그래왔던 것처럼 항존직이나 제직회 부장 중심으로 구성한다면 어느 경우에는 참신한 아이디어와 지혜를 모으고 개발하는 데 만족한 효과를 얻기 어려워질 수 있다. 이 위원회는 철저하게 사역 중심의 인적 구성을 해야 하며, 은사별 동역자 모임이 되어야 효율적으로 운영될 수 있다. 간세대적 목회에 대한 깊은 이해가 있고, 다양한 세대의 요구를 수용할 수 있는 목회적 아이디어를 갖고 있고, 사회적 경험이 풍부하며, 유능한 평신도들을 직분에 관계없이 추천받아서 구성하면 많은 유익이 될 것이다.

교회 안에는 직분과 관계없이 창의력이나 분석력, 기획력과 조직력에 은사를 지닌 분들이 있다. 또한 전문적인 분야에서 사회적 경험이 많은 분들도 있다. 그들은 목회자들과 협력해서 간세대적 프로그램을 기획하고 개발, 연구, 조직화할 수 있다. 또한 다른 교회의 간세대 프로그램를 통해 유익한 정보를 모으고 아이디어를 제공하는 역할을 할 수 있다. 목회자는 간세대 사역에 대한 토론을 통해 교인들에게 폭넓은 지지를 얻을 수 있다.

목회자들은 자신의 신학적·목회적 관점으로 그들이 세부적인 사항들을 계획하고 실행하며 다른 평신도들에게 일을 분담하고 지휘하도록 할 수 있다. 이 과정 속에서 그룹 리더자가 양성되고 소그룹 팀의 역학 관계가 훌륭히 만들어질 수 있다. 이를 통해 다양한 은사를 지닌 평신도들이 간세대 프로그램에 참여해서 은사와 재능을 발휘함으로 질적으로 우수한 프로그램을 만드는 데 기여할 수 있다. 이는 예능 분야, 체육 분야, 전산 분야, 연극 분야, 방송 분야, 진행 분야 등의 전문화된 평신도들이 일시적으로 한 부분을 담당해서 훌륭한 자원봉사자가 되는 것이다.

2. 기획부터 평가까지, '함께, 더불어'

1) 함께 기획하자

첫 번째 기획 단계는 '평신도와 함께 기획하라'이다. 대부분의 프로그램 진행은 목회자가 기획하고 당회가 인준하면 교인들에게 역할이 분배되거나, 중직자들이 우선적인 역할을 분담받는 상명하달 방식으로 이루어진다. 간세대 예배나 프로그램도 기획은 보통 목회자들이 하는 경우가 많다. 하지만 그런 방식으로는 전교인의 공감대와 지지를 받기 어렵다. 그래서 기획은 '간세대사역위원회'와 목회자 그룹이 연합하는 방식이 제일 좋다. 아이디어 공모를 하든지 그 밖에 어떤 식으로든 교인들의 제안과 의견을 받아들이면서 함께 기획하는 것이 좋다. 교인들은 자기들의 제안이나 아이디어가 받아들여졌을 때, 교회가 자신들에게 수용적이라는 느낌을 받는다. 그렇게 되면 그들은 더 적극적으로 참여하게 되고 결국은 좋은 동반자로 함께 나아갈 수 있게 된다. 평신도와 함께 기획하면 의외로 섬세한 면이나 창의적인 제안들이 많이 나올 수 있다. 교회 게시판에 의견을 제안할 수 있는 공간을 만들어 놓는 것도 좋다.

두 번째 기획 단계는 '세심하고 배려 깊은 기획을 하라'이다. 예배를 시뮬레이션하면서 세심하게 기획을 해야 한다. 대충 순서를 짜 맞추거나 끼워 맞춰서는 안 된다. 순서 담당자들의 이동 동선, 방송과 영상의 조화도 잘 파악해야 한다. 엄숙함과 경쾌함의 리듬이 반복되는지(그래야 지루하지 않기 때문에), 성도들의 일어서고 앉고의 움직임이 골고루 배치되어 있는지, 교회학교 학생들이 참여할 수 있는 순서와 성인의 순서가 골고루 있는지, 예배의 전반적인 분위기가 강약과 정동(靜動)의 흐름에 따라 원만하게 진행될 수 있는지를 고려하면서 기획해야 한다.

2) 함께 준비하자

첫 번째 준비 단계는 '역할 분담을 잘하라'이다. 교인들의 참여도를 높이기 위해 세대별로, 부서별로, 남녀별로 골고루 참여시키도록 노력해 보자. 모든 연령층과 부서를 다 수용할 수 없어도 이번에 하지 못하면 다음 기회에는 꼭 배려해 주는 존중이 필요하다. 각 순서를 준비하는 개인이나 부서도 중요하지만, 이들에게 연락하고 확인하고 전체를 조정하는 역할도 필요하다. 보통은 부교역자들이 이런 역할을 많이 하는데, 위원회에서 연락이나 준비물을 챙기고 지원하는 역할자를 잘 분담하면 더욱 좋다.

두 번째 준비 단계는 '철저한 확인과 사전 연습을 하라'이다. 기획도 어설프게 순서를 배열해서 엉성한데 만약 철저한 준비마저 없다면 당연히 그날 진행하는 과정에서도 허점이 많이 나타날 것이다. 짜임새 없는 순서와 갖춰지지 않은 준비물로 예배가 엉성하게 진행되면 교인들도 조금씩 불평을 하게 될 것이다. 철저한 사전 연습으로 진행이 순조롭고 각 순서가 교인들에게 은혜롭고 유익하도록 준비해야 한다. 사전에 순서 맡은 자들이 개별적으로 연습한 후에는 전체가 다 같이 모여 총 리허설을 하면서 여러 사항을 체크해야 한다. 조명, 음향, 마이크, 방송 영상 팀과의 조율, 이동 동선 체크, 강단, 예배에 필요한 소도구 및 소품 준비사항 등을 꼼꼼히 체크해야 한다.

간세대 프로그램이나 간세대 예배에 대해 미리 연습해 보는 것을 비성서적으로 보는 몇 분의 목회자를 만난 적이 있다. 예배가 무슨 공연이냐고 하시면서 사전 연습이 예배의 본질을 격하시키는 것처럼 거부감을 갖는 분들도 있다. 예배가 이벤트나 쇼와 같이 보인다고 하는 분들도 있다. 하지만 과연 그럴까? 예배에서 찬양을 하는 성가대나 찬양팀도 매주일 미리 모여서 준비한다. 절기가 되면 몇 달 전부터 준비하기도 한다. 특별한 예배와 프로그램을 위해 순서 담당자와 진행을 보조하는 스태프들이 함께 모여 연습하고 리허설하는 것은 당연하다. 이는 사람에게 보이고자 함이 아니라 성도들에게 은혜를 끼치기 위한 노력과 헌신이다.

3) 함께 진행하자

대부분의 교회들이 간세대 예배나 프로그램을 진행할 때면 부교역자들이 매우 바쁘다. 진행을 체크하랴, 순서 담당자를 체크하랴, 물품을 준비하랴… 몸이 여러 개 있어도 모자랄 정도이다. 그러나 이런 진행 보조와 담당자들은 '간세대사역위원회'에서 평신도들에게 분담시키는 것이 좋다. 위원회 리더들과 평신도 교인들의 참여는 진정한 간세대적 목회와 평신도 사역을 이룰 수 있게 한다. 이들이 전교인과 함께 더불어 참여하고 헌신하게 되는 것이다.

4) 함께 평가하자

교회에는 이 세상과 구별되는 문화가 한 가지 있는데, 그것은 평가를 두려워하고 터부시하는 것이다. 그래서 어떤 일을 하거나 어떤 사람에 대해 평가하는 것을 비난과 비판으로 동일시하여 입을 다물어 버리는 경우가 많다. 그러나 평가는 주관적이고 감정적인 비난이나 불평, 원망이 아니다. 평가는 객관적인 사실에 근거한 합리적인 판단에 기준을 두고 있다. 진정으로 교회가 발전하려면 평가를 두려워해서는 안 된다. 오히려 평가의 장점과 유익을 목회자들이 받아들여서 교인들에게 올바른 평가에 대해 가르쳐야 한다. 사후 평가에 문을 닫아 버리면 교회는 지속적인 발전과 갱신이 이루어지지 못한다.

간세대 사역도 마찬가지로 실행하고 난 후에 평가를 해 보는 것이 필요하다. 대부분의 교회들에서는 〈계획 ⇒ 실행 ⇒ 평가 ⇒ 자료화〉의 4단계 중에서 2단계까지는 비교적 잘 이루어지고 있다. 하지만 3,4단계는 비교적 취약하다. 평가와 자료들이 남아 있지 않아서 교역자는 물론이고 평신도 사역자들도 언제나 다람쥐 쳇바퀴 돌듯 원점에서부터 다시 시작하고 과거를 돌아보지 못하고 나아간다. 따라서 전보다 더 발전된 모습으로 꾸준히 나아가는 프로그램과 목회를 보기가 어려워진다. 이는 교회의 힘과 에너지를 낭비하고 소모하는 것과 같다.

간세대 사역에서 교인들의 반응과 효과에 대한 모니터링, 기획이나 실행 단계에서의 시행착오와 잘된 점에 대한 모니터링은 더 좋은 기획으로 연결될 수 있다. 위원회는 목회자들과 동역하면서 간세대적 목회의 마인드에 대해 배우고 깨달아 가면서 마인드를 확장시켜 나갈 수 있다. 이들이 목회자와 더불어 간세대 목회에 대한 비전을 공유하고 다양한 간세대 프로그램을 함께 기획하고 진행하며 평가할 때 더 많은 교인들이 참여하고 호응하게 될 것이다.

세심하고 배려 깊은 기획, 철저한 준비와 사전 연습, 유연하고 원만한 진행, 객관적이고 효율적인 사후 평가, 자료 모음과 보관 등은 더욱 좋은 간세대 프로그램과 예배를 만들어 낼 수 있다.

제2부

실천하기, 행복한 전교인 목회

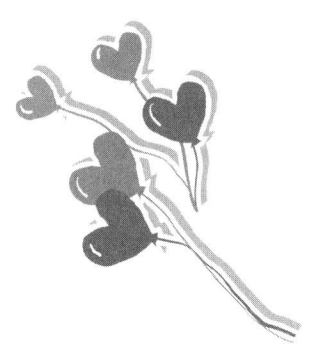

간세대적 예배에 대한 기본적인 제안

① 세대별 간격을 메우는 것이 쉽지 않지만 신앙공동체 의식 함양이라는 목적과 전교인 예배의 유익과 장점을 계속 알리면서 꾸준하게 기회를 마련하여 추진하면 된다.

② 매주 시행하기에는 어려움이 많지만 절기 때마다 시도해 보는 것도 권장한다.

③ 제일 중요하고 신중해야 할 부분은 예배기획이다. 세대별로 골고루 참여하면서 함께 경험할 수 있도록 다양한 순서로 기획하면 호평과 긍정적 반응을 얻을 수 있다.

이것을 알면 도움이 팡팡!!!

① 예배의 차례는 1월부터 12월까지 절기와 목회력을 따라 기술되어 있다.

② 각 예배마다 '예배의 의미', '예배의 기획 방침', '예배의 사전 준비', '예배 순서', '진행도움 자료', '추가활용 자료'의 순서로 설명되어 있다. 모든 내용은 최대한 차근차근 자세히 설명함으로써 준비와 진행에 어려움이 없도록 노력했다.

③ '예배 순서'는 예배진행 순서대로 적어서 주보로 사용할 수 있게 했으며, 더욱 세부적으로 필요한 진행내용과 자료는 '진행도움 자료'에 넣었다.

④ '추가활용 자료'는 제시된 예배 순서에 들어가지 않았지만 다음 해에 추가로 사용해 볼 수 있는 내용들, 첨가할 수 있는 내용들, 또는 예배와 관련되어 시도할 수 있는 프로그램과 행사들을 소개했다.

⑤ 각 절기 예배의 의미는 간략하게 기술하였지만 신학적인 근거나 성서적 근거는 언급하지 않았다. 이는 절기에 관련된 여러 책에서 도움을 받을 수 있다고 생각했기 때문이다.

⑥ 각 예배에서 설교의 내용과 다양한 형식도 자세히 적어놓았다.

⑦ 예배 순서에서 설교본문, 순서 중에 인용될 성경본문, 찬송가 등은 경우에 따라 적은 것도, 비워 둔 것도 있다.

1장. 송구영신 예배

1. 예배의 의미[10]

본래 송구영신 예배는 교회력의 절기가 아니었고, 장로교회 전통에도 없었던 예배였다. 그렇지만 한국교회에서는 선교 초창기부터 지켜온 한국 고유의 전통적인 예배로 정착되었다. 한국교회사에 따르면 송구영신 예배는 1887년 12월 31일 언더우드 선교사와 아펜젤러 선교사에 의해 서울에 있던 정동교회(새문안교회)와 베델교회(정동감리교회)가 연합해서 드린 것이 최초였다. 본래 송구영신 예배는 감리교회의 예배로서 존 웨슬리(John Wesley)에 의해 소개되었고, 언약예배(Covenant Worship) 또는 언약갱신예배(Covenant Renewal Worship)라는 이름으로 불렸다. 지나간 1년을 뒤돌아보며 하나님께 용서를 구하고, 새로운 해를 위해 하나님 앞에서 언약을 세우는 순서가 포함되어 있었다. 웨슬리에 의해 소개된 예배는 대략 ① 경배, ② 감사, ③ 고백, ④ 언약, ⑤ 침묵의 기도, ⑥ 축복의 순서로 되어 있다. 송구영신예배는 하나님 앞에서 우리의 삶과 믿음의 언약을 갱신하려는 정신을 담고 있다.

---

10) http://cafe.daum.net/mdiv104, 장신대 신대원 104기, "송구영신 예배의 유래와 의의"

2. 예배의 기획 방침

① 송구영신 예배의 특성상 전교인이 참여하는 예배이기 때문에 다양한 연령층이 예배 순서를 담당함으로써 간세대 예배의 특징을 살렸다.

② 예배준비와 진행사항을 편리하게 이해할 수 있도록 예배를 1,2부로 나누었다.

③ 1부 '송구예배'는 회고와 다짐, 2부 '영신예배'는 다짐과 찬송에 주제를 두었다.

④ 다양한 준비물과 매체를 준비하는 정성으로 예배를 드릴 수 있게 하였다.

A. 송구 예배 (12월31일 밤 11시30분 ~ 12시)

3. 예배의 사전 준비

① 교회학교 아동부 어린이 2명의 촛불 행진

② 강단 왼편 촛대에 양초 4개(또는 형편에 따라 1-3개) +양초(촛대) 아래 연도 표시판

③ 영상팀 3개 화면 제작("뒤돌아보는 우리 교회 1년", "뒤돌아보는 나의 1년", "한 해가 저무는 모습들")

④ 연합 성가대 구성해서 연습하기

⑤ 죄고백 쪽지문

- 성도들에게 일주일 전에 나눠 주고 집에서 내용을 적어서 오도록 한다.

- 죄고백 쪽지를 걷으러 다닐 때 필요한 작은 바구니 여러 개(중고등부 학생들)

- 죄고백 쪽지를 담을 통은 가능하면 투명하게 보이는 아크릴 통이 가장 좋다.
  여의치 않을 경우에는 상자, 바구니, 조그만 항아리를 사용할 수도 있다.

- 죄고백 쪽지를 담은 통 위에 올려놓을 작은 십자가

4. 예배 순서

촛불 켜기 ·· 아동부 2명

촛불 멘트 ·· 인도자

"예수께서 이르시되 아직 잠시 동안 빛이 너희 중에 있으니 빛이 있을 동안에 다녀 어둠에 붙잡히지 않게 하라 어둠에 다니는 자는 그 가는 곳을 알지 못하느니라 너희에게 아직 빛이 있을 동안에 빛을 믿으라 그리하면 빛의 아들이 되리라"(요 12:35-36a)

예배로의 초대 ························· (감사의 기도문) ···················· 전교인

경배와 감사의 찬양 ·· 찬양대

(교회학교와 장년 찬양대의 연합찬양대로 구성해도 좋고, 장년 성가대와 노인부나 청년부의 중창팀과 연합해도 좋다)

은혜와 사랑의 찬양 ············· (찬301장/통460장) ············· 전교인

"뒤돌아보는 우리 교회 1년" ·· 영상팀

(1년 동안의 교회의 행사와 통계를 영상으로 제작해서 화면에 띄워 준다)

말씀 봉독 (1) ······················ (삼상 7:12) ···················· 중고등부 학생 1명

"뒤돌아보는 나의 1년" ··· 영상팀

말씀 봉독 (2) ··························· (시 121) ···························· 청년부 1명

"주 보혈 앞으로" ············· (찬250,252,254,258,259장 중에서) ············· 전교인

회개의 공동기도문 ·· 인도자, 전교인

(예배 순서지에 나온 대로 공동기도문을 낭독한다)

한마음 기도 ··· 2-3분간 개인기도

(자신들의 허물과 죄를 용서해 달라는 간구의 기도를 드린다)

사죄의 선언 ··· 인도자

찬송 ···················· (찬304장/통404장) ···················· 전교인

(전교인이 처음부터 끝까지 함께 부르는 것도 좋으나 1절은 연합성가대, 2절은 남자 교인, 3절은 여자 교인이 함께 불러도 좋다)

새해를 위한 기다림 ··· 침묵의 기도

5. 진행 도움 자료

① 촛불 켜기

아동부 어린이 2명이 촛불을 들고 맨 뒤에서 강단 앞으로 천천히 걸어간다. 이때 잔잔한 피아노 곡이 연주된다. 강단에 서 있는 인도자(목사님)가 이 촛불을 받아서 강단 왼쪽의 촛불 4개에 점화한다. 강단 촛대 밑에는 연도를 표시하는 4개의 숫자가 장식되어 있다.

② 예배로의 초대(〈감사의 기도문〉을 주보 간지에 적거나 영상화면에 띄울 수 있다)

"하나님 아버지! 하나님의 풍성한 은혜와 지극한 사랑 안에서 한 해가 흘렀습니다. 12달 동안 우리는 주님과 동행하면서 가족, 이웃들과 함께 울고 웃으며 보냈는데, 이제 송년의 시간이 되었습니다.

우리 교회의 1년, 우리 가정과 저 자신의 1년을 지켜 주신 은혜에 감사드립니다. 흘러가는 시간 한 순간 한 순간도, 어느 하루, 어느 사람도 모두 소중한 것임을 알기에 부끄러울 수밖에 없었던 우리의 시간을 주님 앞에 내어 놓고 용서를 구합니다. 참으로 부족하고 연약하고 허물 많은 저희들을 지키시고 붙드시며 여기까지 인도하신 에벤에셀의 하나님! 모든 영광과 감사로 드리는 이 예배를 받아 주세요!"

③ 뒤돌아보는 우리 교회 1년(영상팀이 제작해서 화면으로 보여 준다)

교회 행사와 교인 동정을 월별, 항목별로 분류하여 통계로 보여 준다. 이 항목에서는 새신자, 세례받은 분, 결혼한 분, 신생아 탄생, 입원 환자, 소천하신 분, 개업이나 경사, 축하할 일이 있는 교인들에 대한 통계를 낸다. 교회의 특별 행사인 임직식, 교회가 진행 중인 목회 프로그램 등을 월별, 항목별로 정리하여 영상으로 구성한다.

그래픽과 이미지를 사용해서 이해하기 쉽게 잘 만들어진 PPT 화면을 구성해 보는 것이 좋다. 영상만 보면 지루할 수 있는데, 청년부에서 1-2명을 선정하여 내레이션을 하면 훨씬 더 생동감이 있다.

화면과 내레이션을 맞추는 연습은 꼭 필요하다.

④ 뒤돌아보는 나의 1년(영상팀이 제작해서 화면을 보여 준다)

이 화면 제작은 비교적 쉬운 편인데 영상팀은 1월부터 12월까지 PPT 화면을 12개 제작한다. 매달 화면에는 "(   )년 (   )월에 나는…"이라는 글씨와 함께 그달의 풍경사진만 있는 화면을 만들고 이 화면이 3-5초 정지 후에 다음 달 화면이 뜨도록 한다. 성도들은 이 12개의 화면을 보면서 개인적인 1년을 회고할 수 있다.

⑤ 말씀 봉독 (1)

이 학생은 강단에 올라가서 할 수 있고, 강단 앞으로 나오지 않고 강단 맨 앞자리나 방송실에서 마이크로만 음성을 들려 줄 수 있다. 이 내용은 설교를 대신할 짧은 멘트이므로 너무 길면 지루할 수 있다. 그러므로 교역자들이 짧게 내용을 작성해서 주면 좋다.

> "사무엘이 돌을 취하여 미스바와 센 사이에 세워 이르되 여호와께서 여기까지 우리를 도우셨다 하고 그 이름을 에벤에셀이라 하니라." 사무엘상 7장 12절 말씀입니다.
>
> 하나님은 이스라엘 민족에게 언제나 변함없는 돌보심과 도우심의 은혜를 베풀어 주셨습니다. 사무엘은 그 은혜를 기억하자는 의미로 돌을 세워서 이름을 붙였습니다. 그리고 여기까지 도우셨다는 것은 단순히 지금까지만 도우셨다는 그런 뜻이 아닙니다. 지금까지와 더불어 지금부터 앞으로도 영원토록 함께하실 하나님을 기억해 보자는 뜻도 있습니다. 과거를 돌아보면서도 미래를 바라보라는 뜻이 담긴 에벤에셀!
>
> 지금까지 우리 교회에 함께하신 하나님, 앞으로도 계속 우리 교회와 함께하실 하나님을 찬양합니다. 에벤에셀!!

⑥ 말씀 봉독 (2)

이 학생도 말씀봉독 (1)과 같이 강단에 올라가서 할 수 있고, 강단 앞자리나 방송실에서 마이크로만 음성을 들려 줄 수 있다. 이는 교역자들이 짧게 작성해 준 설교 내용을 멘트로 읽는 것이다. 목사님의 설교를 대신할 말씀 묵상이라고 보면 된다.

"내가 산을 향하여 눈을 들리라…(시편 121편 내용을 다 읽고)" 시편 121편 1절에서 8절까지의 말씀입니다.

나는 나의 어리석음과 무지함을 고백합니다. 주님은 내가 전혀 모르고 있는 도중에도 내가 실족하지 않도록 지키고 계셨습니다.

나는 주님이 주무시지도 졸지도 않으시고 나를 지키고 계심을 자주 잊어버리고 삽니다. 주님은 내 오른편에서 그늘이 되어 주시고 모든 환난에서 나를 보호해 주신다고 약속하시고 실천하셨는데, 나는 기억도 못하고 그냥 살았습니다. 내가 앉고 일어서는 것, 내가 들어오고 나가는 출입도 주님이 지켜 주신다는 것을 나는 의식도 못하고 그냥 덤벙거리며 살았습니다. 이렇게 잘 잊어버리고 너무나도 무심하게 주님의 은혜와 보호하심을 무시하고 살아가는 저에게 언제나 변함없는 사랑을 부어 주신 하나님께 부끄러운 고백을 드립니다. 그러나 나의 주님! 오직 감사하고 또 감사할 뿐입니다.

⑦ 주 보혈 앞으로

이때 전교인이 회개와 용서의 찬송(250-282장) 중에 선정된 한 곡을 함께 부르며 예배 전에 미리 작성했던 자신의 죄를 고백하는 쪽지카드를 낸다.

중고등부 학생들이 작은 바구니를 들고 다니며 쪽지를 걷어서, 강단 앞에 올려놓는다. 인도자는 준비된 아크릴 통에 그 쪽지들을 모두 넣고, 그 위에 작은 미니십자가를 올려놓는다. 이 십자가와 아크릴 통은 성도들이 볼 수 있는 위치에 놓아야 한다.

⑧ 회개의 공동기도문(주보 간지에 넣거나 영상화면으로 보여 줄 수 있다)

> 사회자 : 자비로우신 하나님, 지난 한 해 동안 지은 모든 죄를 마음을 다하여 자복하면서, 모든 죄를 회개하오니 용서하여 주옵소서. 주 예수 그리스도의 십자가의 피를 의지하여 죄사함 받기를 원합니다. 주여! 우리를 불쌍히 여기사 용서하여 주옵소서.
>
> 다함께 : 자비로우신 하나님, 한 해의 마지막 시간에 참회하는 마음으로 우리의 죄를 주 앞에 드리오니 받아 주시옵소서. 1년을 살아오면서 하나님의 풍성한 은혜를 받았으나 은혜에 합당하게 살지 못했고, 하나님의 지극한 사랑을 알면서도 깊이 감사하지도 못했으며, 하나님을 사랑하는 것에서도, 사람을 사랑하는 것에서도 헌신과 희생이 너무도 부족했습니다. 우리가 지은 이 한 해의 죄악이 다가오는 새해를 더럽히지 않도록 주의 보혈로 씻어 주시옵소서. 예수님의 이름으로 기도합니다.

⑨ 사죄의 선언(사 1:18, 사 65:17-18a, 요 8:11, 고후 5:17 등)

⑩ 새해를 위한 기다림

영상화면으로 해가 지는 모습, 밤하늘의 별, 하늘의 구름바다와 노을, 꽃이 지는 들판, 낙엽진 길 등, 사계절의 모습(봄, 여름, 가을, 겨울)을 차례대로 보여 준다.

B. 영신 예배 (1월 1일 0시 ~ 0시 40분)

3. 예배의 사전 준비

① 새해의 촛불을 켜기 위한 노인부부 선정

② 강단 오른편 촛대에 양초 4개(또는 형편에 따라 1-3개) +양초(촛대) 아래 연도표시판

③ 예배기도자(장로님 1명과 청년부 1명) 선정, 교대로 기도할 내용 기도문 작성해 주기

④ 성경 봉독자 선정(부부, 남매나 형제)

⑤ 첫 예물을 봉헌하기 위한 꽃장식 바구니, 기도카드를 담을 헌금함

⑥ 영상팀(신년의 詩 전문, 타종소리와 화면)

⑦ 신년의 시 "   "를 읽을 교인들 선정하고 연습하기

⑧ 말씀카드 + 담는 함

⑨ 의미 있는 애찬 뷔페 코너

4. 예배 순서

새해를 알리는 종소리 ·· 영상팀

(예배당의 조명이 밝아지면, 일출 장면의 영상화면과 함께 종소리가 울린다. 맑은 종소리, 성당의 경쾌한 종소리, 징소리, 국악사물놀이, 또는 피리, 태평소, 차임벨 소리도 좋다)

새해 촛불 켜기 ··· 노년부 부부

영광의 찬송 ············· (할렐루야, 환희의 송가 등 힘찬 찬송) ············· 연합 성가대

기쁨의 찬송 ·············· (시온의 영광이 빛나는 아침/찬550장, 통248장) ·············· 전교인

새해 첫 예배로의 초대 ·········· (시 1편, 또는 시 96:1-9) ·········· 유치부 1명 + 어머니

(유치부 어린이와 그 어머니가 강단에 올라가서 교대로 말씀을 읽는다)

| 대표기도 | 장로님, 20대 청년 |

대표기도 ·· 장로님, 20대 청년

성경 봉독 ································· (   ) ································· 30,40대 연령층

  (부부지간, 남매지간, 형제지간 중에서 선정해서 성경말씀을 교독하게 한다)

설교 ································· (   ) ······································· 목사님

예물 봉헌 ···················· (기도제목 카드, 신년헌금) ···················· 중고등부 학생들, 권사님

  (예배당 라인마다 권사님들은 신년헌금을, 중고등부 학생들은 기도제목 카드를 헌금함에 거
두어 강단 앞에 돌아와서 예물을 봉헌한다)

봉헌송 ··· 아동부 찬양대(중창단 특송이나 연주)

봉헌기도 ··· 목사님

새해를 열며 ····························· "   " ····························· 교인 대표들

 찬송 ················· (우리 기도를 /찬631장, 통549장) ················· 연합성가대, 전교인

  (가사를 조금씩 바꿔서 연합성가대, 교인들이 부르게 되므로 주보 순서, 또는 간지에 아니면

  영상 화면으로 가사를 보여 주어야 한다)

축복의 인사 ··· 전교인

  인도자 : 사랑을 베풀어 주시는 하나님의 은혜가 여러분과 함께하기를 바랍니다.
  전교인 : 우리에게 사랑과 평화의 왕이신 하나님이 목사님과 함께하시기를 바랍니다.
  인도자 : 구원의 감격을 주시는 예수님의 사랑이 여러분과 함께하기를 바랍니다.
  전교인 : 우리에게 구원의 역사를 이루신 예수님이 목사님과 함께하시기를 바랍니다.
  인도자 : 화해와 일치의 역사를 이루시는 성령님이 여러분과 함께하시기를 바랍니다.
  전교인 : 우리에게 은혜와 감동을 주시는 성령님이 목사님과 함께하시기를 바랍니다.
  다같이 : 우리 주님께 경배와 찬양과 감사를 드림이 참으로 마땅합니다.

찬송 ······························· (찬620장 "여기에 모인 우리") ······························· 전교인

축도 ··· 목사님

광고 ··· 영상으로

* 돌아갈 때 말씀카드 뽑기

* 로비에 준비된 신년 애찬은 출애굽기에서 유래된 음식입니다.

5. 진행 도움 자료

① 새해 촛불 켜기

노년부에서 한 부부를 택해서 강단으로 올라가게 한다. 강단에 이미 켜져 있는(송구예배 시간) 촛불을 강단 오른편에 놓여 있는 새로운 양초에 옮겨서 촛불을 점화한다. 지난해의 촛불을 끄고 강단에서 내려온다.

② 대표기도

장로님 1명과 20대 청년 1명이 단상에 올라가서 교대로 기도문을 낭독한다. 이때 기도문은 기도제목에 따라 간단명료하게 3-5줄만 기록한다. 기도제목은 나라와 민족, 세계선교와 복음사역, 한국교회와 우리 교회, 사회와 문화, 가정의 화목과 사업의 번창, 개인과 성도들의 신앙성장 등의 6가지 주제로 한다.

③ 새해를 열며 "   "

신년에 대한 희망을 담은 시를 낭독하는 시간이다. 한 사람이 낭독하기보다는 가능하면 2-3명이나 세대별 대표가 하는 것이 좋다(10대, 20대, 30대, 40대, 50대 연령에서 1명씩 선정). 영상팀은 시의 전문(全文)을 낭독 속도에 맞추어 화면으로 볼 수 있도록 준비한다. 낭독하기 좋은 신년 시로는 이해인의 "무지개 빛깔의 새해 엽서" 등이 있다.

④ 우리 기도를(〈찬631장, 통549장〉 찬송가를 가사 바꿔서 6절까지 부르기)

1. 우리 기도를 주여 들으사 주님의 평화를 내려 주소서 (연합성가대)

2. 우리 교회를 주여 돌보사 사랑과 은혜가 있게 하소서 (교인들)

3. 우리 자녀를 주여 돌보사 지혜와 은사를 내려 주소서 (교인들)

4. 우리 기업을 주여 돌보사 풍성한 감사가 있게 하소서 (교인들)

5. 우리 가정을 주여 돌보사 사랑과 기쁨을 내려 주소서 (교인들)

6. 우리 기도를 주여 들으사 주님의 축복을 내려 주소서 (연합성가대)

⑤ 성경(설교)

본문과 설교 제목 및 내용은 여기에 적지 않았다. 이 송구영신 예배에서는 목회자가 교회와 교인의 형편에 맞게 본문을 설정하고 설교하는 것이 좋을 것이라고 생각했기 때문이다.

⑥ 돌아갈 때 말씀카드 뽑기

이 예배에서는 예물 봉헌을 먼저 하고, 돌아갈 때 입구나 로비에서 목사님을 통해 말씀카드를 뽑을 수 있게 했다. 그러나 교인들이 많지 않거나 예배 도중에 말씀카드를 뽑기로 했다면, 성도들이 모두 강단 앞으로 직접 나와서 헌금을 드릴 수 있다. 꽃으로 장식된 화려한 꽃바구니에 헌금을 넣고, 바로 옆에 있는 말씀 상자에서 한 해의 말씀을 본인이 직접 뽑는 것이다. 아니면 장로님이나 부목사님이 말씀을 하나씩 꺼내 나눠 줘도 좋다.

⑦ 로비에 마련한 신년 애찬식

예배를 마친 후에 돌아가는 성도들은 서로 새해인사와 축복을 나누느라 밤늦게 돌아가기 때문에 약간 배고플 수 있다. 여전도회에서는 이 분위기를 더욱 화기애애하게 만들기 위해 뷔페식 신년 애찬식을 준비할 수 있다. 이 애찬은 양적으로는 풍성하지 못할지라도 애찬의 의미를 살린다면 은혜로운 시간이 될 것이다.

이 애찬의 모티브는 출애굽기에서 가져온 것이다. 이 음식들은 출애굽기 사건과 하나님의 약속을 회상하게 해 준다. 백설기떡(만나)은 작게 쪼개어 놓고, 닭고기(메추라기)는 후라이드 치킨이나 닭강정을 작게 조각내고, 생수(므리바 반석), 우유(젖), 꿀물(꿀)은 종이컵에 따라놓고 마시게 하면 된다.

6. 추가 활용 자료

① 고미사 게시판(12월 31일이나 마지막 송년주일)

교회 로비에 큰 게시판 3개를 만들고(큰 전지나 우드락 판으로) 제목을 붙여놓는다. "고마워요, ○○○", "미안해요, ○○○", "사랑해요, ○○○"를 예쁜 글씨로 눈에 확 띠게 장식한다. 이것이 바로 '고미사 게시판'이다. 그 아래 테이블에는 필기구통과 메모지를 준비해 둔다. 교인들이 메모지에 사연과 이름을 적어(To ○○○, From ***) 게시판에 붙이도록 한다. 메모지는 포스트잇처럼 바로 접착이 가능한 것이 좋고, 게시판별로 메모지 색깔을 달리하면 좋다. 신년 첫 주일까지 그대로 두면 많은 교인들이 사연이 적힌 포스트잇을 붙이고, 서로가 읽어 보면서 화기애애하게 이야기를 나눌 수 있다. 게시판을 내릴 때에는 그 메모지 사연들을 게시판별로 정리해서 교회 홈페이지나 카페에 올려 주면 더 좋다.

② 송구영신 예배(신년예배)에 활용할 수 있는 다른 순서

- 1년의 기도쪽지를 2장의 쿠폰처럼 만들어서 1장은 신년헌금과 함께 제출하고, 1장은 개인이 보관해서 1년 동안 꾸준히 기도제목을 놓고 기도하게 한다. 어떤 성도는 자기가 제출한 기도제목을 잊어버리기도 한다.

- 새해 촛불 점화 시간에 세대별 대표가 앞으로 나와(5-10세, 10대, 20대, 30대, 40대, 50대, 60대, 70대 등) 촛불을 점화해도 좋다. 여러 세대의 촛불이 다 점화되면 온 교인이 일어나 힘찬 찬송을 부른다.

- 축도 전에 성도의 고백과 회개에 이은 결단의 표현으로 십계명(출 20:1-17)을 인도자(목사님)와 성도들이 교독할 수 있다.

③ 신년 첫 주일

- 첫 주일 예배에 쓸 영상 "우리 교회, 앞으로 1년"을 제작한다. 한 해 동안 교회의 새로운 변화와 비전과 정책들을 일목요연하게 알리고, 개인의 소망을 담은 인터뷰 영상들도 편집해서 제작한다.

- 전년도에 1년 동안 기도하고 응답받은 성도들을 확인하고 교회 로비에 '열매나무, 감사나무'라

는 큰 게시판을 만들어 놓는다. 나뭇잎이나 열매 그림 안에 응답받은 성도 이름과 간단한 기도 제목을 적어 준다.

④ '사랑의 온도탑' 운동

새해 한 해 동안 온 성도들이 잔돈, 푼돈으로 모아갈 '사랑의 온도탑' 운동을 시작한다. 교회 로비에 투명하게 보이는 아크릴 저금통을 고정된 위치에 놓는다. 이 저금통을 매주일 같은 장소에 놓아 두면 성도들은 그곳에 돈을 넣을 것이다. 주일이 지나면 회계 담당자가 그 저금통을 보관하고 개봉해서 저금통장에 입금한다. 그 저금통이 놓인 곳 바로 옆에 '사랑의 온도탑' 그래프가 수직으로 그려져 있고, 눈금 100개가 촘촘히 그려져 있다. 눈금 하나를 1만 원으로 할 것인지, 10만 원으로 할 것인지는 교회 사정에 맞게 결정한다. 모이는 액수대로 매주 뜨거운 사랑의 온도가 올라가는 것을 빨간색 테이프의 눈금으로 바로 확인할 수 있을 것이다. 이 '사랑의 온도탑'은 1년 내내 계속되고, 이 성금은 사회복지나 구제를 위해서 사용된다.

2장. 성금요일 예배

1. 예배의 의미

사순절의 마지막 주간인 고난주간은 종려주일(사순절 여섯 번째 주일)에 시작하고 부활절 전날까지의 7일간이다. 예수님이 예루살렘에 입성하신 후에 십자가 사건에 이르기까지 많은 일들이 이어지는데, 이를 고난주간(Holy Week)이라고 한다. 예수님의 삶과 죽음, 부활이 한 주간에 간결하게 정돈되는 시간인데 인간들의 죄와 예수님의 고난, 하나님의 승리에 초점을 맞추고 있다.

고난주간 중 성금요일(Good Friday)은 예수님이 십자가에 달려 고난당하시고 죽으신 예수님을 기억하는 날이다. 이 날은 주님께서 죽으신 슬픈 날이기도 하지만, 이 세상의 모든 죄인들에게는 구원의 복된 소식이 들린 좋은 날이기도 하다. 교회는 전통적으로 월요일은 예수님의 성전 청소, 화요일에는 예수님의 감람산 설교, 수요일은 유다의 배반과 예수님의 침묵, 목요일은 세족과 최후의 만찬, 금요일은 십자가에 달리심을 예수님의 중요한 행적으로 기억하면서 지키고 있다.

2. 예배의 기획 방침

① 성금요일 예배는 예수님의 수난과 죽음의 고통을 회상하고 기억하며 드리는 예배이기 때문에 전체적으로 장중하고 어둡고 숙연함이 있는 분위기로 드려지도록 했다.

② 간세대 예배이기는 하지만 예배 분위기를 위해 아동부나 중고등부의 참여를 줄였다.

③ 어떤 예배보다도 영상 활용, 찬송 부르기, 기도와 고백의 순서가 많도록 했다.

3. 예배의 사전 준비

① 촛불 점화 / 어린이 7명 + 촛불 7개, 강단에 촛대 놓기, 나중에 촛불을 끌 숟가락

② 영상팀 준비

- 예배 도입부에 사용할 "십자가의 길" 영상을 짧게 1-2분 정도 준비

- '어둠 속의 소리' 소리만 다운받기

- '어둠 속의 고백' 내용 PPT 화면

③ "주님의 십자가상의 칠언(七言)"의 성도 7명 선정과 연습

④ '오늘의 말씀'을 낭독할 청년 1명의 선정과 연습

4. 예배 순서

촷불 점화 ·· 아동부 어린이 7명

(어린이들 7명이 예배당 뒤에서 각자의 촛불을 들고 들어온다. 강단에 올라와 준비된 촛대 7개에 촛불을 꽂아놓고 내려간다)

영상 보기 ····························· ("십자가의 길") ···························· 영상팀

예배로의 초대 ·· 인도자

경배의 찬송 ············· (찬144장 "예수 나를 위하여"/통144장) ········· 다함께
(앞마디는 남자성도, 후렴구는 여자성도, 또는 앞마디는 찬양대, 후렴구는 전교인이 부를 수 있다)

참회의 기도 ·· 다함께

"전능하신 하나님, 우리는 죄악 중에 잉태되고 태어났음을 자복합니다. 모든 악에는 쉽게 빠지면서도 선을 행하는 데는 무척 느린 나 자신을 고백합니다. 우리는 주의 사랑과 계명을 너무 쉽게 잊고, 쉽게 어기며, 진실하지 못합니다. 자비와 인자가 풍성하신 우리 주 하나님, 주의 자비를 베풀어 주소서. 우리 주 예수 그리스도를 통해 우리에게 은혜를 베풀어 주시옵소서. 우리가 우리의 죄악과 불의를 깨닫고 회개하며 애통하는 심령이 되도록 우리의 심령 중심 깊은 부분을 흔들어 깨워 주시옵소서. 죄에 대하여 온전히 죽고, 하나님의 의로 완전한 새 삶을 살게 하옵소서. 아멘."

어둠 속의 소리 ··············· (채찍소리, 망치소리, 신음소리) ············· 영상팀

(예배당 조명 끄고, 소리만 들리게)

어둠 속의 고백[11] ·· 다함께

(예배당 조명 끄고, 강단에 화면만 보이도록)

인도자 : 주님을 아프시게 한 것은 쓰라린 가시 면류관 때문이 아니요.
다함께 : 주님을 아프시게 한 것은 수치와 조롱의 침 뱉음만이 아니요.
인도자 : 주님을 아프시게 한 것은 매섭게 내리치는 채찍질만이 아니고,
다함께 : 주님을 아프시게 한 것은 못 박힘과 창에 찔리심만이 아니고,
인도자 : 주님을 아프시게 한 것은 피 흘림과 상처의 고통만이 아니요,
다함께 : 주님을 아프시게 한 것은 우리의 야멸친 배반입니다.
인도자 : 주님을 아프시게 한 것은 우리의 어처구니없는 불순종입니다.
다함께 : 주님을 아프시게 한 것은 도무지 주님의 마음을 몰라주는 무지함입니다.
인도자 : 주님을 아프시게 한 것은 우리의 믿음 없음과 가벼움입니다.
다함께 : 주님은 그런 나 때문에, 그런 나의 죄 때문에 십자가에 달리셨습니다.

---

11) 장로회신학대학 기독교교육연구원, 『교육교회』, 1991년 3월호, p.129.

| 어둠 속의 찬양 | (찬149장 "주 달려죽은 십자가"/통147장) | 다함께 |

(예배당 조명 끄고, 강단에 찬송가 화면만 보이도록)

| 주님의 가상 칠언 | 성도 7명 낭독 |

(1명씩 낭독이 끝나면 성도들은 후렴 찬송 147장 "거기 너 있었는가"를 1절만 부른다)

| 침묵의 기도 | (1-2분간) | 개인적으로 |

| 찬양 | (찬143장 "웬 말인가 날 위하여"/통141장) | 다함께 |

(1절: 개인특송 /2절: 남자성도 /3절: 개인특송 /4절 :여자성도 /5절: 다함께)

| 오늘의 말씀 | (빌 1:29, 딤후 1:8, 골 1:24) | 낭독자(청년) |

| 말씀 듣기 | (고난의 의미) | 목사님 |

| 중보의 기도 | 교인 대표 3명 |

① 평화와 화목를 위한 기도
② 고통받는 사람들을 위한 기도
③ 세계선교와 복음사역을 위한 기도

| 찬송 | (찬150장 "갈보리산 위에"/통135장) | 다함께 |

| 사도신경으로 고백해요 | 다함께 |

5. 진행 도움 자료

① 예배로의 초대(인도자 멘트)

"우리는 지난주에 종려주일 예배를 드리고 주님의 행적을 되짚어 가면서 주님의 슬픔과 고난에 동참하며 지냈습니다. 이제 성금요일, 전교인이 다함께 모여 우리의 믿음의 주가 되시는 예수님, 우리에게 영원한 생명을 주시기 위해 자신의 생명을 버리신 예수님의 슬픔과 고난을 기억하고자 이 예배를 드립니다. 우리의 예배를 받아 주시옵소서. 아멘."

② 어둠 속의 소리(영상팀 제작)

골고다 언덕에서 있었던 소리만을 모아 편집한다. 이때 화면은 보여 주지 말고, 예배당을 완전히 소등한 채 소리만 들려주어 성도들이 그 소리를 묵상하게 한다. 소리가 너무 짧으면 묵상에 잠길 시간이 부족하기 때문에 적어도 1분이나 1분 30초 동안 계속되어야 한다. 만약 소리편집이 어렵다면 반대로, 소리는 완전히 없애고 화면만 보여 주어도 되는데, 효과는 소리에 대한 묵상보다는 못하다. 어둠 속에서 화면을 보기보다는 소리를 듣는 것이 훨씬 예배 분위기에 유익하다.

③ 주님의 가상 칠언(낭독자, 영상팀, 성도들의 후렴찬송)

- 낭독자 7명을 부서별 대표로 선정한다(교회학교, 남여전도회, 안수집사 팀 등).
- 낭독자들의 멘트는 간단하게 두 줄 정도로 하고, 말씀을 다 읽지 말고 장절만 소개하면서 예수님의 말씀 부분만 읽는다(아래 자료 참조).
- 7명은 각자의 낭독멘트를 들고, 강단 앞(성도들 맨 앞)에 일렬로 서서 1명씩 차례대로 낭독한다. 7명의 낭독이 끝나면 함께 퇴장한다.
- 영상팀은 십자가에 매달려서 고통당하는 예수님의 일곱 장면을 정지 화면으로 준비해서 낭독자가 바뀔 때마다 장면을 바꿔 준다.
- 성도들은 낭독자가 낭독을 마칠 때마다 피아노 반주에 맞추어서 찬송가 147장 1절만 부른다.
- 목사님은 성도들이 후렴찬송을 부르고 있을 때마다 강단 촛대에 밝힌 촛불을 손가락으로 하나씩 끈다. 7명의 낭독이 끝나면 모든 촛불이 다 꺼지게 된다.

첫 번째 말씀 : 누가복음 23장 32절에서 34절의 말씀입니다.

"아버지 저들을 사하여 주옵소서. 자기들이 하는 것을 알지 못함이니이다"

(성도들의 후렴 찬송 147장 1절만)

두 번째 말씀 : 누가복음 23장 40절에서 43절의 말씀입니다.

"내가 진실로 네게 이르노니 오늘 네가 나와 함께 낙원에 있으리라"

(성도들의 후렴 찬송 147장 1절만)

세 번째 말씀 : 요한복음 19장 25절에서 27절의 말씀입니다.

> "여자여 보소서 아들이니이다 하시고 또 그 제자에게 이르시되 보라 네 어머니라"
>
> (성도들의 후렴 찬송 147장 1절만)
>
> 네 번째 말씀 : 마가복음 15장 33절, 34절의 말씀입니다.
>
> "엘리 엘리 라마 사박다니 하시니 이를 번역하면
> 나의 하나님, 나의 하나님 어찌하여 나를 버리셨나이까"
>
> (성도들의 후렴 찬송 147장 1절만)
>
> 다섯 번째 말씀 : 요한복음 19장 28절 말씀입니다.
>
> "내가 목마르다, 내가 목마르다, 내가 목마르다"
>
> (성도들의 후렴 찬송 147장 1절만)
>
> 여섯 번째 말씀 : 요한복음 19장 29절, 30절 말씀입니다.
>
> "다 이루었다, 다 이루었다. 다 이루었다"
>
> (성도들의 후렴 찬송 147장 1절만)
>
> 일곱 번째 말씀 : 누가복음 23장 44절에서 46절 말씀입니다.
>
> "아버지 내 영혼을 아버지 손에 부탁하나이다"
>
> (성도들의 후렴 찬송 147장 1절만)

④ 오늘의 말씀(청년부 중에서 낭독을 잘할 수 있는 청년으로 선정)

3가지 말씀을 성경책을 펴고 줄줄 읽지 말고 낭송 식으로 아주 천천히 은혜롭게 읽을 수 있도록 연습해야 한다. 멘트는 "오늘 우리에게 주신 첫 번째 말씀은 빌립보서 1장 29절입니다. 그리스도를 위하여 너희에게 은혜를 주신 것은…(생략)…오늘 우리에게 주신 두 번째 말씀은 디모데후서 1장 8절입니다. 그러므로 너는 내가…(생략)…."

⑤ 말씀 듣기(목사님의 설교)

오늘의 예배는 성도들의 묵상과 고백과 찬양에 중점을 둔 예배이므로 목사님의 설교를 생략하거나 5분 메시지로 아주 간략하게 해도 좋다. 목사님이 직접 설교하지 않아도 "주님의 가상 칠언"과 청년이 담당한 말씀 낭독만으로도 메시지는 이미 선포되었다고 볼 수 있다. 성금요일 예배는 최대한 강단을 비워놓고, 목회자도 강단을 십자가에 달리신 주님께 내어드리는 심정으로 진행하면 그것이 오히려 메시지가 될 수도 있다.

⑥ 중보의 기도(교인 대표 3명의 중보기도)

- 교인 대표로, 장로 1분, 권사 1분, 안수집사 1분으로, 또는 남선교회 1분, 여전도회 1분, 교역자 1분으로 선정해도 된다.
- 3명이 함께 단상에 올라가서 차례대로 기도한 후 내려온다. 기도가 너무 즉흥적이거나 길고 산만하지 않도록 기도문을 미리 적어온다.
- 처음 담당자는 평화와 화목을 위한 기도문을 낭독한다. 이는 갈등과 반목에 있으며 화해가 필요한 사람들, 깨진 가정과 부부들, 사회의 양극화 현상을 위한 중보기도이다.
- 두 번째 담당자는 고통받는 사람들을 위한 기도문을 낭독한다. 이는 질병이나 마음의 상처로 치유가 필요한 사람들, 굶주림과 억압으로 인한 사람들의 해결과 치유를 위한 기도이다.
- 세 번째 담당자는 세계선교와 복음사역을 위한 기도문을 낭독한다. 아직도 복음을 몰라서, 복음을 거절하는 사람들에 대한 기도, 선교사와 복음사역을 위한 중보기도이다.

⑦ 사도신경으로 고백해요

오늘은 성금요일 예배이므로 축복을 기원하는 축도 대신, 우리의 믿음을 새롭고 진지하게 고백해 보는 의미에서 사도신경으로 예배를 마친다. 이때는 사도신경을 아주 천천히 읽고 묵상하며 고백하게 해 본다.

6. 추가 활용 자료

① 예수님의 흔적 찾기

해마다 사순절이 되고 성금요일이 되면 단골 메뉴처럼 순서에 포함되는 것이 "가상칠언"이다. 가상칠언은 할 때마다 항상 은혜스럽기 때문에 해마다 반복한다고 해서 나쁠 것은 없다. 그러나 만약 그 순서 대신 무언가 새로운 것을 하고 싶다면 "예수님의 흔적 찾기"를 추천한다.

낭독자 5명은 가능하면 성인 성도(남녀)가 담당하면 좋다. 많은 연습을 거친 후 함께 단상에 올라가서 차례대로 낭독한다. 영상팀에서는 각 담당자마다 2개의 화면을 만들어서 총 10개의 화면을 구성한다. 첫 번째 화면에서는 "월요일의 예수님"이라는 글씨를 보여 주고, 두 번째 화면에서는 낭독 내용 중에서 맨 나중 문장만을 보여 준다. 예를 들어 월요일은 "오늘, 나는 예수님을 왕이라고 부르기만 하고 진정한 왕으로 섬기지 못하고 있는 건 아닐까요? 예배드리는 척만 하면서 신령과 진정으로 예배드리지 못하고 있는 건 아닐까요?"라는 내용을 보여 주는 것이다. 맨 나중 문장은 우리에게 의미를 던져 주는 질문이므로 성도들이 화면을 보고 함께 읽어도 좋을 것이다.

● 월요일의 예수님

베다니에서 하룻밤을 주무신 예수님은 다시 예루살렘 성을 향해 올라가셨습니다. 몹시 시장하셨던 예수님은 길가에서 무화과나무를 보시고는 그곳으로 가셨습니다. 주님은 열매를 원했지만, 무화과나무는 잎만 무성할 뿐 열매는 없었습니다.

어제까지만 해도 백성들은 예수님을 향해 "호산나! 호산나!" 하면서 환호하고 노래를 불렀는데, 그들이 정말 예수님을 왕이라고 불렀다면, 왜 주님이 드실 만한 것을 드리지 않았을까요? 예수님은 무화과나무를 저주하시면서 이스라엘 사람들의 속과 겉을 지적하셨습니다.

그리고 주님은 성전에 들어가셨습니다. 만민이 기도하는 집을 강도의 소굴로 만들어 버린 무감각한 사람들, 참된 예배를 드리지 못하는 그들을 향해 주님은 채찍을 드셨습니다. 예수님은 분노하고 원망하시면서 한탄하고 또 한탄하셨습니다.

오늘, 나는 예수님을 왕이라고 부르기만 하고 진정한 왕으로 섬기지 못하고 있는 건 아닐까요? 예배드리는 척만 하면서 신령과 진정으로 예배드리지 못하고 있는 건 아닐까요?

● 화요일의 예수님

예수님은 성전에서 많은 사람들에게 둘러싸여 있었습니다. 대제사장과 장로들도 있었고, 성전에 온 사람들도 있었습니다. 예수님은 성전 안에 있던 그 대제사장과 장로들이 한 사람이라도 예수님의 말씀을 알아듣고 천국백성으로 거듭나기를 원하셨습니다. 그래서 포도원에 관한 이야기를 그들이 알아듣기 쉽게 설명하고 또 설명하셨습니다. 하지만 그들은 바보처럼 엉뚱한 말만 늘어놓으면서 말도 안 되는 질문만 자꾸 했습니다. 사실 어쩌면 그들은 예수님의 말씀을 들으려고도, 믿으려고도 하지 않았던 같습니다. 자기들 생각이 옳다는 것을 늘어놓고 싶었던 거지요.

예수님은 그들의 위선과 교만, 고집을 야단치시면서 아마 '나는 너희들이 그렇게 싫어하고 거들떠보지도 않는 저 죄인들과 창기들을 위해 나의 길을 가겠노라, 이 위선자들아! 참으로 너희들이 불쌍하다'고 생각하셨을 것입니다.

오늘, 나는 주님의 말씀 앞에 고집 부리지 않고 겸손한 마음으로 나아가는 사람인가요? 주님의 말씀을 순전하게 믿고 "아멘!" 하는 믿음의 사람인가요?

● 수요일의 예수님

어제 하루 종일 성전에서 말도 통하지 않는 사람들에게 말씀을 가르치느라고 예수님은 많이 피곤하셨나 봅니다. 그래서 오늘은 아무 것도 하지 않고 쉬고 계셨습니다. 예수님은 쉬고 계시는데, 반대로 바쁘게 움직이는 사람들이 있었습니다.

그들은 바로 제사장들과 그 무리들이었습니다. 그들은 나쁜 계획을 꾸미느라고 바빴습니다. 예수님의 제자 가룟유다는 그들을 찾아갔습니다. 유다는 그들을 만나서 스승을 넘겨주기로 약속하고 돈을 받았습니다.

예수님은 가룟유다의 배반과 제사장들의 나쁜 계획을 알고 있었습니다. 그럼에도 불구하고 예수님은 다가올 운명을 하나님께 맡기시고, 베다니에서 쉬고 계셨습니다. 주님은 하루 종일 입을 다물고 아무 말씀도 하지 않으셨습니다. 그 이유는 혼자 침묵하시면서 온 마음으로 하나님과 만나고 계셨기 때문입니다.

오늘, 나는 예수님처럼 어떤 어려운 상황 속에서도 하나님께 참된 복종을 하고 하나님을 깊이 신뢰하고 있나요?

● 목요일의 예수님

예수님은 제자들과 함께 모여 최후의 만찬을 나누셨습니다. 예수님은 떡과 포도주를 나누어 주시면서 자신의 살과 피를 먹고 마시는 것이라는 의미심장한 말씀을 해 주셨습니다. 하지만 그 말씀의 비밀을 그땐 아무도 몰랐습니다.

예수님은 칠흑같이 어두운 밤에 겟세마네 동산으로 가셨습니다. 제자들은 예수님을 따라와서는 저만큼 둘러앉아 졸기도 하고 잠들기도 했습니다. 예수님만 혼자 땀방울을 흘리시면서 간절하고 통렬한 심정으로 기도하고 계셨습니다. "이제 이 생명까지 바쳐야 합니까? 이게 아버지의 뜻입니까?" 주님은 세상에서 가장 외로운 시간을 홀로 보내시면서 간절하고 처절한 기도를 드리신 것입니다. 그리고 예수님은 자기를 붙잡으러 온 병사들에게 반항하지 않고 그들을 따라가셨습니다. 주님은 우리를 위해 고난의 길로 떠나셨습니다.

오늘, 나는 하나님의 뜻을 따르기 위해 간절한 기도를 해 보았나요?

● 금요일의 예수님

예수님은 목요일 밤 체포되어 가야바의 집에 끌려가셨습니다. 날이 밝아오자 새벽에 빌라도에게 심문을 받으셨던 예수님은 골고다언덕으로 끌려가셨습니다. 그곳에서 최악의 모욕과 희롱, 조롱을 수많은 구경꾼 앞에서 가장 치욕스럽게 당하셨습니다. 낮 12시부터 오후 3시까지 어두움이 온 땅을 덮었습니다. 오후 3시쯤 예수님은 마침내 숨을 거두셨습니다.

그때 성전 휘장이 위로부터 찢어지고, 지진이 나고, 바윗돌이 터지고, 무덤들이 열리고, 잠자던 성도들이 깨어났습니다. 백부장과 예수님을 지키던 사람들이 그런 일들을 보고 너무나 놀랐습니다. 백부장은 두려움 속에서 "이 사람은 과연 하나님의 아들이었다"고 말합니다. 그 골고다 언덕에는 예수님을 따라온 여자들이 멀리서 그 모습을 바라보고 있었습니다.

오늘, 나는 예수님의 십자가를 멀리서 바라보고 있나요? 나와 십자가의 사이는 얼마 정도인가요?

② 성금요일 예배에서 설교 형식을 다양하게 만들어 보자!

성금요일 예배는 경건하고 숙연한 예배가 될 수밖에 없으므로 다양한 연령층을 순서마다 참여하게 하는 것은 다소 어려움이 있다. 하지만 영상과 찬양 부르기를 통해서 충분히 예배의 참여자가 될 수 있다.

말씀 낭독은 구약에서는 메시아 예언과 고난과 관련한 것으로, 신약에서는 예언의 성취뿐만 아니라 고난의 의미를 묵상해 볼 수 있는 것이 좋다.

그리고 이제부터 목회자들이 갖기 쉬운 고정관념('예배에서 설교가 빠지면 안 된다'는 생각)에서 탈피해 보자! 성금요일 예배에서는 말씀 낭독을 할 때 본문을 여러 개 선정해서, 여러 명 혹은 한두 명이 교독하는 식으로 해도 좋다. 설교를 생략하기 위한 본문 선정이므로 신중하게 선정하고 차례를 정해야 한다. 말씀만 잘 선정해서 성도들이 은혜롭게 읽어도 설교와는 또 다른 차원에서 은혜와 감동을 누릴 수 있다.

또 하나의 형식은 '찬송 1절 - 짧은 기도 - 말씀 낭독'을 반복하는 것이다. 설교자가 설교를 하는 대신 이런 형식으로 원고를 작성해서 찬송가와 짧은 기도, 말씀 낭독이 내용적으로 잘 연결되도록 구성하면, 일방적인 설교보다도 훨씬 더 은혜로울 수 있다.

③ 고난주간의 교회 로비 장식

교회의 로비나 현관에 어느 정도의 넓은 공간을 확보한다. 벽이나 기둥이 있으면 좋고, 주변에 복잡한 게시판이나 구조물이 없는 단순한 벽면과 공간이면 최적이다. 여기에 거친 통나무로 십자가를 만들어 기대어 놓고, 예수님이 못 박히신 머리와 양손, 발등 부분에 큰 못을 박아놓는다. 그리고 빨간색 천을 길게 십자가에 둘러 내려뜨려서 십자가에서 피 흘리신 예수님을 표현한다. 십자가 아래에는 풀과 돌을 많이 깔아 놓고, 바닥에는 빨간 물감이나 페인트로 피 흘림을 상징하는 그림을 그린다. 하지만 나중에 치우고 청소하는 것을 고려해서 바닥에 비닐을 깔아 주는 것이 좋다. 기대어 놓은 십자가 옆에 작은 상자를 놓고, 성도들이 자신의 고백을 메모지에 적어서 상자에 넣을 수 있게 해도 좋을 것이다.

④ 종려주일 예배를 드리기 위한 "호산나 행진"

교회의 현관이나 로비에서부터 본당 입구까지의 통로 바닥에 청테이프를 붙여서 한두 사람이 다닐 길을 만들어 놓는다. 그 길 양편에 성경에 나온 종려나무를 대신해서 여러 종류의 나뭇가지를 늘어놓는다. 너무 양이 적으면 효과가 적게 나타날 수 있으므로 나뭇잎과 나무줄기를 풍성하게 깔아놓는다. 꽃시장에서 제일 가격이 싼 나뭇가지 줄기를 많이 사오거나, 근처 과수원이나 나무 가지치기를 하는 곳에 가서 무료로 얻거나 대량으로 구입해 올 수 있다.

성도들은 예배를 드리러 입장하기 전에 로비에서부터 자신들의 겉옷을 하나 벗어서 통로에 펼쳐 놓고 들어간다. 찬양대원은 물론 교역자와 예배위원들도 본당에 입장하기 전에 꼭 자신들의 겉옷을 그 길에 펼쳐놓는다. 어느 한 곳에 뭉쳐 있지 않고 본당 입구까지 골고루 놓이도록 그것을 관리하는 권사님도 필요하다.

그 길에는 교인들의 겉옷이 수북하게 널려 있을 것이고, 교인들은 나귀를 타고 입성하시던 예수님처럼 널린 옷을 밟고 지나가게 될 것이다. 그것을 꺼려하는 성도들이라면 신발을 벗고 옷 위를 걸어 본당으로 들어가게 한다. 겉옷을 벗는 것만이 아니라 옷을 밟고 가는 것도 고난주간의 의미가 있다. 그래서 교역자나 권사님들이 성도들에게 신발을 벗고 많이 깔린 겉옷을 지르밟고 지나가도록 지도해 줄 필요가 있다. 예배를 마치고 퇴장할 때는 입장했던 것과는 반대로 자신들의 옷을 찾아서 입고 돌아가면 된다.

예수님이 예루살렘에 입성하시던 장면을 재현함으로써 성도들에게 고난주간의 의미를 묵상하게 해 본다. 예배가 시작하기 직전까지 로비나 현관에 예수님을 환영하는 "호산나, 호산나" 등의 복음성가나 찬양대의 합창곡을 계속 들려주는 것도 좋다.

⑤ 고난주간 때 가정에 제공하는 은혜의 프로그램

"한 가족, 한 과제, 한 은혜"라는 제목으로 가족들이 함께 모여 교회가 제공한 프로그램을 통해서 동일한 은혜를 경험하도록 간세대적 성경공부와 말씀 나눔이 이루어지게 한다.

- 고난주간 특별 새벽기도회에 한 가족이 한 번 이상은 동참하도록 한다

교역자들은 한 번이라도 모두 새벽기도회에 동참한 가족을 조사해서 교회 게시판이나 홈피에 이름을 올린다. 고난주간이 끝나고 부활절이 되면, 온가족이 동참한 교우들을 간단한 기념품으로 시상하고, 한 번 참석한 가족도 격려해 준다.

- 고난주간 동안에 가정예배를 드릴 수 있도록 일주일분의 예배자료를 제공한다

바쁘고 분주한 생활의 리듬을 잠시 끊고 고난주간에 가정예배를 최소한 1회라도 드린다. 제공한 순서지 뒷면에 예배드린 날과 예배드린 후의 가족의 소감을 적어서 제출한다. 부활주일이 지난 후에 간단한 기념품을 주면서 격려하고 시상하면 좋다.

- 고난주간 가족모임 활동

자료에 제시된 가정예배를 드리고 난 후에 요일별 가족활동을 한 가지라도 수행하게 해 보자. 이를 시행한 가정은 교회에 알리고 부활주일에 시상해 보자. 요일별로 제시된 활동이지만 굳이 요일별로 하지 않아도 된다. 가족끼리 모여서 함께 고난주간의 의미 있는 내용에 동참했다는 것에 더 큰 의미가 있다.

	월	화	수	목	금	토
가족활동	부활소식을 전해요 1인당 5명씩 선정	복음서 낭독	촛불 예배	세족식	성금요일 예배 참석	부활의 증인들 조사하기

ⓐ 복음서 낭독[12](어린이나 학생들에게 한 구절씩 담당시키고, 중간에 해설자가 해설만 한다)

요 18:1-11	예수님, 병사들(2,3명의 목소리)
요 18:12-14, 15-18	해설자, 소녀, 베드로
요 18:19-24	예수님, 문지기
요 18:25-27	다른 사람들, 베드로, 하인
요 18:28-32	빌라도, 예수님
요 18:33-38a	빌라도, 군중(2,3명의 목소리)
요 18:38b-40	빌라도, 군중(2,3명의 목소리)
요 19:1-16	병사들, 빌라도, 예수님, 제사장들
요 19:17-22	제사장들, 빌라도
요 19:23-24	병사들
요 19:25-30	예수님
요 19:31-37	해설자의 마무리

ⓑ "부활의 증인들" 조사하기[13]

인도자는 아래와 같은 질문지를 복사해서 인원수대로 나눠 준다. 담당자를 골고루 선정해 각자 성경을 찾아서 빈 칸을 메우고 함께 모여서 발표하게 한다. 이 자료에서는 (   )난에 정답을 적어 주었지만 원래 자료를 사용할 때는 성경만 적어 주고 모두 빈 칸으로 남겨놓는다. 이를 통해서 부활은 역사적 사실이며 분명한 증거가 있다는 것을 확신시켜 준다.

---

12) 장로회신학대학 기독교교육연구원, 『교육교회』, 2002년 3월호, p.130, 참고문헌: "The Sermon Slot" (Ideas for all-age worship),

13) 장로회신학대학 기독교교육연구원, 『교육교회』, 2002년 3월호, p.134, 참고문헌: "The Sermon Slot" (Ideas for all-age worship),078

담당자	성경	언제?	누가?	어디서?
엄마	마 28:1-10	(안식 후 첫날 아침)	(여인들)	(빈 무덤에서)
아빠	막 16:9-11, 요 20:11-18	안식 후 첫날 아침)	(막달라 마리아)	(무덤 밖)
맏아들 OO	눅 24:13-32	(안식 후 정오)	(글로바와 한 제자)	(엠마오 가는 길)
맏딸 OO	눅 24:12, 고전 15:5	(안식 후 첫날)	(베드로)	(예루살렘)
	눅 24:36-43, 요 20:19-25	(안식 후 첫날 저녁)	(10명의 제자들, 도마)	(예루살렘 다락방)
	요 20:26-31	(한 주 후)	(11명의 제자들)	(예루살렘 다락방)
	요 21:1-23	(어느 날 새벽)	(7명의 제자들)	(갈릴리 호수)
	마28:16-18, 막 16:14-18		(11명의 제자들)	(갈릴리호수 주변 산)
	눅 24:50-53	(부활 40일 후)	(11명의 제자들)	(베다니 앞산, 감람산)
	고전 15:6		(500명이 넘는 사람들)	(예루살렘 ??)
	고전 15:7		(예수님의 형제 야고보)	(예루살렘 ??)

3장. 부활주일 예배

1. 예배의 의미

부활절을 뜻하는 '이스터'(Easter)는 원래 튜톤족 여신 'Eastre'라는 말이 토착화되어 고대 영어에 맞추어 바꾼 말이다. 부활절의 원래 명칭은 유월절을 뜻하는 '파스타'라는 히브리말에서 유래했다. 부활절은 주후 325년 제1회 니케아 공회의에서 모든 그리스도인이 '봄의 첫날인 3월 21일, 또는 그 이후의 만월 후의 첫 주일, 또는 만월이 주일인 경우 그 다음 주일'로 지키도록 결의했다. 그 결과 매년 부활절은 3월 22일과 4월 25일 사이에 찾아온다.

부활절은 어느 종교에서도 찾아볼 수 없는 부활의 진리를 경험하고 재현하는 기독교만의 명절이다. 부활은 어두움에서 빛으로, 죽음에서 삶으로의 의미가 있다. 부활절은 십자가의 고난을 통해 영원한 새생명을 얻은 기쁨과 환희의 날이다. 부활절은 우리의 썩을 몸도 주님처럼 영광의 몸으로 변할 것이라는, 영원한 하나님의 나라에 대한 소망과 확신의 날이다. 언젠가 다시 오실 주님을 기다리는 재림신앙을 확고히 하면서 부활의 기쁨과 소망을 마음껏 누리는 축제의 날이기도 하다. 만일 우리에게 부활이 없다면, 바라는 것이 이생뿐이라면 우리의 구원은 헛되고 우리는 모든 사람 중에 가장 불행한 자가 될 것이다(고전 15:19).

2. 예배의 기획 방침

① 예수 부활의 기쁨을 악기, 찬송, 시, 구호 등으로 다양하게 표현하도록 했다.

② 모든 세대의 연령층이 여러 순서에 동참하고 준비하도록 했다.

③ 설교 형식이나 다른 순서에서도 기존의 전통적인 순서에 많은 변화를 가져왔다.

3. 예배의 사전 준비

① 촛불 이야기 : 권사님 2명(한복), 강단에 촛대(붉은색 양초 6개 + 중앙에 하얀색 양초 1개), 마이크 2개,
　　　　　　　점화봉, 숟가락 2개(촛불 끌 때 사용)

② 대표 기도자 : 2명 선정, 미리 기도문 쓰기, 연습해 보기

③ 말씀 낭독자(아동부 2명) 선정하기, 연습하기

④ 설교(대화식 설교) : 학생 4명, 마이크 4개, 강단이나 앞자리에 의자와 테이블, 성경책

⑤ 헌금 봉헌 : 청년부에서 봉헌위원 선정, 봉헌송 특송 연습

⑥ 영상팀 준비

　- 시 낭송 "빈 무덤에서 갈릴리로" 화면

　- 성경 봉독 말씀 화면

　- 대화식 설교에 사용할 2가지 영상(부활의 상징, 부활의 의미)

　- 다함께 읽는 시(부활의 내용을 담은) "　　　" 시 전문(全文)

　- 부활의 인사 전하기 내용

4. 예배 순서

찬양대와 목사님 입장 ·· 촛불 점화

(찬양대원 중 1명이 강단에 올라가서 점화한다)

사순절과 부활절의 촛불 이야기 ································· 권사님 2명

예배로 인도하는 시 낭송 ············· ("빈 무덤에서 갈릴리로") ············· 다함께

승리의 찬송 ··· 찬양대

영광의 찬송 ············· (찬161장 "할렐루야 우리 예수"/통159장) ············· 다함께

기도 ··· 성인 1명 + 교회학교 1명

성경 봉독 ············· (구약: 시 16:9-11/ 신약: 벧전 1:3-7) ············· 아동부 2명

찬양대 찬송 ··· 찬양대

말씀 듣기 ············· (부활의 산 소망) ············· 목사님과 학생들

다함께 읽는 시 ············· (   ) ············· 다함께

특별 순서 ············· (아동부〈노인부〉의 합주단, 악기연주, 중창, 워십 등) ············· 담당부서

봉헌 ············· (봉헌특송 : 개인이나 중창팀) ············· 청년부원들

봉헌기도 ··· 담임목사

찬송 ············· (찬164장 "예수 부활했으니"/통154장) ············· 다함께

(1절-찬양대, 2절 가사-여자, 3절 가사-남자, 4절-다함께/ * 할렐루야 부분은 찬양대만 부른다.)

부활의 인사 전하기 ··· 다함께

소망의 인사 나누기 ············· ("부활의 기쁨을 당신에게! 할렐루야!") ············· 서로서로에게

("마라나타! 주님은 꼭 다시 오십니다")

축도 ··· 담임목사님

5. 진행 도움 자료

① 찬양대원들과 목사님 입장

피아노 반주(또는 방송실 음향으로 찬송가 곡)와 함께 목사님과 찬양대원들이 본당으로 입장하고, 찬양대원 중 1명이 강단 위에 올라가 준비된 촛대에 점화봉으로 붉은색 양초 6개를 켜고 찬양대석으로 돌아간다. 그 사이에 목사님은 강단으로 간다. 그러면 예배가 시작된다.

② 사순절과 부활절의 촛불 이야기

한복 입은 권사님 2명(A. B)이 강단으로 올라간다.

강단 중앙의 테이블에는 붉은색 양초 6개(촛불이 점화된), 그 사이에 약간 높게 흰색 양초 1개를 꽂은 양초촛대 7개가 놓여 있다. 권사님 A,B는 준비된 멘트를 마이크를 들고 낭독하고 촛불 끄기를 한다. 핀마이크가 있으면 멘트나 촛불 끄기를 할 때에 지장이 없어서 아주 좋다. 여의치 않으면 무선 마이크나 보통 마이크를 사용해도 된다.

> **멘트 자료**
>
> A. 사순절 첫째 주일이 지나갔습니다. 우리를 위해 십자가를 지시려고 예루살렘에 오신 예수님을 찬양하며 환영했습니다. 왕이신 예수님을 사랑한다고 고백했습니다.
> (가장자리쪽 붉은색 양초 1개를 숟가락으로 눌러 끄고)
> 사순절 둘째 주일이 지나갔습니다. 성전을 청소하러 오신 예수님을 보면서 우리의 많은 죄악을 깨달았습니다. 위선과 거짓과 무지와 나태와 교만이 너무나 부끄러웠습니다.
> (바로 옆에 있는 붉은색 양초 1개를 숟가락으로 눌러 끄고)
>
> B. 사순절 셋째 주일이 지나갔습니다. 성전에서 바리새인들과 서기관들과 제사장들과 논쟁하시던 예수님을 기억합니다. 우리는 길과 진리와 생명 되신 예수님을 믿습니다.

(가장자리쪽 붉은색 양초 1개를 숟가락으로 눌러 끄고)

사순절 넷째 주일이 지나갔습니다. 최후의 만찬 자리에서 떡과 포도주를 나누어 주시던 예수님, 밤을 새워 땀방울이 핏방울이 되도록 기도하시던 예수님을 생각했습니다.

(바로 옆에 있는 붉은색 양초 1개를 숟가락으로 눌러 끄고)

A. 사순절 다섯째 주일이 지나갔습니다. 체포당하시고 베드로가 주님을 부인할 때에 조용히 바라보시던 예수님, 심문 당하실 때도 침묵하시던 예수님을 생각했습니다.

(안쪽의 붉은색 양초 1개를 숟가락으로 눌러 끄고)

사순절 여섯째 주일이 지나갔습니다. 골고다 언덕에서 쏟아지던 조롱과 모욕과 수치와, 십자가 밑으로 흐르던 예수님의 붉은 핏자국을 마음에 담고 울면서 보냈습니다.

(안쪽의 붉은색 양초 1개를 숟가락으로 눌러 끄고)

B. 오늘은 부활절입니다. 영광스러운 부활의 아침에 한없는 기쁨으로 이 촛불을 밝힙니다. 예수님이 다시 살아나셨습니다. 부활의 약속이 이루어졌습니다.

(가운데 꽂혀 있는 흰색 양초에 점화봉으로 촛불을 켠다)

③ 예배로 인도하는 시 낭송

이 시의 낭송은 예배로의 초대와 교독문을 대신하는 기능이 있다. 예배 순서에서 교독문을 읽지 않으면 안 되는 것처럼 전통이나 고정관념에 묶일 필요가 없다. 한 편의 좋은 시로서 교독문 없이, 예배로의 초대 없이도 예배에 경건하게 참여할 수 있는 분위기를 조성할 수 있다. 성도들이 영상(주보)에 있는 대로 함께 읽는다. 영상팀은 성도들이 이 시를 잘 따라 읽을 수 있도록 속도를 감안해서 화면을 잘 만들도록 한다.

"빈 무덤에서 갈릴리로"

김미숙

새벽보다 더 어두운 가슴,

흔들리며 떨리는 가슴으로

무덤이 가둔 주님을 뵈오려 합니다.

열린 무덤문,

쏟아 버린 물과 피로 애처롭게 야윈 주님,

당신의 주검은 어디에 있습니까?

슬픔처럼 번진

피 묻은, 개어놓은 세마포,

주님, 당신은 어디에 계십니까?

다시 흐르는 눈물, 서럽게 통곡할 때,

여자여, 어찌하여 우느냐?

그가 살아나셨느니라.

그제야 떠오른, 사흘 만에 짓는 성전 이야기

오, 주님!

무덤은 죽은 자의 것,

살아 계신 당신을 가둘 수 없습니다.

오, 주님!!

당신의 약속은 빛나게 살아 있었습니다.

주님의 빈 무덤에 아침 은총 내릴 때,

봄비처럼 내리는 기쁨,

봄비처럼 내리는 평안.

아침보다 먼저

이리도 큰 기쁨과

햇빛처럼 쏟아지는 하늘의 영광을 안고

세상 모든 만물의 찬송을 안고

이제는 갈릴리로 가신 주님을 뵈오려 합니다.

오늘, 오늘은

부활의 아침입니다.

④ 기도(대표기도)

성인 성도를 대표해서 장로님 1명과 교회학교를 대표해서 중고등부 여학생 1명이 함께 강단에 올라가서 기도하고 내려온다. 교역자는 이 두 사람이 중언부언 기도하지 않도록 미리 기도문을 써오게 해서 검토해 주면 좋다. 먼저 그들이 담당할 기도제목과 분량에 관한 지도를 해 주어야 한다. 기도문을 정성껏 파일에 준비하는 모습도 보기 좋을 것이다.

⑤ 성경 봉독

아동부 어린이 2명이 미리 연습해 온 성경 봉독을 한다. 성경책을 들고 나오는 것도 좋지만 할 수 있다면 두루마리 성경을 크게 만들어서 들고 나오면 더욱 좋다.

⑥ 말씀 듣기

오늘은 평소와 달리 대화극으로 설교를 한다. 전교인이 함께 드리는 예배에서 설교는 대화극이든 연극이든 20분을 넘기지 않는 것이 좋다. 강단에 신속하게 4개의 의자와 테이블을 놓고, 학생들이 강단에 올라가서 앉게 한다. 테이블 위에는 마이크와 성경책을 놓아두고 목사님은 강단에 서서 학생들을 바라보거나, 학생들 앞으로 가서 말씀을 전한다. 영상팀에서는 설교 도중에 보여 줄 영상 2개를 준비한다.

대화극은 대본이 필요한데 아래에 예시한 정도로 작성하면 되고, 사전 연습이 필요하다.

> **부활절 설교**
>
> 본문 : 벧전 1:3-7
> 학생 - 아동부 1명, 청소년부 1명, 청년부 ①, ②
>
> 목사님 : 오늘은 부활주일입니다. 오늘은 평소와는 다르게 설교를 해 보려고 합니다. 이런 색다른 시도를 통해서 전교인 모두가 은혜받기를 소망합니다. 오늘은 학생들의 질문에 답변하는 방법으로 대화식 설교를 해 보려고 합니다. 자, 그럼 먼저 아동부 어린이에

게 질문을 받아볼까요? 어떤 것이 궁금했나요?

아동부 : 목사님, 저는요, 부활절이면 꼭 삶은 계란을 먹고, 나눠 주고 그러는데요. 왜 그러는 거지요? 부활절에 다른 간식을 주면 안 되는 건가요? 오늘 아동부실에서는 백합꽃이 잔뜩 그려진 현수막이 있었어요. 어버이날의 꽃이 카네이션이라면, 부활절의 꽃은 백합꽃인가요? 왜 백합꽃만 부활절의 꽃이지요?

목사님 : 역시 아동부 어린이라서 그런지 보는 것, 먹는 것에 궁금증이 많군요. 참 좋은 질문이에요. 또 어려서부터 확실하게 알고 넘어가려는 자세가 참 좋아요. ○○○ 어린이, 성탄절 하면 무엇이 생각나나요? 생각나는 것을 다 말해 보세요.

어린이 : 그야 뭐, 성탄절 트리도 있고, 또 … 말구유, 동방박사, 또 … 3가지 선물들이 있겠지요?

목사님 : 많이 알고 있네요. 그와 마찬가지로 어떤 날을 기억하고 기념하기 위해서 뜻이 담긴 상징을 만드는데요. 아까 ○○○가 본대로 부활절의 꽃은 백합꽃이랍니다. 왜 부활절에는 삶은 계란을 먹고 나누는지는 영상으로 한번 볼까요?

(영상팀에서 "부활의 상징들"이라는 짧은 동영상을 보여 준다)

목사님 : ○○○ 어린이, 이제 알겠지요? 더 설명하지 않아도 되겠지요?

어린이 : 네!! 잘 알겠어요!

청년 ① : 목사님! 오늘은 부활절이라고 교회에서는 잔치나 명절처럼 흥겹지만, 세상 사람들은 전혀 그렇지 않은 것 같아요. 많은 불신자들은 십자가의 죽음의 의미를 모르잖아요? 또 알려고 하지 않고 믿으려 하지도 않는 것 같아요. 그리고 제가 보기에는 불신자들은, 십자가의 죽음도 이해하지 못하지만, 부활에 대해서는 더욱 믿으려고 하지 않는 것 같아요.

목사님 : 네, 맞아요. ○○○ 청년이 잘 지적해 주었는데, 사실 불신자들은 믿으려 하지도 않아요. 또한 부활을 이해하기 힘들어해요. 그럼 성경에 나온 부활의 증인들 이야기부터 해 볼게요(성경에 나온 부활의 증인들 이야기를 들려준다).

청소년 : 목사님! 저도 이렇게 많은 부활의 증인들이 있는지, 또 예수님이 직접 자신이 부활했다는 사실을 이렇게 많이 보여 주셨는지 몰랐어요. 하지만 우리는 예수님의 부활을 직접 보지는 못했잖아요? 그렇다면 부활을 믿는다는 것은 무슨 의미이지요?

목사님 : 그 답은 요한복음 20장 27-28절에 나와 있어요. 청소년 ○○○가 이 말씀을 찾아서 읽어 볼래요? (청소년 ○○○, 성경을 찾아 읽는다) ○○○, 도마에게 예수님이 하신 말씀을 주목해 보세요. "믿음 없는 자가 되지 말고 믿는 자가 되라"고 하셨어요. 제자들도 처음엔 예수님의 부활의 의미를 잘 몰랐기 때문에 놀랍고 당황하기만 했을 거예요. 그러나 제자들은 점점 예수님의 부활이 확실하게 믿어졌고 경험되었어요. 그래서 부활을 목격한 증인들은 부활을 경험해야 부활에 대한 믿음이 생기고 소망도 생겨요. 2천 년이 지난 지금, 우리도 이 부활을 경험해야 해요.

청년 ② : 목사님! 부활이 경험되어야 한다고 하셨는데요. 부활이 경험되어야 한다는 말은 어찌 보면 이해하기가 너무 어려워요. 어떤 상태를 말하는 거죠? 사실 이 말은 우리 청년들만이 아니라 어린이들부터 어른들까지 다 해당하는 거지요?

목사님 : 부활의 경험이 우리 안에서 가장 분명하게 이루어지는 측면은 신앙적인 경험이에요. 그것을 쉽게 간단하게, 그러나 분명하게 말하자면 우리의 영혼이 거듭나서 새 사람이 되는 것이라고 할 수 있어요. 질문한 ○○○ 청년이 베드로전서 1장 23절 말씀을 찾아서 읽어 보세요(성경 말씀을 ○○○가 읽는다) (목사님은 말씀을 설명하신다)

청년 ① : 목사님! 저희는 청년수련회에서 거듭남은 영혼의 변화이고, 내면의 변화이며, 삶의 변화라고 배웠습니다. 그런데 사실 변화라고 하면 눈에 확 띄게 달라지는 급격한 변화를 많이 말씀하시는데요. 내면에서 서서히 무르익어 가는 변화도 있잖아요? 또한 다른 사람들과 이웃에 대한 책임도 변화 중에 포함되는 건가요? 거듭난 이후의 변화에 대해서 청년들은 그런 고민이 많습니다.

목사님 : 좋은 질문입니다. 변화의 속도가 느리거나 빠르거나 그런 것이 아주 중요한 것은 아닙

니다. 그러나 '변화가 일어나고 있느냐, 없느냐'는 아주 중요한 문제입니다. 여기에 대해서는 준비한 영상을 보고 나서 이야기할까요? (영상팀에서 준비한 "부활의 의미" 동영상을 보여 준다) ○○○ 청년, 어느 정도는 설명이 다 되었을 것 같은데요. 어떤가요?

청년 ② : 목사님! 이 영상에서 말하고자 하는 것은 우리에게는 변화와 생명력이 있으니 이러한 변화를 사회와 이웃 속에 보여 주라는 뜻 같은데요. '거듭났다'와 같은 믿음의 증거가 부활의 경험이라고 목사님은 말씀하셨는데요. 거듭남의 증거는 내 안에서 어떻게 이루어지나요?

목사님 : 좋은 질문입니다. 그리고 간단하게 대답할 수 없는 질문이기도 합니다. 많은 이야기가 필요한 질문이지만, 오늘은 3가지 정도만 해 보겠습니다. 거듭난 성도의 증거는 '산 소망이 있느냐?' 하는 것입니다. 자, 그럼 말씀을 찾아서 읽어 볼까요? 아동부 ○○○는 히브리서 11장 16절을 찾아보고, 청소년 ○○○는 고린도후서 5장 8절-10절까지를 찾아보고, 청년 ①은 마태복음 24장 30-31절을 찾아 읽어 보세요(3명이 차례대로 성경을 큰 소리로 읽는다).

이 말씀을 요약하면 이런 것입니다. 산 소망이 있다는 증거는 첫째, 우리 안에 천국에 대한 소망이 있다는 것, 둘째, 마지막 심판 날에 하나님의 영원한 상급을 기대하면서 주를 기쁘시게 하려는 소망이 있다는 것, 셋째, 주님이 재림하실 때 우리는 영광 중에 주님을 만날 것이라는 소망입니다. 아주 간단하고 확실하게 정리를 했는데요. 그럼 여기 나온 4명에게 묻겠습니다. 한번 대답해 보세요. 이 세 가지 산 소망이 여러분에게 있나요? (4명의 학생 : 네!!) 그러면 성도님들에게 질문하겠습니다. 여러분은 이 3가지 산 소망을 믿고 확신하고 있습니까? (성도님들 : 네!) 여러분에게 부활이 경험되고 있습니까? (성도님들: 네!)

목사님 : 현대를 살아가는 우리에게는 부활의 의미와 상징도 중요하지만, 무엇보다 중요한 것은 부활신앙의 경험과 그 경험이 점차 성장해 가는 것입니다. 그 부활신앙은 우리가

믿음으로 거듭난 확신, 구원의 확신을 계속 새롭게 하는 것입니다. 구원받은 자의 기쁨과 확신을 누리는 것이 바로 부활의 기쁨과 같기 때문입니다. 해마다 맞이하는 부활절이지만 올해 부활절은 예수님의 부활과 재림에 대한 산 소망을 가지고, 이 세상에서 산돌처럼, 제사장처럼 세상을 향해 나아가는 여러분이 되시기를 바랍니다. 다같이 기도하겠습니다.

(목사님의 기도)

⑦ 다함께 읽는 시(영상팀에서 만든 화면을 보면서 읽는다)

부활의 소망과 감격에 겨운 내용의 시를 전교인이 함께 낭독하는 시간이다. 낭독하기 좋은 문장과 길이의 시를 선택하도록 한다. 예를 들어 송명희 시인의 "내가 너를 죽기까지 사랑하였노라"도 참고할 만하다.

⑧ 부활의 인사 전하기

인도자 : 예수 그리스도, 우리 주님은 부활하셨습니다.

다함께 : 죄와 죽음의 권세를 물리치고 승리하셨습니다.

인도자 : 예수 그리스도, 우리 주님은 부활하셨습니다.

다함께 : 우리는 영원한 생명으로 거듭남을 얻었습니다.

인도자 : 절망을 소망으로 바꾸신 예수님, 주님은 부활하셨습니다.

다함께 : 우리에게 산 소망을 기업으로 주신 예수님, 감사드립니다.

인도자 : 진리와 생명이 되신 예수님, 주님은 부활하셨습니다.

다함께 : 우리는 이제 거듭난 생명으로 새롭게 출발하겠습니다.

6. 추가 활용 자료

① 부활절 찬송 모자이크

부활을 주제로 한 찬송가라면 어느 곡이든 할 수 있으나 어른들을 배려해서 찬송가곡 중에서 선정한다("무덤에 머물러", "할렐루야 우리 예수", "주님께 영광" 등). 찬송은 모두 함께 부르지만, 자신의 부서와 연령대에 해당하는 가사를 부를 때에는 일어나서, 그 후부터는 계속 서서 부른다. 차례대로 하다 보면 나중에는 모든 성도가 일어나서 찬송을 부르게 된다. 이것이 바로 찬송 모자이크 방법이다.

예) 찬 161장 "할렐루야 우리 예수"

1절 할렐루야 우리 예수 부활 승천하셨네 세상 사람 찬양하니 천사 화답하도다(청년부)

　　 구주 예수 부활하사 사망권세 이겼네 구주 예수 부활하사 사망권세 이겼네(남자성도)

2절 할렐루야 우리 예수 왕의 왕이 되시고 우리들의 중보되심 성령 증거하시네(찬양대)

　　 구주 예수 부활하사 처음 열매 되셨네 구주예수 부활하사 처음 열매되셨네(아동부)

3절 할렐루야 우리 예수 흠과 티가 없도다 무덤 속에 있는 죄인 주가 일으키시네(청소년부)

　　 구주 예수 부활하사 영광 주로 오시네 구주 예수 부활하사 영광 주로 오시네(여자성도)

* 이 순서는 찬송하면서 흥미롭게 집중할 수 있게 해 준다. 그렇지만 사전 안내가 꼭 필요하다. 주보 외에도 별도로 배부한 안내문에 성도들이 알고 함께해야 할 순서와 내용, 행동요령을 자세히 적어 주어야 한다. 안내문에 자세히 적어놓고, 예배 전에 미리 설명해 주면 좋다. 사전 안내 없이 예배 순서를 진행하다 보면 성도들이 어색해하거나 진행이 순조롭지 못할 경우도 생길 수 있다.

② 부활절 찬양

아동부 찬양팀이나 율동팀이 강단으로 나가고, 전교인은 모두 이들의 동작을 따라하면서 함께 찬양하는 순서이다. 가사는 영상으로 보여 주어야 한다. 어린이 찬양팀 멤버 중에서 1-2명이 사도행전 1장 6-11절을 "쉬운성경"(또는 표준새번역성경) 말씀으로 낭독하고, 부활이나 재림에 관련한 찬양곡을 부르면서 율동한다. 노래나 율동을 쉽게 따라할 수 있는 곡으로는 찬송가 180장(하나님의 나팔소리) 이 있다.

③ 교독문이나 "부활의 믿음 나누기"(축도 전)에 사용할 수 있는 내용

인도자 : 할렐루야 우리 예수 부활 승천하셨네

다함께 : 다시 오마 약속하고 하늘나라 가셨네

인도자 : 끝날까지 함께 하마 굳은 약속 주셨네

다함께 : 보좌 우편 앉으셔서 항상 기도하시네

인도자 : 영원토록 찬양하리 부활하신 주님

다함께 : 영원토록 감사하리 나를 구원하신 주

인도자 : 영원토록 기뻐하리 천국 소망 우리 주

다함께 : 할렐루야 우리 예수 부활 승천하셨네

④ "부활절에는 흰 옷 입기" 운동 전개

고난주일에 사전 광고를 해서 부활주일에는 가능한 흰색 옷을 한 가지만이라도 입고 오는 운동을 전개한다. 이는 부활의 색이 흰색이기 때문이다. 남자성도들은 흰색 양복을 입을 수가 없으므로 흰색 Y셔츠, 흰색 T셔츠, 흰색 행커치프, 흰색 양말이라도 입고 오도록 한다. 여자성도들은 흰색 블라우스, 흰색 스커트, 흰색 바지, 흰색 한복, 흰색 겉옷, 흰색 스카프 등을 입고 올 수 있다. 남자성도들은 흰색 으로 차려입을 수 있는 종류가 많지 않기 때문에 강력하게 권유하기는 어려운 면도 있다.

4장. 어린이주일 예배

1. 예배의 의미[14]

성경은 어린아이에게 신앙교육이 필요하고(신 6:7), 비록 어리고 나약해도 고귀한 존재이기에 그들을 인격적으로 대우해야 함(마 18:3)을 가르쳐 준다. 어린이들은 신체적으로나 사회적으로 마땅히 보호받아야 할 미성숙한 약자이지만, 내일의 역사가 그들에게 달려 있으므로 올바르게 교육해야 할 의무가 있다.

어린이주일은 어린이들의 가능성과 꿈을 존중하는 의미로 미국에서 가장 먼저 지켜졌다. 1856년, 미국 매사추세츠주에 있는 유니버살리스트(Universalist) 제일교회의 레오날드(G. H Leonald) 목사는 어린이들을 그리스도인으로 훈련시키고, 어른들이 어린이에 대한 인식을 새롭게 해야 한다는 취지에서 6월 둘째 주일을 자신이 사역하는 교회에서 어린이주일로 정하고 어린이주일 행사를 거행했다. 이것이 미국 최초의 어린이주일이었다. 1868년에는 미국 감리교회에서 이날을 기념일로 정했으며, 1883년에는 미국 전역 대부분의 교파에서 이날을 어린이주일로 지켰다.

어린이주일을 '꽃주일'이라고도 불렀던 것은 1870년 미국 매사추세츠주의 한 조합 교회에서 어린

---

14) http://cafe.daum.net/0560bb, 신앙&삶의 나눔, "어린이주일의 유래"

이주일을 맞이해서 예배당을 꽃으로 장식하고 어린이들이 전체 예배 순서를 담당하고 준비한 데서 유래한 명칭이다. 이날은 "꽃다운 인생인 어린이가 샤론의 장미꽃"이라는 제목으로 설교했다.

오늘날에도 미국을 비롯한 세계의 여러 나라들은 일반적으로 6월 둘째 주일을 어린이주일로 지키고 있다. 이는 1년 중 꽃이 만발한 가장 아름다운 이 시기가 푸르고 아름다운 어린이들의 이미지와 가장 잘 연결되기 때문이다.

어린이주일은 성경에 나타나 있는 절기가 아니다. 그러나 이것이 교회의 절기로 보편화된 것은 근세에 들어오면서 어린이들에 대한 관심이 높아졌기 때문이다. 그러나 이 무렵 우리나라에서는 어린이라는 호칭조차 없었다. 따라서 당시 우리에게 선행되어야 했던 것은 자라나는 어린이들에 대한 바른 인식이었다.

어린이교육의 필요성을 절감했던 방정환, 마해송, 윤극영 등의 선각자들은 1922년 일본 동경에서 색동회를 조직해서 활동하면서 어린이의 중요성을 자각하기 시작했다. 색동회는 1923년 5월 1일을 어린이날로 정해 어린이 인격 보호와 바른 성장에 대해 어른들의 관심과 각성을 촉구하는 등 활발한 어린이운동을 전개했다. 어린이날은 1927년부터는 5월 첫째 주일로, 1946년부터는 오늘날과 같은 5월 5일에 지켜졌다. 1957년에는 어린이도 인간으로서 존중받아야 한다는 내용의 어린이헌장이 제정·공포되기도 했다.

우리나라 교회에서도 초창기에는 6월 둘째 주일을 어린이주일로 지켜오다가 1956년부터는 5월 첫째 주일을 어린이주일로 지켰다. 이는 5월 5일 어린이날과 근접해 있을 뿐 아니라 어린이주일의 근본 취지를 가장 잘 드러낼 수 있기 때문이었다.

'어린이주일'은 첫째, 어린이들에게 자신이 하나님의 자녀임을 깨닫게 해 주고, 둘째, 자신이 어리지만 하나님의 자녀로서 살아가는 방법과 믿음을 확인하게 해 주며, 셋째, 부모들에게 아이들이 자신의 자녀임과 동시에 하나님의 자녀이며 선물임을 깨닫게 해 주고, 넷째, 부모와 교사들이 어린이들을 주의 교양과 훈계로, 하나님의 법도로 잘 가르치겠다는(신 6:6-7, 엡 6:4, 딤후 3:16) 새로운 결의를 다지게 하는 날이다. 특히 유년 시절의 신앙교육의 감화력은 일평생을 좌우하며, 다음 세대의 신앙의 전승이라는 측면에서 중대한 과제이므로 부모와 교회의 교육 담당자들은 어린이주일을 계기로 이를 거듭 각성해야 한다.

2. 예배의 기획 방침

① 대부분의 교회들은 어린이주일이면 모든 순서를 교사들이 담당하고 특송할 때만 어린이성가 대가 하는 경우가 많았다. 이 예배는 대부분의 순서를 어린이들이 담당하고 진행하며, 어린이들의 헌신을 다짐하는 아동부 헌신예배로서의 목적에 충실하도록 기획되었다.

② 이 예배는 주일 오전의 대예배에서도 충분히 사용할 수 있도록 기획되었다. 대부분의 교회들은 어린이주일이면 어린이들을 어른들과 합석시켜서 예배를 드리지만 어린이들이 관람객으로 머물러 있는 경우가 많다. 이 예배는 그런 폐단을 과감하게 고치고, 어린이들에 의해서 드려지는 예배, 어린이들의 헌신이 있는 순수한 어린이주일 예배 순서로 기획되었다. 이 예배는 대예배뿐만 아니라 오후예배로도 가능하다.

③ 어린이들이 거의 모든 순서를 담당하기 때문에 예배위원을 신중하게 선발하고, 예배 진행에 대한 심도 있는 리허설과 소품 준비가 필요하다.

④ 이 예배는 이스라엘 어린이의 성인식에서 몇 가지 모티브를 가지고 와서 어린이주일 예배의 목적을 살리도록 응용되었다. 그래서 보통의 예배와는 다른 몇 가지 순서가 있다.

- 예배위원 의상, 입장과 점화, 퇴장 세리머니, 특송(십계명), 어린이의 약속 + 성도의 기도, 축복의 찬양, 파송(비전)의 찬양

⑤ 이 아동부 헌신예배의 주제는 '거룩한 예배, 헌신하는 예배'이다.

⑥ 전교인이 함께 드리는 예배이므로, 어린이와 어른들이 여러 순서에 대한 이해가 쉽도록 예배 순서지와 별지의 보조 자료를 함께 주어야만 예배를 드릴 수 있다.

3. 예배의 사전 준비

① 예배 순서 진행 담당자 선정하기
- 예배 인도자, 기도 담당, 성경 봉독 담당, 헌금기도 담당(4명)

- 헌금을 봉헌할 어린이들 다수(예배당 규모에 맞게)

- 설교 도입부의 스킷 드라마 담당 어린이 2명

- 시 낭독자(성인, 학부모 중 1명)

- 영상 편집, 화면 담당자(방송실)

- 아동부 성가대 지휘자(+ 반주자)

② 예배위원 어린이 4명의 의상

- 성가대 흰색 가운을 입거나 흰색 망토를 제작하여 입혀 준다.

- 보라색 부직포로 접시모양 모자를 제작하여 머리에 씌워 준다.

- 이들의 흰색 옷과 보라색 모자는 거룩과 경건을 상징하는 색깔이다.

③ 예배위원의 소품

- 기도 담당 / 흰색 백자 항아리(병)에 기도문 두루마리를 넣는다.

- 성경낭독 담당 / 황금색으로 포장한 사각박스에 성경 말씀을 적은 두루마리를 넣어온다.

④ 영상자료 제작

- 시(어린이 예찬), 어린이의 약속, 성도가 함께 읽는 기도문

- 성경 봉독 말씀, 축복 찬양, 파송 찬양 악보

⑤ 마이크와 소품

- 강단 앞쪽에 스탠드 마이크 1개(시 낭송용)

- 강단 앞쪽에 유선(무선) 마이크 2개(헌금기도, 스킷 드라마용)

- 강단 사회자석에 마이크 1개

- 강단 보조사회석에 마이크 1개(성경 봉독, 기도 담당)

- 강단에 의자 2개(성경낭독 담당, 기도 담당 좌석)

- 강단 사회자석에서 예배를 인도할 어린이의 발 받침대(어린이의 키를 고려해서)

- 강단 사회자석 옆에 보조테이블을 설치하고 촛대(양초 3개, 점화봉, 촛불 끄기에 사용할 숟가락)

⑥ 예배위원들의 자료

- 기도문, 성경낭독 멘트, 헌금기도문

- 예배인도자의 보조자료 : 인도자의 멘트 대본, 사도신경, 시 낭독문, 찬양곡들, 어린이의 약속, 성
　　　　　도가 함께 읽는 기도

⑦ 성도들에게 나눠 줄 예배 순서지와 별지 보조자료

- 예배에 사용되는 찬양곡 악보(예배 찬양, 헌금봉헌 찬양, 축복 찬양, 파송 찬양 등)

- 시(어린이 예찬), 어린이의 약속, 성도가 함께 읽는 기도문(함께 읽는 기도문은 영상이 준비되었어도 연로
　하신 어르신들을 위해 종이자료로 준비하면 더 좋을 것이다)

⑧ 예배위원의 사전 리허설

- 목소리가 크고 발음이 분명한 어린이로 선정한다.

- 여러 번 사전 연습을 하여 익숙하고 편안하게 강단에 서도록 한다.

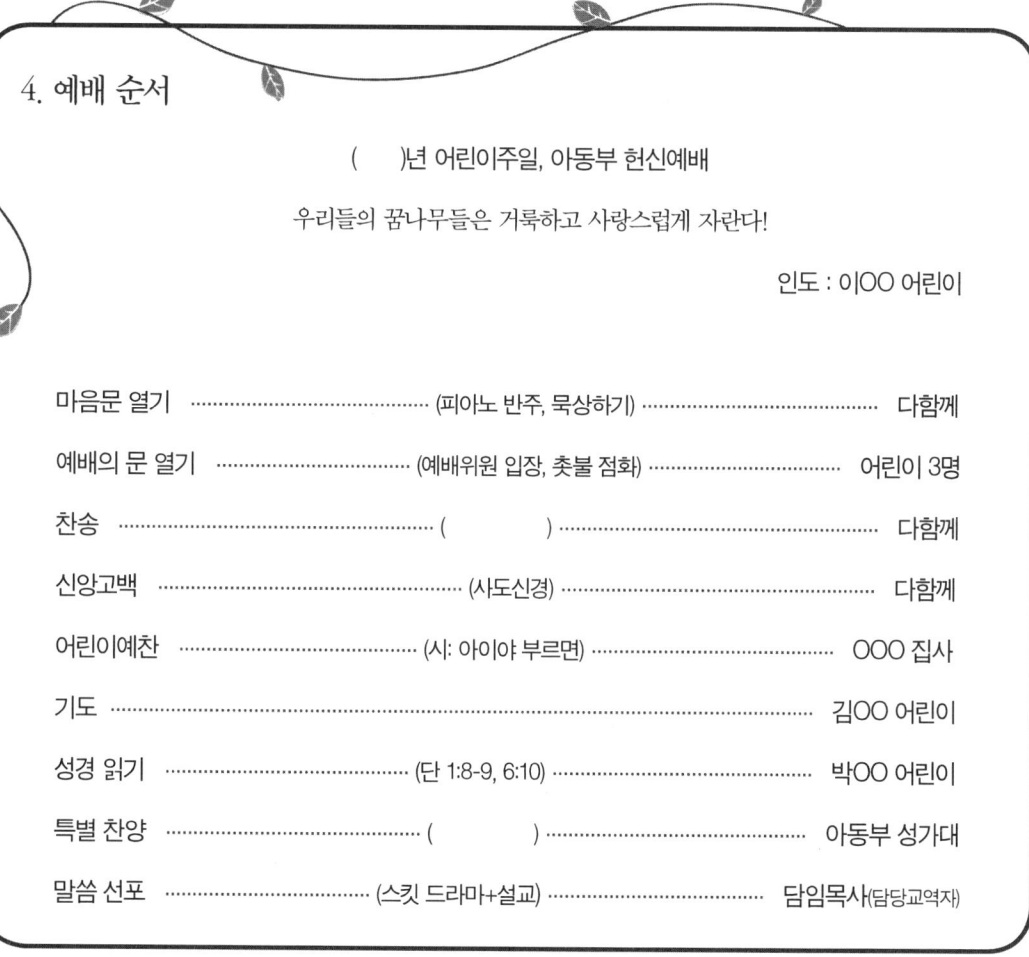

4. 예배 순서

(　　)년 어린이주일, 아동부 헌신예배

우리들의 꿈나무들은 거룩하고 사랑스럽게 자란다!

인도 : 이OO 어린이

마음문 열기	(피아노 반주, 묵상하기)	다함께
예배의 문 열기	(예배위원 입장, 촛불 점화)	어린이 3명
찬송	(　　　　　)	다함께
신앙고백	(사도신경)	다함께
어린이예찬	(시: 아이야 부르면)	OOO 집사
기도		김OO 어린이
성경 읽기	(단 1:8-9, 6:10)	박OO 어린이
특별 찬양	(　　　　　)	아동부 성가대
말씀 선포	(스킷 드라마+설교)	담임목사(담당교역자)

기도 .... (　　　　) .... 설교자

봉헌 찬송 .... (　　　　) .... 다함께

봉헌 기도 .... 윤OO 어린이

어린이의 약속 .... 인도자 + 모든 어린이

성도의 기도 .... 다함께

구호 제창 .... 인도자 +다함께

축복 찬양 .... ("너는 시냇가에 심은 나무라") .... 성도들이 어린이들에게

파송 찬양 .... (　　　　) .... 어린이들이 성도들에게

축도 .... 담임목사

예배의 문 닫기 .... (촛불 끄기, 예배위원 퇴장) .... 어린이 3명

교회 소식과 광고 .... 담임목사

5. 진행 도움 자료

① 인도자

이 예배에서 가장 중심적인 역할을 하는 사람은 인도자인 어린이이다. 전교인 예배를 잘 인도할 수 있을 만큼 침착하고 담대하며 목소리와 발음이 분명하고 태도가 단정한 어린이를 선정하도록 한다. 여러 차례 연습을 거치면 실제 예배에서도 흔들림 없이 예배를 잘 인도할 수 있다. 인도자가 어린이인 것을 감안해서 예배 인도 멘트를 적어 주는 배려가 필요하다. 또한 강단에서 사회자석이나 중앙강단에 섰을 때 키 높이를 맞춰 주어야 한다.

② 예배의 문 열기

조용한 피아노 소리가 그치고, 어린이 3명이 동시에 입장한다. 예배 인도자(이OO), 기도 담당자(김OO), 말씀 담당자(박OO)가 예배당 뒤에서 차례로(이OO, 김OO, 박OO) 천천히 걸어 나온다. 이OO는 촛

불을 켤 점화봉을, 김OO는 기도 두루마리를 담은 흰색 도자기병(항아리)을, 박OO은 두루마리 성경을 넣은 황금상자를 두 손으로 공손히 받들고 입장한다. 그들은 강단의 사회자석 바로 옆에 있는 보조테이블까지 올라가서, 그 테이블에 자신들이 가져온 물건을 조용히 올려놓는다.

3명은 성도들을 향해 선다. 인도자 이OO 어린이가 점화봉으로 촛대에 있는 양초 3개에 불을 밝힌다. 이OO 어린이는 사회자석으로 올라가서 예배의 시작을 알리는 멘트를 하고(뒤에 제시된 '인도자용 행동과 멘트 자료'를 참조), 김OO와 박OO는 강단 한쪽에 마련된 의자에 가서 조용히 앉는다.

③ 개회 찬송, 헌금 봉헌 찬송

예배 순서에 들어가는 개회 찬송, 봉헌 찬송은 아동부에서 평소 불렀던 곡이나, 아니면 어린이들이 따라 부를 수 있는 쉬운 찬송가 중 한 곡을 선곡해서 부를 수 있다. 찬송가 중에서 선곡한다면 사전에 아동부에서 어린이들이 미리 연습할 시간이 필요하고, 어린이들이 부르는 곡을 어른들이 부른다면 순서지 외에 별도 보조 자료에 악보를 넣어 준다. 예배 시작 전에 어른들이 연습으로 한두 번 정도 불러보는 것도 좋다.

④ 어린이 예찬(시 낭독)

교인 중에서, 또는 아동부 어린이의 학부모 중에서 한 분이 시 낭송을 한다. 이때 영상을 준비해서 시 낭송과 함께 진행한다면 더욱 좋다. 영상은 평소에 아동부 어린이들과 함께했던 행사에 관련한 사진들을 편집해서 보여 주도록 한다.

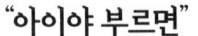

"아이야 부르면"

김미숙

아이야 부르면 돌아서는 네 눈 속에

새롯이 돋아나는 하늘빛 소망이 있다.

아이야 부르면

다가오는 너의 함박 같은 웃음 속에

하늘나라가 더 가까이, 더 가까이 열리고,

아이야 부르면

두 팔 벌려 달려와 안기는 부드러운 네 몸은

이미 이루어진 하늘나라의 향기.

아이야 부르면

땅에서도 너의 이름 부르시는 주님의 음성이 들린다.

하늘에서도 더 큰 아이야~

하늘에서도 사랑받는 아이야~

아이야!

네 눈 속에는 하늘 아버지가,

네 마음속에는 하나님의 나라가 있다.

하늘 아버지가 아빠 되시고 왕 되셔서 다스려 가는 나라,

점점 커져 갈 그 나라가 자라고 있다.

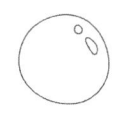

아이야!

새처럼 날아올라라!

꿈꾸는 만큼 이루어질 너의 세상을 날아라!

땅보다도 넓은 너의 세상을 높이 날아라!

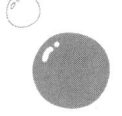

⑤ 기도

강단에 앉아 있던 김○○ 어린이가 의자에서 일어나서 보조테이블로 나온다. 백자 항아리(병)에서 기도 두루마리를 꺼내 둘둘 말린 것을 펼쳐 기도문을 천천히 읽는다. 다 읽고 난 후 다시 두루마리를 말아서 항아리에 넣고 돌아간다(기도문 내용 중에 / 표시는 어린이들의 호흡을 조절하기 위한 무언의 약속이다. 어린이는 이 / 표시가 있는 곳에서 읽는 속도와 호흡을 잠깐 가다듬게 된다. 마침표로 끝나는 문장에는 당연히 호흡을 쉬게 되므로 / 표시를 하지 않았다).

우리를 이 세상에서 / 가장 아름다운 작품으로 만드시고 / 기뻐하셨던 하나님,

이렇게 좋은 봄날에 / 아동부 헌신예배를 드리게 하심을 감사드립니다.

우리를 ○○ 교회로 불러 주시고

함께 기도하고 말씀을 배우며 /

믿음으로 자라게 해 주시니 감사드립니다.

하나님, / 오늘 우리의 예배를 기쁘게 받아 주세요.

이 시간 우리들의 정성과 믿음을 다해 /

아름답고 향기로운 예배를 드리도록 인도해 주세요.

하나님의 사랑과 은혜가 / 가득가득 넘치는 예배가 되기를 원합니다.

그리고 아직도 주님을 모르는 저 북한의 어린이들과 /

세계 곳곳의 불쌍한 어린이들과 / 병원에 있는 아픈 어린이들과 /

모든 어린이들과 / 아직도 복음을 만나지 못한 /

세상의 많은 어른들을 위해 기도합니다.

그들에게도 하나님의 구원의 손길이 빨리 닿을 수 있게 해 주세요.

온 세상에 하나님의 영광과 / 찬송이 가득 차게 되기를 소원합니다.

예수님의 이름으로 기도합니다. 아멘!!

⑥ 성경 읽기

강단에 앉아 있던 박○○ 어린이는 의자에서 일어나 보조테이블로 나온다. 경건한 마음으로 조심스럽게 황금상자의 뚜껑을 열고 두루마리 성경을 꺼낸다. 이 두루마리에는 성경 읽기 멘트와 성경 구절이 적혀 있다. 천천히 또박또박 읽고 다시 두루마리 성경을 황금상자 안에 조심스럽게 넣어 뚜껑을 덮고 자기 자리로 돌아간다. 이 황금상자는 "주의 계명들을 금 곧 순금보다 더 사랑하나이다"라는 시편 119편 127절을 의미하는 소품이다.

오늘 하나님이 / 우리에게 주신 말씀은

구약성경 / 다니엘 1장 8절로 9절, /

다니엘 6장 10절 두 곳입니다.

이제 말씀을 받들어 읽겠습니다.

모두 경청하시기 바랍니다.

먼저, / 다니엘 1장 8절로 9절의 말씀입니다.

"다니엘은 뜻을 정하여 /

왕의 음식과 그가 마시는 포도주로

자기를 더럽히지 아니하리라 하고 /

자기를 더럽히지 아니하도록

환관장에게 구하니 / 하나님이 다니엘로 하여금 /

환관장에게 은혜와 긍휼을 얻게 하신지라"

다음은, / 다니엘 6장 10절 말씀입니다.

"다니엘이 이 조서에 / 왕의 도장이 찍힌 것을 알고도

자기 집에 돌아가서는 / 윗방에 올라가 /

예루살렘으로 향한 창문을 열고 / 전에 하던 대로 /

하루 세 번씩 무릎을 꿇고 기도하며 /

그의 하나님께 감사하였더라"

하나님께서 이 말씀을 통해서 /

여러분 모두에게 은혜 주시기를 원합니다.

⑦ 특별 찬양

이 순서는 아동부 헌신예배인 점을 고려해서 아동부 어린이들이 준비한 특별 찬양이다. 성가대나 찬양팀이 조직되어 있으면 그들이 준비해도 되고, 조직이 안 되어 있으면 어린이 모두가 평소에 부르던 찬양곡을 하면 된다. 다만 한 가지 고려해야 할 점이 있는데, 이 예배가 이스라엘 어린이의 성인식

에서 모티브를 가지고 왔기 때문에 이스라엘 어린이들이 성인식에서 암송하는 성경말씀과 십계명을 여기에서도 응용했다는 것이다. 그래서 어린이 복음성가나 찬송가 중에서 가사가 성경말씀으로만 되어 있는 곡이나 십계명의 내용을 담은 곡을 부르는 것이 좋다.

⑧ 말씀 선포(스킷 드라마+설교)

말씀 선포는 도입부의 스킷 드라마와 강단 설교 이렇게 크게 두 부분으로 이루어진다. 스킷 드라마는 강단 앞에서 여자 어린이 2명의 대화로 시작하며(유선이나 무선 마이크 필요), 스킷이 끝나면 바로 강단에서 설교가 진행된다. 아동부 헌신예배이기 때문에 오늘만큼은 특별히 담당교역자가 직접 아동부 수준에 맞게 설교를 하면 큰 은혜가 있을 것이다. 대예배라는 특징 때문에 담임목사님이 설교를 하게 되면 오늘의 본문으로 평소보다 짧게, 재미있게 해 주면 된다.

● 스킷 드라마 대본(단 1:8-16)

효진 : 혜진아, 너 '건강한 다이어트'에 대해 들어봤어? 우리 선생님이 그게… 잘 먹으면서 적당한 체중을 유지하고 건강을 지키는, 뭐 그런 거래.

혜진 : 뭐? 잘 먹으면서도 건강한 다이어트를 할 수 있다고? 그럼, 좋은 걸 먹으면 되는 거야? 그럼 다이어트가 된다고? 농수산물과 가공하지 않는 자연식품이 그렇게 건강에 좋다는데….

효진 : 크흐흐흐~ 혜진아!! 너 통닭 엄청 좋아하잖아~ 야! 건강을 말하려면 통닭부터 끊어라. 아이구~

혜진 : 왜? 그 맛있는 닭고기를 왜 끊어? 얼마나 맛있는데….

효진 : 너 닭고기를 튀기는 기름에 트랜스지방이 얼마나 많은지 몰라? 트랜스지방이 얼마나 안 좋은데…, 그걸 몰라? 그것도 모르면서 뭐? 다이어트? 뭐, 건강 정보? 하하하!

혜진 : 트랜스지방이 문제라고? 그럼 기름에 튀긴 거는 다 못 먹어? 건강에 안 좋다구?

효진 : 그럼! 물론이지. 기름에 튀긴 거, 소금에 푹 절인 거, 설탕에 절인 거, 통조림류, 냉동식품,

또 가공한 육류 축산물, 숯불구이, 사이다와 콜라 같은 가공음료, 과자류, 간편조리식품 등, 이런 것들은 다 건강에 안 좋은 거야!(음식을 손가락으로 꼽아 가며)

혜진 : 우와~ 언니는 그걸 어떻게 알았어?

효진 : 인터넷에서 검색해 봤지! 세계보건기구 WHO에서 지정한 세계 10대 불량음식이라고… 아! 그럼 너 이건 알아? 세계 10대 건강식품???

혜진 : 몰라. 그런 것도 있었어? 그건 뭐야? 뭐야?

효진 : 그건 말야! 토마토, 시금치, 적포도주, 견과류, 브로콜리, 음… 여섯 번째로는 귀리, 연어, 마늘, 녹차, 블루베리… 이렇게 10가지야(여기서도 음식을 손가락으로 꼽아 가며).

혜진 : 10가지라…. 난 마늘도 싫거든, 시금치도 안 먹는데… 땅콩, 호두… 이런 견과류는 좋아하지만….

효진 : 그러게 혜진아~ 네가 건강을 생각한다면 건강식품을 부지런히 챙겨 먹고 불량식품은 피하고 그래야 하는 거야. 자, 어때? 건강 정보는 너보다 내가 더 잘 알지? 그렇지?

혜진 : 음… 근데 언니! 지금 언니랑 나는 건강 때문에 좋은 음식, 피할 음식 가려 가면서 '먹을까 먹지말까'를 고민하잖아?? 그런데 난 성경을 보다가 아주 훌륭한 사람을 발견했다!

효진 : 뭐? 훌륭한 사람? 뭐가 훌륭한데?

혜진 : 응~ 그 사람은 건강 때문이 아니라 하나님에 대한 믿음 때문에 어떤 음식을 먹기도 하고, 안 먹기도 했던 아주 용기 있고 믿음 있는 사람이야. 언니는… 그 사람 몰라?

효진 : 몰라~ 그 사람이 누구야? 넌 알아? (끝)

⑨ 봉헌 기도

아동부 어린이들이 봉헌위원이 되어 헌금을 봉헌하게 한다. 봉헌기도는 아동부 어린이가 담당한다. 교회 형편에 따라 봉헌기도를 어린이가 먼저하고 그 후에 담임목사님이 할 수도 있다. 하지만 헌신예배의 성격에 맞게 어린이가 봉헌기도를 하는 것이 좋다고 생각한다. 봉헌기도를 담당한 어린이는 봉헌위원에게서 헌금함을 받아들고 강단에 있는 예배 인도자에게 봉헌한다. 그리고 강단 앞에 있는 마이크에 대고 봉헌기도를 드린다. 예배 인도자 어린이는 헌금함을 받아서 정성스럽게 보조테이블에 올려놓는다.

헌금 봉헌기도

하나님 아버지, /

저희들이 / 세상에서 쓰는 물질 중에서 일부분을

깨끗한 마음으로 구별해서 / 하나님 앞에 바칩니다.

헌금과 더불어 같이 드리는 /

저희들의 믿음도, 마음도 받아 주세요.

지금은 적은 물질밖에 못 드리지만 /

가장 최고의 정성을 다해서 / 하나님께 드립니다.

그리고

언제나 겸손한 마음으로 / 헌금을 드리게 해 주세요.

헌금을 드리고 나서 / 더욱 기뻐하고 감사하며 /

찬양하는 믿음이 더욱 자라게 해 주세요. /

더욱 튼튼한 믿음으로 자라나게 해 주세요. /

그리고

이 헌금이 이 땅에서 /

하나님의 나라와 / 하나님의 사람들을 위해서 /

값지게 사용되도록 도와주세요.

예수님의 이름으로 기도합니다. 아멘!!

⑩ 어린이의 약속

헌신예배의 특성을 살려서 어린이들이 하나님 앞에서 믿음과 헌신을 서약한다. 아동부 어린이들은 이 순서에서 모두 일어서서 오른손을 들고 서약한다. 서약문 형식으로 된 문장 5개를 인도자가 먼저 한 문장씩 선창하고, 모든 어린이들은 밑줄 부분만 따라하며 후창한다.

오늘 우리는 헌신예배를 드리면서 다음과 같이 하나님께 5가지 약속을 드립니다(밑줄 부분: 어린이들).

1. 우리를 창조하시고 언제나 지키시며 인도해 주신
   하나님께 감사하고 순종하며 섬기겠습니다.
   하나님께 감사하고 순종하며 섬기겠습니다.

2. 우리의 모든 죄를 용서하시고 구원해 주신
   예수님을 영원토록 변함없이 사랑하겠습니다.
   예수님을 영원토록 변함없이 사랑하겠습니다.

3. 신구약 성경에 나온 모든 말씀을 하나님의
   영원하신 진리의 말씀으로 믿겠습니다.
   영원하신 진리의 말씀으로 믿겠습니다.

4. 믿음의 집 교회에 성실하게 출석하며 배우면서
   천국 시민의 생활을 부지런히 연습하겠습니다.
   천국 시민의 생활을 부지런히 연습하겠습니다.

5. 다음 세대에는 이 땅에 하나님의 나라를 위해
   주님의 군사로, 복음의 일꾼으로 살겠습니다.
   주님의 군사로, 복음의 일꾼으로 살겠습니다.

⑪ 성도의 기도

바로 전에 어린이들이 서약하고 헌신한 순서에 응답해서 어른들이 어린이에게 좋은 양육과 보호를 약속하는 내용을 기도문 형식으로 낭독한다. 자녀를 위한 부모의 기도문 자료는 맥아더 장군의 기도, 타고르의 기도 등 많다. 조정태 시인의 "소년을 위한 기도"도 좋은 내용을 담고 있다. 길이가 너무 긴 기도문은 길이를 조절하거나 생략할 필요가 있다. 이 기도문을 어른 성도들이 목소리를 합하여 한 음성으로 낭독하도록 한다.

⑫ 구호 제창

어른들과 어린이들 모두가 오른손을 불끈 쥐고 인도자의 선창에 따라서 구호를 외쳐 본다. 구호는 두 종류이고, 큰 소리로 2번씩 외쳐 본다. "우리 교회의 미래는 아동부에 달려 있다!", "한국교회의 미래는 다음세대가 감당한다!"

⑬ 축복 찬양

피아노 전주가 시작되면 아동부 어린이들은 일제히 자리에서 일어나 강단 앞쪽에 모여 성도들을 바라보고 선다. 그러면 교인들은 어린이들에게 축복송을 불러 준다. "너는 시냇가에 심은 나무라"는 어른들이 별도로 연습하지 않아도 어린이들을 위해 불러 줄 수 있는 좋은 축복송이다. 어린이들을 향해 두 손을 내밀고 마음껏 축복하며 찬양을 불러 준다.

⑭ 파송 찬양

축복 찬양이 끝나면 아동부 어린이들은 바로 하나님을 향한 비전과 이 세상으로 파송되어 헌신된 자녀로 살겠다는 내용이 담긴 찬양을 부르면서 어른들께 화답하는 시간을 갖는다. 아동부는 이 찬양을 잘 선곡해서 미리 연습해 볼 필요가 있다. 그냥 생각 없이 평소에 부르던 흥겨운 경배와 찬양곡이 아니라 이 순서는 헌신을 약속하는 응답 찬양이기 때문에 가사를 잘 살펴보면서 선택할 필요가 있다. 화려한 율동 동작이 많은 것보다는 파송 찬양을 진지하게 부르는 어린이들의 모습이 얼마나 사랑스러울까?

⑮ 축도

강단 앞에는 어린이들이 서 있고, 의자에는 성도들이 앉아 있다. 담임목사님은 파송 찬양이 끝날 무렵 강단에 서서 축도를 하신다. 담임목사님은 어린이들이 사랑스럽고 예뻐서 축도 전에 여러 가지 이야기를 하거나 박수를 치게 하는 경우가 있다. 그러나 오늘은 헌신예배로 거룩하고 경건하게 예배를 드려야 하기 때문에 축도 시간에는 담백하고 간단하게 축도만 하도록 한다. 어린이들과 교사들에 대한 격려나 박수 등은 예배 직후 광고시간에 하는 것이 좋다. 축도 후에 오늘은 비교적 짧은 후주만 하도록 반주자와 의논해야 한다. 후주 시간에 어린이들은 자기 자리로 돌아가서 앉는다.

⑯ 예배의 문 닫기

피아노 후주가 시작되면 아동부 어린이들은 자기 자리로 돌아가고, 예배위원인 기도담당 김○○와 성경읽기 담당 박○○ 어린이는 다시 강단으로 올라간다. 인도자 이○○ 어린이와 함께 3명이 강단 중앙, 사회자석 옆에 있는 보조테이블로 간다. 인도자 이○○는 준비된 마이크를 들고 멘트와 함께 촛불 3개를 차례대로 끈다. 이 3명은 처음에 가지고 들어왔던 자신의 소품을 두 손에 정중하게 받들고 차례대로 강단에서 내려와 중앙통로를 통해 예배당 뒤편으로 퇴장한다(촛불 끄기 멘트와 자세한 순서는 '인도자용 행동과 멘트 자료'에서 소개한다).

⑰ 아동부 헌신예배 후의 파티

예배를 마친 후에 로비나 식당에서 어린이들을 위한 뷔페를 여전도회에서 준비한다. 메뉴는 평소와는 조금 다르게 색깔이 화려한 음식을 위주로 선정해서 뷔페식으로 진열하도록 한다. 어린이들이 좋아하는 피자와 햄버거는 물론, 주먹밥, 김밥, 무지개떡, 잡채, 색깔별로 끼운 경단 꼬치, 화양적, 피망과 햄을 넣은 궁중떡볶이 등 여전도회원의 음식 센스를 마음껏 발휘해 본다.

● 부록

아동부 헌신예배 인도자용 행동과 멘트 자료

예배위원 : 인도자/이○○, 기도/김○○, 성경읽기/박○○, 봉헌기도/윤○○

(예배위원 4명과 함께 사전 연습을 하고 예배를 드릴 때 이 자료는 꼭 필요하다)

1. 예배 문 열기(예배위원 입장, 촛불 점화)

예배 인도자(이○○), 기도 담당자(김○○), 말씀 담당자(박○○)가 예배당 뒤에서 차례대로(이○○, 김○○, 박○○) 천천히 걸어 나온다. 이○○는 촛불을 켤 점화봉을, 김○○는 기도 두루마리를 담은 흰색 도자기병(항아리)을, 박○○은 두루마리 성경을 넣은 황금상자를 두 손으로 공손히 받들고 입장한다. 그들은 강단의 사회자석 바로 옆에 있는 보조테이블까지 올라가서, 그 테이블에 자신들이 가져온 물건을 조용히 올려놓는다. 3명은 성도들을 향해 선다. 인도자 이○○ 어린이가 점화봉으로 준비된 촛대에 있는 양초 3개에 불을 밝힌다. 그리고 이○○ 어린이는 사회자석으로 올라가서 예배의 시작을 알리는 멘트를 한다.

"오늘 우리는 성부 하나님, 성자 예수님, 성령 하나님, 3위1체 되신 하나님께 아동부 헌신예배를 드리려고 합니다. 하나님. 우리의 예배를 받아 주세요." 이 멘트가 끝나면 바로 이어서 세 명이 한 목소리로 "모든 영광, 모든 존경, 모든 사랑을 살아 계신 우리 하나님께 바칩니다"라고 말한다. 이 멘트가 끝나면 이○○는 사회자석으로 가고, 김○○와 박○○는 강단 한쪽에 마련된 의자에 가서 조용히 앉는다.

2. 찬송(   )

이○○ 멘트 : "이 시간에는 아동부 어린이들이 주일 예배 때 부르던 예배 찬양, (   )을 2번 부르도록 하겠습니다. 성도님들도 주보에 있는 자료를 참고하셔서 같이 부르도록 하겠습니다. 아동부 친구들, 자! (   ) 찬양을 힘차게 부릅시다!"

- 아동부 어린이들과 성도들이 (   )를 부른다(다른 찬송가를 선곡해도 좋다).

3. 신앙고백(사도신경)

이○○ 멘트 : "이 시간 다함께 사도신경으로 우리의 신앙을 고백하겠습니다. 사도신경은 우리의 믿음을 하나님께 고백하는 기도입니다. 천천히 또박또박 뜻을 생각하면서 성실하게 믿음을 고백하도록 합시다."

- 이○○ 어린이, 준비된 사도신경 카드를 보면서 또박또박 사도신경을 읽는다.

4. 어린이 예찬 시 낭송("아이야 부르면"/○○○ 집사)

이○○ 멘트 : "이 시간에는 ○○○ 집사님께서 '아이야 부르면'이라는 시를 낭송해 주시겠습니다. 이 시는 우리 어린이들을 위한 시입니다. 아동부 어린이들은 잘 들어주시길 바랍니다."

- ○○○ 집사님은 강단 앞쪽에 준비된 마이크에 대고 시 낭송을 한다. 시 낭송이 끝나면 ○○○ 집사님은 자리로 돌아간다.

5. 기도(김○○ 어린이)

이○○ 멘트 : "오늘 우리의 아동부 헌신 예배를 위해 김○○ 어린이가 기도하겠습니다. 우리는 오늘 구약시대처럼 기도문 두루마리를 읽겠습니다. 성도 여러분들은 눈을 감고 기도해 주시기 바랍니다."

- 김○○ 어린이는 강단에 준비된 의자에 앉아 있다가 일어나 강단 중앙의 보조 테이블로 나온다. 기도 두루마리를 백자 항아리(병)에서 꺼내서 둘둘 말린 것을 펼쳐 마이크에 대고 기도문을 천천히 읽는다. 다 읽은 후에는 다시 말아서 도자기에 넣고 돌아간다.

6. 성경 읽기(박○○ 어린이)

이○○ 멘트 : "지금은 성경을 읽는 순서입니다. 박○○ 어린이가 나와서 오늘의 말씀을 받들어 읽을 것입니다. 여기에 놓인 황금상자는 시편 119편 127절의 "주의 계명을 정금보다 더 사랑함"을 의미하는 것입니다. 그토록 소중한 황금상자와 두루마리 성경을 가지고 말씀을 읽어 주시겠습니다."

- 박○○ 어린이는 강단에 준비된 의자에 앉아 있다가 강단 중앙의 보조테이블로 나온다. 경건한 마음으로 조심스럽게 황금상자의 뚜껑을 열고 두루마리 성경을 꺼낸다. 마이크에 대고 두루마리 성경(말씀 봉독 안내멘트까지도 적혀 있다)을 읽고 다시 두루마리를 잘 말아서 황금상자 안에 조심스럽게 넣고 뚜껑을 덮은 후 자기 자리로 돌아간다.

7. 특별 찬양

이○○ 멘트 : "이 헌신예배를 위해 아동부에서 준비한 특별 찬양을 하나님께 올려드리겠습니다. 이스라엘 어린이들은 13세가 되어 성인식을 할 때 말씀과 십계명 등을 여러 사람들 앞에서 암송했다고 합니다. 그래서 오늘 우리들도 아동부에서 말씀 찬양을 준비했습니다. 아동부 어린이들은 강단 앞으로 모여 주세요."

- 멘트가 끝나면 아동부 어린이들은 자리에서 일어나 강단 앞으로 모인다. 이때 강단에 앉아 있던 김○○ 어린이, 박○○ 어린이도 강단 아래로 내려와서 함께 찬양할 준비를 한다.
- 반주가 시작하면 찬양을 신나고 경쾌하게 부른다. 지휘자 선생님의 구령 "차렷! 경례!"에 따라 모든 어린이가 배꼽 인사를 하고 자리로 돌아가 앉는다. 이때 예배위원인 김○○ 어린이와 박○○ 어린이는 맨 앞자리에 앉아야 한다. 맨 마지막 순서에 다시 강단으로 올라가야 하기 때문이다.

8. 말씀 선포(스킷 드라마 + 설교)

이○○ 의 멘트 : "오늘은 목사님께서 (   )라는 제목으로 말씀을 선포해 주시겠습니다. 오늘은 조금 특별하게 말씀 선포에 앞서 짧은 스킷 드라마를 보시겠습니다. 아동부 어린이 효진이와 혜진이 자매의 대화를 먼저 들어주시기 바랍니다. 여러분 모두 하나님의 말씀에 단정하고 깨끗한 마음으로 귀 기울이시기를 바랍니다."

- 이 멘트를 마치고, 이○○ 어린이는 강단에 준비된 의자에 가서 앉는다. 목사님(또는 담당 교역

자)의 설교와 기도가 끝나면 사회자석으로 돌아온다.

9. 봉헌 찬송(   )

이○○ 멘트 : "이 시간은 준비한 헌금을 봉헌하는 순서입니다. 주보 외의 별지 자료에 나와 있는 봉헌 찬송은 아동부에서 봉헌송으로 부르는 찬양입니다. 여러분들도 아동부 어린이들과 같은 마음으로 이 봉헌송을 함께 부르시면서 겸손하게 헌금을 하나님께 봉헌하겠습니다."

- 예배당 뒤에서 헌금을 봉헌할 어린이들이 헌금함을 들고 앞으로 다가온다. 그 앞에는 봉헌 기도를 할 윤○○ 어린이가 앞서온다. 강단 가까이 도착하면 윤○○ 어린이는 뒤에 있던 어린이에게서 헌금함을 받아서 강단에 있는 인도자 이○○ 어린이에게 전달한다. 인도자는 그 헌금함을 보조테이블에 정중하게 올려놓는다.

10. 봉헌 기도(윤○○ 어린이)

이○○ 멘트 : "윤○○ 어린이가 우리를 대표하여 오늘 드린 헌금을 봉헌하는 기도를 드리겠습니다."

- 이○○는 멘트가 끝나면 마이크를 윤○○에게 넘겨주고, 윤○○의 기도가 끝나면 마이크를 넘겨받는다. 윤○○ 어린이와 봉헌위원 어린이들은 자기 자리로 돌아가서 앉는다.

11. 어린이의 약속(인도자 + 어린이)

이○○ 멘트 : "오늘 우리 아동부 어린이들은 헌금만 드리는 것이 아니라 우리들의 약속과 결심도 하나님께 봉헌하려고 합니다. 아동부 어린이들은 모두 그 자리에서 일어나세요. 자, 빨리 일어나세요(다 일어난 것을 확인한 다음). 그리고 제가 말하는 대로 큰 소리로 외쳐 주세요. 먼저 오른손을 높이 들고, 선서하는 자세를 해 주세요. 그럼 준비되었으면 제가 먼저 선창합니다."

- 인도자 이○○가 먼저 선창한다(준비된 자료를 보고, 또박또박 큰 소리로 끊어 읽어야 한다). 다 끝나면

이○○ 멘트 "아동부 어린이들은 다 자리에 앉아 주세요."

12. 성도의 기도(성도들 모두)

이○○ 멘트 : "우리 어린이들의 약속과 결심을 하나님께서 지키시고 보호해 주실 줄 믿습니다. 이 시간 우리 부모님과 모든 성도의 소망을 하나님께 올려드립니다. 별지 자료에 있는 기도문을 한 목소리로 마음을 합해 천천히 읽으면서 기도하겠습니다."

- 이○○가 천천히 성도들과 속도를 맞추어 읽기 시작한다.

13. 구호 제창(다함께)

이○○ 멘트 : "지금은 구호를 외치는 순서입니다. 여러분 모두 저처럼 오른손을 불끈 쥐고 저를 따라서 외쳐 주시기 바랍니다. "우리 교회의 미래는 아동부에 달려 있다." 다시 한 번 힘차게 외치도록 하겠습니다. "우리 교회의 미래는 아동부에 달려 있다.", 새로운 구호입니다. "한국교회 미래는 다음세대가 감당한다.", "한국교회 미래는 다음세대가 감당한다.""

14. 축복 찬양(너는 시냇가에 심은 나무라)

이○○ 멘트 : "오늘은 어린이주일입니다. ○○ 교회 모든 성도가 찬양으로 우리 어린이들을 축복하는 순서를 가지도록 하겠습니다. 아동부 어린이들은 모두 강단 앞으로 모여 주세요(어린이들이 모여들고). 성도 여러분, 모두가 아마 "너는 시냇가에 심은 나무라"는 이 축복송을 잘 아실 것입니다. 앞에 있는 우리 어린이들을 축복하면서 불러 주시기 바랍니다."

- 모든 성도들이 '너는 시냇가에 심은 나무라'를 부른다.

15. 파송 찬양(   )

이○○ 멘트 : "오늘 어린이주일을 기념해서 아동부 헌신예배를 드렸습니다. 예배를 마치기 전에 다시 한 번 하나님의 어린 자녀로서의 헌신을 다짐하는 의미에서 파송찬양을 부르려고 합니다. 아동부 어린이들이 부르는 이 찬양을 성도 여러분들은 기도하는 마음으로 들어주시기 바랍니다."

- 아동부가 준비한 찬양을 부른다.

16. 축도(담임목사님)

이○○ 멘트 : "이제 담임목사님께서 나오셔서 축도하심으로 헌신예배를 마치겠습니다."

- 담임목사님께서 강단에 올라와서 축도를 하신다. 오늘만큼은 비교적 짧은 후주의 피아노 반주가 나온다. 담임목사님은 후주가 끝난 후에도 강단에 서 계시고, 성도들과 어린이들은 자리로 돌아가서 앉는다.

17. 예배의 문 닫기(촛불 끄고 퇴장)

- 축도 후에 짧은 후주가 반주되고 있을 때, 강단 앞쪽에 앉아 있던 예배위원(김○○, 박○○ 어린이)은 빨리 상단으로 올라간다. 인도자 이○○와 함께 이 3명은 보조테이블에 서 있고, 모든 성도와 담임목사님이 지켜보는 가운데 멘트와 촛불 끄기를 진행한다.

- 이○○의 첫 번째 멘트, "주님을 사랑하여 여기 모인 우리에게는 주님의 평화를", 촛불 한 개를 숟가락으로 끄고, 두 번째 멘트, "아직도 진리를 알지 못하는 많은 이들에게는 예수님의 복음을," 두 번째 촛불을 숟가락으로 끄고, 세 번째 멘트, "부정과 불의와 탐욕과 허위로 가득 찬 이 세상에는 하나님의 정의가 넘치기를 기원합니다." 세 번째 촛불을 끈다.

- 이○○의 촛불 끄기가 끝나면 이○○, 김○○, 박○○은 입장할 때 가지고 왔던 예배 소품들을 다시 두 손에 공손히 받들어 들고 강대상에서 내려온다. 정중한 자세로 천천히 3명이 중앙 통로를 따라 예배당 뒤편으로 걸어가고 … 이들이 퇴장하면 담임목사님은 바로 이어서 교회소식과 광고를 전한다.

5장. 한가족 예배

1. 예배의 의미

가정의 달 5월에는 사회적으로도 가족과 관련한 기념행사가 많고, 교회적으로도 어린이주일, 어버이주일, 청년주일, 가정주간 등 기념행사가 많다. 주일마다 어린이주일, 어버이주일, 청년주일의 특성에 맞게 예배와 행사를 진행해도 좋지만, 매년 되풀이되는 5월의 형식적인 예배에 변화를 주어도 좋다. 그렇다면 매주일 기념 예배를 드리지 않고, 5월의 마지막 주일 예배나 오후 예배를 한가족 예배로 드리는 것은 어떨까? 1부는 예배, 2부는 프로그램을 위주로 해서 가족별(구역별)로 특별한 순서를 진행하면 좋을 것이다.

5월 가정의 달 목회를 계획하면서 목회자들이 유념해야 할 것이 3가지 있다. 첫째는 가정의 의미를 신학적으로 해석해 주어야 한다. 자칫 어린이주일, 어버이주일 등의 기념 예배를 사회에서 강조하는 윤리와 유사하게 생각할 수 있다. 그러므로 목회자들은 어린이 사랑, 효도, 순종, 공경 등에 대해서 신학적으로 해석하고 정립해 줄 필요가 있다. 가정은 핏줄(혈연) 공동체이면서 신앙공동체로 자리매김해야 한다. 가정은 하나님의 나라가 이루어지는 최소 단위이며, 천국의 가장 작은 모형이기도 하다. 가정은 하나님의 뜻대로 다스려져야 하며, 천국의 모습이 이루어져야 한다.

둘째로, 교회 안에서는 단순한 혈연 위주의 가정공동체가 신앙공동체의 개념으로 확대될 필요가 있다. 예수 그리스도 안에서 우리는 모두 한 가족이다. 아이나 청년, 성인이나 노년이 모두 다 한 가족이라는 사실을 기억하면서 예배나 프로그램을 준비해야 한다. 셋째는 현대 사회가 지닌 어두운 그늘을 염두할 필요가 있다. 요즘 사회 안에는 이혼가정, 재혼가정, 한부모가정, 조손(祖孫)가정, 독신가정, 독거노인가정 등의 여러 모습들이 있다. 이러한 현상은 교회 안에도 그대로 투영되어 있다. 그러므로 행복한 가정에만 초점을 맞추지 말고 불행한 가정을 껴안는 형태로 세심한 배려가 필요하다.

2. 예배의 기획 방침

① 5월 가정의 달을 종합하는 한가족 예배이기 때문에 가족 중심의 순서가 많이 있다.

② 가족 단위로 함께 예배를 드려야 하기 때문에 성가대(찬양대)의 순서를 생략했다.

③ 사랑과 축복으로 만들어지는 가정을 여러 가지로 표현하고 경험하게 했다. 편지와 영상으로, 특별찬양으로, 말씀듣기로, 찬양으로, 기도문으로 표현했다.

④ 가정에 대한 사랑과 희망, 각오를 느끼고 경험하며 결단하도록 했다.

⑤ 많은 부분에서 사전 준비가 필요하지만, 그만큼 예배에 더 깊이 참여할 수 있게 했다.

3. 예배의 사전 준비

① '우리의 가정에 사랑을' 순서에서 편지 작성, 낭독할 교인들 선정, 강단 앞 마이크 준비

② '특별찬양 (1), (2)'을 담당해 줄 가족, 구역, 팀 신청 받고 연습

③ '어린이들에게 축복을' 순서에서 교회가 준비한 선물을 나눠 줄 권사님 선정

④ '예배를 위한 기도'를 담당할 30대 부부 한 쌍

⑤ '말씀 봉독'을 담당할 아동부 어린이 2명(형제, 자매 중에서 해도 좋다)

⑥ 설교 전에 할 스킷 드라마를 담당할 부서 선정, 연습

⑦ '함께 부르는 찬양' 순서에서 "당신을 향한 노래"의 몸짓을 담당할 아동부 교사나 어린이들

⑧ 방송, 영상팀 준비

- '어린이들에게 축복을' 순서에서 부를 축복송(너는 시냇가에 심은 나무라) 가사 화면

- '우리의 가정에 사랑을' 순서에서 교인들의 편지 내용이 담긴 화면

- 교인들의 "인터뷰 영상"(happy message) 사전 인터뷰 편집

- '말씀 듣기'에서 설교 본문의 주요 스토리(장면)가 담긴 화면

- '우리의 희망' 10개 항목 화면(천천히 읽을 수 있게)

- '함께 부르는 찬양' "당신을 향한 노래" 가사 화면

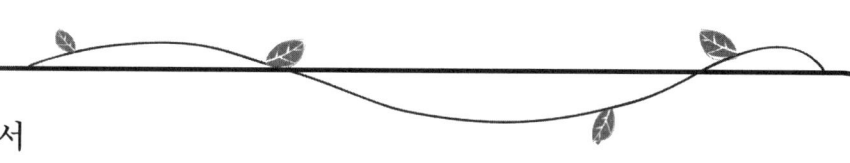

4. 예배 순서

예배 입장 ··	순서 맡은 이들과 목사님
예배의 부름 ···	목사님
찬송 ····························(찬559장 "사철에 봄바람"/통305장)·············	다함께
예배를 위한 기도 ···	30대 부부
함께 읽는 교독문 ···	다함께
(교독문 85번, 95번 중에서 택해서)	
신앙을 고백해요 ···························(사도신경 암송)·················	다함께
어린이들에게 축복을 ···	다함께
(어린이들에게 축복송, 목사님의 축복기도와 선물 나눠 주기)	
우리의 가정에 사랑을 ···	담당자들
(담당자들의 편지 낭독과 영상팀의 PPT, 인터뷰 영상)	
① 자녀가 부모님께(아동부나 중고등부에서 1명)	
② 부모가 자녀에게(30대 부모님 중에서 1명)	

③ 부모가 조부모에게(40대 부모님 중에서 1명)

*찬송 ┄┄┄┄┄┄┄┄┄┄ (찬556장 "날마다 주님을 의지하는"1,2절) ┄┄┄┄┄┄┄┄┄┄ 다함께

④ 조부모가 부모세대와 손 자녀에게(60대나 70대 조부모님 1명)
⑤ 외롭고 힘든 가정에 보내는 희망의 편지(50대 교인 중에서 1명)
⑥ 교인들의 인터뷰 영상 "happy message"

찬송 ┄┄┄┄┄┄┄┄┄┄ (찬556장 "날마다 주님을 의지하는" 3절) ┄┄┄┄┄┄┄┄┄┄ 다함께

특별 찬양 (1) ┄┄┄┄┄┄┄┄┄┄┄┄┄┄┄┄┄┄┄┄┄┄┄┄┄┄┄┄┄┄┄┄┄┄┄┄┄┄ 담당 가족

말씀 봉독 ┄┄┄┄┄┄┄┄┄┄┄┄ (   ) ┄┄┄┄┄┄┄┄┄┄┄┄ 어린이 2명

말씀 듣기 ┄┄┄┄┄┄┄┄┄┄┄┄ (   ) ┄┄┄┄┄┄┄┄┄┄┄┄ 목사님, 담당자

헌금 봉헌 ┄┄┄┄┄┄┄┄┄┄┄┄┄┄┄┄┄┄┄┄┄┄┄┄┄┄┄┄┄┄┄┄┄┄┄┄┄┄ 다함께

(봉헌송 : 찬50,51장 중에서)

특별 찬양 (2) ┄┄┄┄┄┄┄┄ (지원한 가족이나 구역, 팀의 특별 찬송이나 연주) ┄┄┄┄┄┄┄┄ 담당자

봉헌 기도 ┄┄┄┄┄┄┄┄┄┄┄┄┄┄┄┄┄┄┄┄┄┄┄┄┄┄┄┄┄┄┄┄┄┄┄┄┄┄ 목사님

우리의 희망 ┄┄┄┄┄┄┄┄ ("우리의 가정이 이런 가정이 되기를 희망합니다") ┄┄┄┄┄┄┄┄ 다함께

함께 부르는 찬양 ┄┄┄┄┄┄┄┄ (당신을 향한 노래 "아주 먼 옛날") ┄┄┄┄┄┄┄┄ 다함께

한마음 기도 ┄┄┄┄┄┄┄┄┄┄┄┄┄┄┄┄┄┄┄┄┄┄┄┄┄┄┄┄┄┄┄┄┄┄┄┄┄┄ 다함께

축도 ┄┄ 목사님

5. 진행 도움 자료

① 예배 입장

목사님과 예배 순서를 맡은 이들은 예배당 뒤편에서 중앙통로를 통해 입장하고, 순서 맡은 이들은 맨 앞좌석에 앉고, 목사님은 강단으로 올라간다. 피아노 반주는 목사님의 입장부터 시작하여 예배의 부름이 시작될 때까지 계속된다.

② 예배의 부름

"여호와께서 집을 세우지 아니하시면 세우는 자의 수고가 헛되며 여호와께서 성을 지키지 아니하시면 파수꾼의 깨어 있음이 헛되도다. … 자식들은 여호와의 기업이요 태의 열매는 그의 상급이로다 젊은 자의 자식은 장사의 수중의 화살 같으니 이것이 그의 화살통에 가득한 자는 복되도다… 시편 127편 1-5절 말씀, 하나님은 영이시니 예배하는 자가 영과 진리로 예배할지니라. 요한복음 4장 24절 말씀, 창조주 하나님! 온 땅에 푸르름이 짙어져 가는 5월, 모든 사람들과 살아 있는 모든 만물들이 창조주 하나님께 감사와 찬송을 드립니다. 이처럼 은혜로운 주일에 성전에 모인 우리 ○○ 교회 가족들이 주님 앞에 나아갑니다. 어린이로부터 연로하신 어르신까지 우리 모두의 정성을 담아 기쁨으로 예배를 드립니다. 이 예배를 기쁘게 받아 주시고 주의 백성으로 살아가게 하옵소서. 예수님의 이름으로 기도합니다. 아멘."

③ 어린이들에게 축복을

인도자의 설명에 따라 그 해 아기를 낳아서 교회에 처음 나온 사람 중에 "우리 아기 첫 뜰 밟기"를 했거나 유아세례를 받은 아이의 부모님 중 몇 분이 아이를 안고 앞으로 나와서 강단 앞에 선다. 그 다음에는 어린이부 어린이들(숫자가 많으면 대표들만 적당한 인원으로 선발해서)이 나와서 맨 앞줄에 선다. 전교인들이 일어나서 축복송 "너는 시냇가에 심은 나무라"를 불러 준다. 축복송이 끝나면 담임목사님이 축복기도를 하고, 기도 후에는 교회가 준비한 선물을 권사님들이 영유아, 아동부 어린이들에게 나눠 준다.

④ 우리의 가정에 사랑을

준비된 담당자들이 강단 앞으로 나와서 마이크에 대고 자신들의 편지를 읽는다. 편지가 너무 길면 지루할 수 있으므로 사전에 적당한 길이의 한도 내에서 편지 내용을 작성한다. 낭독자가 편지를 읽을 때에 영상으로 편지 내용을 부분적으로나 전체적으로 띄워 주면 좋다. ③번까지 차례대로 편지를 낭독하고 나면 다같이 찬송을 부른다(찬556장 "날마다 주님을 의지하는" 1,2절). ⑤번 편지는 교회 내의 외롭고 쓸쓸한 모자가정, 손자녀가정, 한부모가정, 이혼이나 사별의 아픔을 지닌 가정을 위한 것이다. 그들에게 위로와 격려, 희망의 메시지를 전하는 내용을 담는다. 삶의 연륜이 있는 분이 작성해서 낭독해도 좋고, 특별히 그 가정과 친분이 있는 교인이 직접 해도 좋다.

맨 나중 순서인 교인들의 "happy message"는 사전에 인터뷰 한 영상을 편집해서 보여 준다. 교역자들이 교인들에게, 중직자가 교인들에게, 교인들이 서로의 교우 가족들에게, 부모가 자녀에게, 자녀가 부모에게 사랑을 고백하는 내용이다. 교역자들의 고백에서는 위로와 희망이 필요한 가정, 자칫 소외되기 쉬운 어려운 가정들을 배려해 주어야 한다.

⑤ 특별 찬양 ⑴

이 날의 예배는 한가족 예배로 찬양대가 서지 않으므로 특별 찬양이 있으면 좋다. 이 특별 찬양 ⑴은 교역자 가족, 또는 자원하는 성도의 가족이 나와서 악기와 합창으로 준비한 곡을 들려준다. 행복한 가정뿐만 아니라 모자가정, 조손가정 등도 당당한 가족으로서 특별찬송에 참여할 수 있도록 권유해 보는 것이 좋다.

⑥ 말씀 봉독

어린이 2명이 나와서 성경책을 (또는 두루마리 형식으로 만든 성경) 들고 교대로 읽는다. 이때 말씀 봉독의 엄숙함을 살리기 위해서 이러한 멘트를 할 수 있다. "오늘/ 하나님이/우리에게 주신 말씀은/ 신약(구약)성경/ 마태복음 ( )장 ( )절로 ( )절까지입니다(성경주소 읽기)/ 이제 말씀을/ 받들어 읽겠습니다./ 모두 경청하시기 바랍니다./ (말씀을 차근차근히 읽고 나서) / 하나님께서 이 말씀을 통하여/ 여러분 모두에게/ 은혜를 주시기 원합니다."

⑦ 말씀 듣기

평소와는 다른 형태로 설교한다. 처음 순서는 스킷 드라마로 예배의 도입부를 시작하고, 두 번째는 성경 본문에 나온 스토리를 준비된 영상으로 보면서 전개하고, 세 번째는 목사님의 5분 핵심 메시지로 간단하게 설교를 정리한다. 그리고 바로 기도한다.

** 설교는 신구약에 나타난 믿음의 가정을 본문으로 택한다. 여기에 예로 든 가정 외에도 다양하게 본문을 택할 수 있다.

---

1. 아브라함의 가정 : 말씀에 순종, 믿음의 조상, 가는 곳마다 예배단을 쌓는 가정

2. 모세의 가정 : 생명을 살릴 수 있는 가정, 형제애가 깊은 가정(모세와 아론)

   민족의 제사장과 선지자, 인도자가 될 큰 그릇을 배출하는 가정

3. 룻의 가정 : 효도하는 가정, 새로운 믿음의 계보를 다시 만드는 가정

4. 욥의 가정 : 성결함을 우선적으로, 의인으로 인정받음, 고난 후에 더 큰 축복을 받은 가정

5. 요나답의 가정 : 조상 때부터 약속과 믿음을 순결하게 지켰던 가정(렘 35장 3-10절)

6. 디모데의 가정 : 부모님의 좋은 양육을 통해서 훌륭한 믿음의 자녀가 만들어진 가정

7. 고넬료, 루디아의 가정 : 주의 종을 공궤하고 말씀이 전파되도록 협력하는 가정

** 설교 전 스킷 드라마(여기에서는 2가지를 제시해 주지만, 1가지만 택해서 해도 좋다.)

● 아동부의 스킷 드라마 "이 액자를 어디에 걸까?"

■ 새로 이사 온 집에서 짐을 정리하는 상황

■ 아이들 2명(아동부 어린이들), 부모님(아동부 교사)

■ 준비물 : 소품용 의자, 책가방, 책, 옷걸이에 걸린 옷, 액자 2개(1개는 성화)

아빠 : (현관문을 열고 집안으로 들어서면서) 아이고, 여보! 오늘 정말 수고 많았어! 벌써 짐 정리가

   거의 다 되었네!

엄마 : 네~ 이삿짐 직원들이 대충 정리하고는 갔지만, 그래도 이것저것 다시 정리해야 해요. 어

   서 옷 벗고 씻으세요.

아이 2 : 아빠! 이것 좀 빨리 정리해 주세요. 엄마가 대충 정리하고 나면 저녁 먹을 거래요!

아빠 : 그래! 알았다. 이 옷들은 내가 차근차근 보면서 순서를 맞추어 걸어놓을 테니… 너희는
　　　너희 방 책꽂이에 있는 책 정리 좀 해라, 알겠지?

엄마 : 저는 주방 싱크대 그릇을 정리해야겠어요!

아이 1 : 으윽~ 그런데 이 액자는 어떻게 하지요? 어디다 걸어요?

아이 2 : 아빠! 이건 아빠 회사에서 선물해 준다던 집들이 선물 액자 아니에요? 회사 직원분
　　　들이 벌써 준 거예요?

아빠 : 나보고 액자부터 걸어놓으라고, 초대는 조금 천천히 해도 된다고 하기에 가져왔지. 음…
　　　이 액자를 어디에 걸까?

아이 1 : 아빠, 그 그림 되게 멋있다! 이런 풍경화는 비싼 그림 아닌가요?

엄마 : (성화 액자를 집어 들며), 이 액자부터 자리를 정해서 걸어야지요!

아빠 : 우리 변화를 좀 줘 볼까? 음~ 풍경도 멋지고 좋잖아? 애들아, 이 액자는 너희들 방에
　　　걸어 줄까?

엄마 : 오~ 전 무조건 반대!! 전 이 액자는 우리 가족이 늘 모이고 함께 이야기하는 거실에 걸
　　　어야 한다고 생각해요! 그래야 우리가 한 번이라도 더 보고 더 생각하게 되니까요! 당
　　　신 회사 직원들이 선물한 액자는 현관이든 안방이든 어디든 좋아요! 그러나 전 이 액
　　　자는 꼭 거실에 걸고 싶어요.

아빠 : 음~ 너희들 생각은 어떠니?

아이 1 : 엄마 생각에 동의해요. 전에도 엄마는 가전제품보다도 이 액자를 더 소중하게 생각
　　　했거든요.

아이 2 : 저도 그래요. 엄마가 그렇게 소중하게 생각한다면 저도 소중한 물건으로 생각할래
　　　요. 전처럼 거실에 걸어요.

아빠 : 그래, 그래. 좀 변화를 줘 볼까 생각했지만, 원래 놓았던 데에 걸자.

(그러면서 성화 액자를 성도들에게 보여 준다. 그리고 액자를 거는 시늉을 한다. 그 액자에는
"그리스도는 이 집의 주인이시요 식사 때마다 보이지 않는 손님이시요 모든 대화에 말없이 듣는
이시라"는 글귀가 새겨져 있다.)

● 중고등부 학생들의 스킷 드라마 "깨진 가정의 접착제는?"

- 중학교 1학생 학생들이 하굣길에 나누는 대화

- 중등부 학생 3명 / A, B, C

- 준비물 소품 : '예수 그리스도'라고 적은 쪽지 여러 장(크기별로 다양하게)

C : 선생님이 내 준 숙제, 너무 뻔하지 않냐? 깨진 가정의 회복 방법이나 행복한 가정을 만드는

　　방법, 그런 걸 왜 숙제라고 내 주는지 모르겠어!

A : 그 뻔한 거~ 그런 건 정말 유치하고 재미없는데….

B : 그럼 한 줄로 끝내면 되지. 이런 숙제라면 얼마든지 "척!" 하고 정답만 만들면 되잖아?

C : 뭐, 정말 한 줄 쓰려고? 어떻게 쓰려고? 말해 봐~

B : 서로 사랑하고 양보하고 희생하라!

A : ㅎㅎㅎ 내가 쓴 한 줄은 이렇다! 서로 이해하고 용서하고 참아 주어라! ㅎㅎ

C : 야! 근데 그거 실천하려면 진짜 어렵지 않아? 사랑하기도 어렵고, 용서하기도 어려워. 넌

　　어때?

A : 맞아! 맞아! 난 참는 것도 어려워.

B : 그럼 현실적인 대안으로… 음~ 서로 선물 자주 하고 외식을 자주 하자!

C : 야! 그건 오가는 선물 속에 싹트는 사랑, 오가는 음식 속에 쌓이는 사랑, 뭐 이런 거 아니

　　야? 그래, 참~~ 현실적이긴 하다.

A : TV 프로 보니까 전문가라고 하는 사람들이 내놓는 정답이 뭔지 알아?

B : 뭔데? 그 뻔한 전문가들 말 그게 그거잖아?

A : 맞아! 대화와 관심이래! 대화를 많이 하고 관심을 많이 가지면 행복해진대!

C : 피식, 그~래~(냉소적으로) 그~래~ 난 대화하는 것도 관심 갖는 것도 별로 좋지 않던데…. 난

　　무관심과 무대화가 편할 때가 더 많아.

B : 얼마 전에 우리 엄마가 내 호주머니에 넣어 준 쪽지가 있는데… 깨진 관계나 가정을 회복

하려면 이런 접착제가 있어야 한다고…. 혹시 있나 모르겠네.

A : 너희 엄마 좀 이상하다. 뭘 그런 쪽지를 접착제라고 넣어 준대?

B : 나보고 잘 기억하고 있으라나 뭐라나~ 나도 좀 이상했어(호주머니에서 조그만 쪽지 하나를 꺼낸다).

C : 야, 이게 뭐야? 글씨도 보이지 않는데…. 너희 엄마도 이상하지만 넌 또 뭐냐? 이게 무슨 로또복권이냐? 버리지도 않고 소중하게 넣고 다니게….

B : 안 보인다구? 그럼 이걸 500% 확대 복사한 걸 보여 줄까?(조금 더 큰 글씨의 쪽지)

A : 야, 보일 듯 말 듯이야. 조금 더 큰 글씨는 없어? 더 확대해 보라고!

B : 이젠 됐냐? 글씨 왕창 키웠다, 잘 보라고!(조금 더 큰 글씨의 쪽지)

C : 더 좀 확대해 봐, 글씨가 더 커져야 한다고!

(A와 C의 "임마, 그래도 안 보여 … 더 크게 보여 줘 봐!", B의 "알았어! 자, 이제 보이냐?"를 몇 번 거듭하면서 더 큰 글씨 쪽지를 보여 준다.

최종적으로 보여 준 큰 쪽지에는 "예수 그리스도"라고 적혀 있다(영상화면으로).

⑧ 헌금 봉헌

봉헌위원은 청년부나 아동부에서 담당하도록 한다. 그리고 봉헌에 대한 멘트도 역시 청년부(아동부)에서 1명 담당한다. 인도자의 봉헌 멘트는 다음과 같다.

"주님은 우리를 구원하기 위해 자신의 몸을 아낌없이 십자가에 드리셨습니다. 이 시간 우리들도 준비한 예물로 하나님의 은혜와 사랑에 대한 최고의 응답을 하려고 합니다. 우리의 가장 귀한 것들을 주님을 위해 거룩하게 구별해서 드리겠습니다. 단순히 물질을 드리는 것만이 아니라 우리의 몸과 마음, 믿음을 드리고, 마음과 뜻과 정성을 다해 온전한 예물로 겸손하고 공손하게 드리시기를 바랍니다."

⑨ 특별 찬송 (2)

가족, 구역, 사역팀들이 연습해서 특별한 찬송이나 악기연주를 하도록 한다. 이는 가정의 의미가 신앙공동체적으로 확대되는 의미를 갖고 있다. 두세 가정의 연합이나, 한부모가정의 연합도 좋고, 구역의 참여도 좋다.

⑩ 우리의 희망(PPT 화면을 보며 따라 읽기)

> ♡ 우리는 우리의 가정이 이런 가정이 되기를 희망합니다 ♡
>
> 1. 부모님의 찬송 소리와 기도 소리를 들을 수 있는 가정
> 2. 기쁜 일에 온 가족이 손을 잡고 감사하며 축하할 수 있는 가정
> 3. 어떤 일이든지 먼저 하나님의 섭리와 계획을 인정하는 가정
> 4. 찾아오는 작은 손님에게도 예수님께 하듯 친절히 섬기는 가정
> 5. 만나는 사람들에게 입술을 열어 복음을 전할 수 있는 가정
> 6. 주일을 귀하게 여기고 교회에서 예배하기를 기뻐하는 가정
> 7. 세계와 이웃을 가슴에 품고 중보기도의 사명을 다하는 가정
> 8. 서로 사랑하고 성령의 열매를 맺으며 비전을 키워 나가는 가정
> 9. 주 안에서 말씀과 훈계로 양육하며 부모님께 순종하는 가정
> 10. 대대로 신앙의 가계에 풍성한 믿음의 열매를 맺는 가정

⑪ 함께 부르는 찬양 / 당신을 향한 노래

화면으로 띄워 주는 가사를 보면서 성도들과 함께 찬양을 부르도록 한다. 이 찬양의 후렴 부분인 "사랑해요. 축복해요. 당신의 마음에 우리의 사랑을 드려요."에서는 몸짓으로 서로 사랑 고백을 한다. 몸짓 부분은 영상으로 보여 주거나 아동부 교사나 어린이들이 앞에 나와서 해도 좋다. 후렴은 2-3회 반복해서 부르는 것이 좋다.

⑫ 한마음 기도(전교인들의 통성 기도)

오늘의 예배를 마치기 전에 합심하여 기도하는 시간이다. 먼저는 가정 안에서 사랑하고 용서하지 못한 것들을 회개한다. 그 후에는 사랑과 이해와 양보로 행복한 가정이 되게 해 달라고, 교회학교 각 부서의 학생들이 잘 양육되게 해 달라고, 노년부가 행복한 시간을 보내게 해 달라고, 우리 교회가 믿음 안에서 행복한 교회가 되게 해 달라고 합심해서 기도한 후 목사님의 축도로 예배를 마친다.

6. 추가 활용 자료

① 특별 찬양

한가족 예배는 성가대(찬양대)가 서지 않기 때문에 오히려 가족 중심의 찬양을 더 많이 할 수 있다. 연합 가족 중창팀도 좋고, 부서연합 찬양도 미리 연습해서 드리면 전교인 예배의 의미를 살릴 수 있다. 유치부 아이들과 부모님들, 아동부와 노년부 어르신들, 부모 세대와 조부모 세대의 연합 찬양도 신앙공동체적인 의미가 있다.

② 우리 가정의 추억이 깃든 사진 전시회

어느 가정이든지 가정의 역사가 시작되었던 의미 있는 추억의 사진들이 있다. 각 가정에서 조용히 잠자고 있는 추억의 사진을 꺼내서 교회 로비에 전시회를 열어 보면 어떨까? 교회 측에서는 로비의 벽이나 본당으로 올라가는 계단 벽 등에 전시공간을 충분히 만든다. 5월 한 달 동안에 각 가정에서는 부모나 조부모 결혼, 신혼여행, 아이들의 출생, 첫 번째 집 장만, 유아세례 장면 등의 사진을 갖고 와서 사진 밑에 설명을 달아 전시한다. 이를 바라보는 교인들에게서 각 가정의 추억과 관련한 많은 이야기꽃이 아름답게 피어날 것이다. 5월이 지나면 이 사진들은 다시 각 가정으로 돌아가지만, 이를 통해서 추억을 더듬어 볼 수 있는 흐뭇함이 여운으로 남게 될 것이다.

③ 우리 가정의 유산 리스트 작성하기

우리는 알게 모르게 조부모님(또는 외조부모님), 부모님으로부터 영향을 받았고, 은연중에 물려받은 정신적·신앙적·사회적 유산이 있다. 우리 가정이 조상으로부터 물려받은 좋은 가풍이나 가르침, 습관들을 소개해 보는 시간을 갖는 것은 어떨까? 이것도 전시회의 일종으로 교회 로비의 큰 게시판에 한 사람이 몇 줄씩 쓸 수 있는 공간을 만들어 놓고, 개인들이 작성하도록 한다. 이를 위해 게시판 아래에는 필기구가 준비되어 있어야 한다. 예를 들면 아래와 같다.

(김OO 집사)	부모님은 항상 헌금은 새 돈으로 하라고 가르치셨고, 그렇게 실천하셨습니다.
(이OO 집사)	할아버지, 할머니 대부터 생일날 생일감사 헌금을 드리도록 가르치셨고, 지금도 우리 가족은 지키고 있습니다.
(박OO 권사)	정직, 진실, 성실은 우리 가족의 가훈입니다. 이 가훈은 30년 전에 정한 것입니다.

④ "우리는 한가족" 잔치의 날

이는 전교인 한가족 예배 후나 5월 중 한 주일을 택해서 할 수 있는 전교인 행사이다. 교회 마당이나 주차장, 로비 공간을 이용해서 가족간의 즐거운 추억을 만들 수 있다. 4개의 구역, 즉 포토존(Photo-zone), 게임존(Game-zone), 고백존(Speech-zone), 요리존(Cooking-zone)으로 나누고, 담당자와 진행자를 세운다.

포토존에서는 특별히 제작한 현수막이나 포토월(동물원이나 식물원, 꽃밭 등을 그리고 사람 얼굴이 들어갈 부분만 구멍을 뚫어놓은 제작물)을 세워 놓는다. 담당자는 성도들을 차례대로 안내하고 현장을 정리한다. 진행자는 가족사진을 찍어 준다. 가족사진은 현상해서 액자에 넣어 주면 더 좋다.

게임존에서는 가족들이 함께 간단한 투호놀이나 미니 볼링놀이를 하고 득점의 등급에 의해 간단한 간식을 상품으로 제공받을 수 있다(뻥튀기, 민속과자·한과, 전통과자, 떡 등).

고백존에서는 조용한 방에 혼자 들어가서 고백 영상을 찍게 한다. 평소에 부끄럽고 쑥스러워서 하지 못했던 부부간, 부자간의 고백, 가족구성원들의 새로운 다짐과 약속 등의 사랑 고백을 하게 한다. 진행자는 캠코더로 정성껏 동영상을 촬영해 준다. 이 동영상 역시 잘 편집해서 진행자가 그 다음 주에 전달해 준다.

요리존에서는 준비된 요리 재료로 파전, 화전 부치기, 핫케익 등 간단한 인스턴트 요리를 가족들이 직접 해서 먹을 수 있게 한다. 요리의 재료와 다듬기를 다 해 놓고 마지막 단계만 가족들이 만들도록 한다. 요리 도구와 식탁과 의자까지 셋팅되어 있어야 한다.

⑤ 우리 마을 사랑 잔치

내 가족, 내 가정, 내 교회만 사랑한다면 어찌 우리가 세계를 품은 교회라고 할 수 있을까? 우리는 가족의 의미를 확대해서 혈연공동체로서의 가족이 아니라 신앙공동체로서의 가족을 생각해 보아야 한다. 나아가서는 이웃과 지역사회 주민도 사랑하고 섬겨야 할 가족으로 바라보는 시각이 필요하다. 그래서 5월 한 달 동안 한 주일을 택해서 교회의 경계선을 넘어 지역공동체와 함께하는 행사를 기획해 보는 것도 좋다.

교회 인근의 공원이나 주변 아파트의 놀이터에 가서 놀이공원을 만들어 보자. 교회에서는 놀이도구와 준비물을 세팅해 놓고 몰려든 지역 주민들, 그들의 가족과 함께 윷놀이, 주사위놀이, 투호놀이, 제기차기, 자치기, 구슬치기 등의 민속놀이판을 벌리고 상품도 풍성하게 준다. 옆에서는 가족사진을 폴라로이드 사진기로 찍어서 즉석에서 현상해 액자에 넣어 준다. 이웃주민들의 추억 만들어 주기를 통해서 교회에 대한 호감도를 높이는 효과를 얻을 수 있다.

6장. 맥추감사주일 예배

1. 예배의 의미

맥추절의 유래는 레위기 23장 10-11절에 나온 "곡물의 첫 이삭 한 단을 제사장에게로 가져갈 것이요"라는 구절에서부터 시작한다. 첫 열매 잔치는 유월절 축제 동안 열리는 3가지 중요한 사건 중의 하나였다. 첫째로 7월 14일에 어린양이 죽임을 당했고, 둘째로 7월 15일에 무교병 잔치가 열렸고, 셋째로 7월 16일에 첫 열매를 바쳤다. 첫 열매를 바침으로써 이스라엘 백성은 그들의 첫 열매뿐만 아니라 추수한 곡식 전체가 주님께 속해 있다는 사실을 선포했다. 그것은 첫 열매의 잔치가 단순히 보리 추수 축제가 아니라 이스라엘에 대한 하나님의 은혜와 섭리에 대한 인정과 감사였던 것이다. 신약성서는 또 다른 추수에 대해 말하고 있는데, "그리스도께서 죽은 자 가운데서 다시 살아나사 잠자는 자들의 첫 열매가 되셨도다"(고전 15:20)이다. 그리스도는 부활의 첫 열매이다. 그 다음으로는 주님의 부활을 통한 우리들 자신이 열매가 되었다. 그러므로 우리도 주님처럼 똑같은 몸으로 부활할 것이다. 신약의 첫 열매는 부활의 전체 추수를 대표하는(고전 15:23) 영적 추수의 축제와 같다.

한국 사회는 이미 농경사회가 아니라 산업사회를 지나 초산업사회로 향해 가고 있다. 농촌이라 할지라도 자연경작이 아닌 인공재배와 산업재배를 통한 농작물 생산이 이루어지고 있기 때문에 보리

추수 때를 맞춘 맥추감사주일의 의미가 퇴색되고 있다. 도시 교회의 교인들도 보리를 구경하기도 어려운 지금의 현실 속에서는 맥추감사주일이 무척 생소하게 느껴질 것이다. 그래서 모든 수확물(농작물) 중에서 제일 먼저 거두는 보리추수의 첫 열매를 바치는 감사주일로서의 본래적 의미가 많이 퇴색될 수밖에 없다. 어쩌면 도시나 농촌교회에서 이 예배가 형식적인 예배로 드려지고 있지는 않을지⋯. 이제는 맥추감사주일에 대한 재해석의 과정이 필요하다. 가을의 추수감사절에 앞서서 상반기 동안 베풀어 주신 하나님의 은혜에 감사드리고, 더욱 새롭게 헌신을 다짐하면서 영적인 새로운 무장의 시간으로 맥추감사주일 예배를 드리는 것이 합당하다.

2. 예배의 기획 방침

① 감사주일이라는 특징을 고려해서 헌신으로 감사를 고백할 수 있는 부분을 많이 넣었다. 우리의 일생을 섭리하시는 하나님께 감사하고 찬송하는 예배자로서의 모습을 담기 원했다. 개인적인 감사의 고백으로는 첫 열매 봉헌(자신의 인생에서 '첫' 경험된 사건과 기념일), 부서별 감사의 고백으로는 각 부서가 준비한 순서를 넣었다.

② 절기헌금의 용도를 구제헌금으로 바쳐서 감사와 나눔의 정신을 담아보았다. '교회가 준비한 구제헌금'을 하나님께 봉헌하는 순서를 통해 절기 예배의 구제와 섬김에 대한 부분을 표현했다.

③ 시편의 감사말씀을 많이 사용하여 음율적인 가락을 느껴보도록 했다.

④ 예배의 시각적인 요소를 위해서 구하기 어렵더라도 보릿단을 사용했다.

3. 예배의 사전 준비

① 익은 보릿단 1단(큰 묶음)

② 두루마리 성경(예배로의 초대에 사용함)

③ 영상팀 준비

 - "맥추절의 유래와 의미" 동영상

 - 연도기도문 내용

④ 감사헌금 봉헌하기 : 헌금함, 대바구니, 보리줄기, 담는 통이나 바구니

⑤ 첫 열매 봉헌예물 : 해당 교인 선정, 감사고백문 작성, 특송 준비

⑥ 부서의 봉헌예물 : 부서에 위임해서 준비

⑦ 교회의 봉헌예물 : 사용 내용이 구체적으로 설명된 헌금 봉투

4. 예배 순서

예배로의 초대 ················· (시 23,33편 교독문 참조) ················· 할머니, 손주 2명

찬양 ················· (찬26장/통14장) ················· 다함께

교독문 ················· (시 118편) ················· 다함께

기도 ················· 장로님, 교회학교 대표

말씀 봉독 ················· (구약과 신약의 말씀) ················· 새신자 중에서

찬송 ················· (찬69장 "온 천하 만물 우러러/통33장) ················· 다함께

(성도들과 찬양대가 교창하도록 한다)

설교 ················· (   ) ················· 목사님

* 맥추절의 유래, 의미, 현대적 적용, 우리의 결단과 실천
(맥추절의 유래와 의미에 대한 동영상 보여 주기)

함께 읽는 시편 ················· (시 105,108,136편) ················· 청년부 + 다함께

감사의 예물 봉헌하기 ················· 다함께

(1) 감사헌금 봉헌 ················· 한 사람씩 강단 앞으로 와서
(2) 찬양대의 봉헌예물 ················· 감사송 메들리 찬양
(3) 첫 열매 봉헌예물 ················· ○○○ 외 ( ) 명
  (개인의 감사제목을 발표하고 함께 특송한다)

(4) 부서의 봉헌예물 ···		준비한 부서
(부서가 준비한 연극, 찬양, 연주 등)		
(5) 교회의 봉헌예물 ···		장로님
함께 읽는 기도문 ····························	(시 95,96편) ······················	다함께
* 또는 연도기도문으로 대신할 수 있다(기도문 내용: 도움 자료)		
찬송 ·······················	(찬390장 "예수가 거느리시니"/444장) ····················	다함께
축도 ··		목사님

5. 진행 도움 자료

① 예배로의 초대

할머니와 손주(또는 노년부 1명과 아동부 1명) 중 1명은 두루마리 성경(또는 성경책)을, 다른 1명은 풍성한 보릿단을 안고 예배당 뒤편에서 강단 앞으로 나온다. 보릿단을 강단의 꽃꽂이 장식 옆에 놓고, 할머니가 멘트를 한다. "오늘 우리는 전교인이 함께 모여서 맥추감사주일 예배를 드립니다. 우리 모두 기쁨으로, 정성으로, 감사로 예배드리기 원합니다. 이 예배를 통해 하늘에는 영광이요, 땅에는 평화와 감사가 가득하기를 원합니다. 아멘." 멘트 후에 두루마리 성경을 함께 펼치고, 시편 23편이나 33편을 교독문 형식으로 할머니와 손주가 낭독한다.

② 기도(장로님과 교회학교 대표)

교회학교 대표는 아동부나 중고등부에서 1명을 선정하고, 장로님과 기도제목이 중복되지 않도록 교역자의 지도 아래 기도문을 작성한다. 강단에서는 장로님이 먼저 기도하고 바로 이어서 학생이 기도한다. 마지막은 "예수님의 이름으로 기도합니다."로 기도를 마친다.

③ 말씀 봉독

맥추감사절에는 특별히 새신자 중에서(1명이나 부부 1쌍) 1명을 선정하여 성경을 읽게 한다. 이는 새신자에게 교회의 등록교인으로서의 소속감과 책임감을 더 강하게 느낄 수 있게 한다. 이와 관련된 말씀으로는 대표적으로 출 23:16a, 레 23:10-11이나, 살전 5:18, 고전 15:57, 고후 2:14,4:15, 엡 5:4,20, 골 1:12,2:7, 3:15-17 등이 있다. 맥추절의 현대적 의미와 재해석을 선포할 수 있는 말씀을 선정하면 된다.

④ 찬송(찬69장 "온 천하 만물 우러러"/통33장)

새찬송가 69장을 찬양대와 성도들이 교창하도록 한다. 가사의 앞부분은 성도들이, 뒷부분은 찬양대가 부르도록 한다. 이를 통해 합창에 대한 묘미를 느낄 수 있고 자기 담당 순서에 대한 긴장감을 살릴 수 있다. 이 내용은 미리 주보나 안내지에 실어 주어야 한다.

> 1. 온 천하만물 우러러 다 주를 찬양하여라 할렐루야 할렐루야 저 금빛 나는 밝은 해 (남자성도)
>
>   저 은빛 나는 밝은 달 하나님을 찬양하라 할렐루야 할렐루야 할렐루야 아멘 (찬양대)
>
> 2. 힘차게 부는 바람아 떠가는 묘한 구름아 할렐루야 할렐루야 저 돋는 장한 아침 해 (교회학교)
>
>   저 지는 고운 저녁놀 하나님을 찬양하라 할렐루야 할렐루야 할렐루야 아멘 (찬양대)
>
> 3. 앞부분은 여자 성도가, 뒷부분은 찬양대가 부른다.
>
> 4. 앞부분은 교회학교 학생들이, 뒷부분은 찬양대가 부른다.
>
> 5. 앞부분은 청년과 20-30대가, 뒷부분은 찬양대가 부른다.
>
> 6. 앞부분은 40-60대가, 뒷부분은 찬양대가 부른다.

⑤ 함께 읽는 시편

보통의 경우에는 예배를 인도하시는 목사님과 회중들이 교독문을 교대로 낭독한다. 그러나 여기에서는 평소와 조금 다르게 청년 1명이 나가서 시편말씀을 낭독하는 인도자가 된다. 이 3개의 시편 중에서 1-2개만 택하여 청년부가 선창을, 다함께 후창을 하는 것이다. 그동안 계속 앉아만 있었기 때문에 이 순서에서는 교인들도 다 일어서서 낭독해도 좋을 것이다.

⑥ 감사헌금 봉헌

봉헌의 첫 순서인 감사헌금 봉헌은 모든 성도가 강단 앞으로 가서 직접 헌금을 드리는 것이다. 예배실 라인 여러 곳에 놓인 바구니나 통에는 보리줄기를 미리 담아 놓는다. 성도들은 강단 앞으로 1명씩 나가면서 통에서 보리줄기 몇 개씩을 꺼내 강단 앞으로 나간다. 강단 한쪽에 놓인 헌금함에는 헌금을, 바로 옆에 준비된 큰 대바구니에는 보리줄기들을 헌화하듯이 놓고 자기 자리로 돌아간다.

⑦ 찬양대의 봉헌예물

찬양대는 찬송을 감사의 예물로 봉헌하도록 한다. 웅장하고 무게감이 큰 곡을 부르기보다는 모든 세대가 다 알고 따라 부르기 쉬운 찬송가, 국악찬송, 동요 중 여러 곡을 택하여 메들리 형식으로 부르면 더욱 신나고 경쾌한 분위기가 될 것이다.

⑧ 첫 열매 봉헌예물(OOO 외 ( ) 명)

교인의 사정을 잘 알고 있는 교역자들은 한 해 동안에(또는 상반기 중에) 인생에서 의미 있는 '첫' 경험을 한 교우들이나, 뜻 깊은 기념일을 갖게 된 교우들을 선정한다. 예를 들면 아래와 같다.

> 생애 처음으로 성경을 1독한 교우, 첫손자(녀)를 본 교우, 그 해 첫 번째로 등록한 새신자, 그 해 교회에서 첫 번째로 결혼한 신혼부부, 첫 아기를 출산한 엄마, 생애 처음 집을 마련한 교우, 초등학교 1학년 입학생, 20세 성년 대표, 그 해 세례자 중 1분, 그 해 첫 번째 전도의 열매를 거두신 분, 첫 직장에 들어간 신입사원 교우, 처음으로 사업을 시작하신 분, 칠순을 맞이하신 분, 결혼기념일(10주년, 20주년, 30주년 등), 직장 근속이나 큰 상을 받으신 성도들.

선정된 분들은 감사의 고백문을 준비하고 미리 모여 특송연습을 한다. 예배 시간에 이들은 모두 한 자리에 앉아 있다가 순서가 되면 다함께 강단 앞으로 나아간다. 한 사람씩 자기의 '첫' 사연에 대한 감사의 사연을 아주 짧게 낭송한다. 여러 명의 사연과 감사의 고백을 다 듣고 나면 그들의 감사고백문을 보리줄기가 수북하게 놓인 대바구니 위에 올려놓는다. 모두 함께 준비한 특송을 하고 함께 자리로 돌아온다. 감사고백문은 나중에 교회 홈피나 카페에 올려놓아도 좋다.

⑨ 부서의 봉헌예물

남선교회나 여전도회, 교회학교 부서, 3대 가족이 함께 사는 가족, 교회 안에 친척들이 다 모여 준비한 연합대 가족 특송과 악기연주도 준비해 볼 만하다.

⑩ 교회의 봉헌예물

맥추감사주일을 앞두고 사전에 목적을 두고 모금한 구제헌금을 하나님께 먼저 봉헌하는 순서이다. 지역사회의 불우이웃을 도와주고 복지시설과 기관에 나누어 주기 위해 교회에서 준비한 선물이나 헌금이 있을 것이다. 장로님이나 교역자들이 나와서 그 헌금에 관해 설명하고 난 뒤에 헌금함(또는 대바구니)에 바친다.

⑪ '함께 읽는 기도문' 대신에 함께 읽는 연도기도문 내용

> 인도자 : 새해의 첫날이 1년의 시작이듯 첫 번째 추수가 이루어지는 오늘,
>
> 다함께 : 우리의 1년 중에서 첫 번째 열매를 주님께 드립니다.
>
> 인도자 : 때로는 기쁨과 보람이, 때로는 어려움과 실망이 우리를 스쳐 갔어도
>
> 다함께 : 언제나 우리를 지키시고 안보해 주셨음을 고백하며 감사드립니다.
>
> 인도자 : 주님께 기쁨으로 찬송으로 고백하지 못한 시간들도 많았지만
>
> 다함께 : 지금 이 시간에는 진심을 다해 함께하신 하나님께 감사드립니다.
>
> 인도자 : 첫 열매를 바치는 진실과 소박한 마음으로
>
> 다함께 : 이제부터 매사에 임마누엘 하나님을 고백하며 섬기겠습니다.
>
> 인도자 : 첫 열매는 우리 평생의 감사와 고백을 담은 시작으로 드리오니
>
> 다함께 : 임마누엘 하나님, 에벤에셀의 하나님께 감사하며 살겠습니다.

6. 추가 활용 자료

① 구약시대의 이스라엘 민족은 예배를 번제와 소제를 통해 거룩하게 드렸고, 예배 후에는 화목제로 감사와 기쁨을 서로 나눴다. 절기 후에는 예루살렘 성 인근의 가난하고 소외된 이웃에게 나눔의 손길을 베풀었다. 이와 마찬가지로 우리도 맥추감사주일 예배를 은혜롭게 드린 후에는 성도들과 감사와 기쁨을 나누며 이웃에게 나눔과 섬김을 베풀어야 한다.

② 점심식사 후에 간식 코너에서 떡 뷔페 열기

이날의 점심 메뉴는 보리밥, 비빔밥, 찰밥이나 콩밥 등으로 곡식 알맹이와 관련해서 준비한다. 그리고 간식 코너를 마련해 보는데, 교회 식당이나 로비에 다양한 한국 떡을 메인 메뉴로 해서 한과나 식혜, 수정과 등의 한국 고유의 풍미가 있는 전통 간식을 차려 보면 좋을 것이다.

③ 교회 이웃사람들에게 감사 선물 나누기

평소에 늘 교회나 지역 주민을 위해 봉사하는 관공서에 직원 수마다 간단한 간식이나 과일을 선물로 드리고 감사편지를 전달해 보자. 또한 인근 사회복지시설, 마을의 극빈계층 사람들에게 간식를 선물해 보자.

④ 농촌 일손 돕기

도시교회라면 인접한 농촌에 전교인이 나가서 농촌 일손 거들기를 주일 오후에 할 수 있다. 농촌교회는 인근 지역에서 어려움을 당한 사람들이나 이웃 불신자의 농업 현장을 지원할 수 있다.

7장. 세례, 성찬식 예배

1. 예배의 의미

개신교에서는 세례와 성만찬을 성례전으로 지키고 있다. 본래 성례전(聖禮典)이라는 말은 라틴어의 'sacramentum'이라는 단어에서 비롯되었다. 영어로는 'sacraments'로 사용되고 있다. 이는 당시 로마의 군인들이 입대할 때 철저하게 맹세하는 의식을 일컫는 명칭이었다.

칼빈은 "세례는 하나님에 의하여 그의 자녀가 되는 거룩한 인침이며, 그리스도와의 접붙임으로써 새로운 출발을 하는 것"이라고 말했다. 인간이 자신의 허물과 죄를 고백하고 회개하면서 그리스도와의 연합을 공식적으로 시인하고, 그분과의 연합을 적극적으로 표현하는 의식을 통해 그리스도 밖에서 살던 과거의 삶을 청산하고 예수님 안에서 새로운 삶을 시작한다는 의미가 세례이다. 또한 세례는 기독교 공동체 안에 들어오는 '입장 허가'라고도 하는데, 세례의 현장에서 목사가 모든 교인을 증인으로 해서 수세자에게 약속을 받음으로써 공동체의 일원이 되어 공동체의 삶을 살 것을 확인하는 것이다.

성찬성례전의 기원은 주님께서 잡히시기 전날 밤, 그의 제자들과 함께하셨던 유월절 만찬에서부터 비롯되었다. 그 만찬에서 출애굽기의 유월절과 관련 있었던 옛 언약과 주님이 제정하신 새 언약에 관한 언급이 있었다. 떡과 포도주를 통해 주님의 살과 피로 얻을 구원의 역사를 설명하시면서 구세주로서의 자신을 기념하도록 명령하셨다.

이 성례전은 주님의 살과 피에 대한 감격적인 구속의 은총을 경험하고 감사의 신앙을 회복하기 위한 것이다. 성례전의 성물인 떡이나 포도주는 단지 '기념'의 의미로 끝나는 것이 아니라 우리들을 위해 찢기신 주님의 살과 흘리신 피의 재현(再現)과 회상(回想)의 의미가 뚜렷이 살아나야 한다. 성례전 예배를 통해 주님을 언제나 새롭게 만날 수 있으며, 주님과의 생동감 있는 거룩한 교제를 회복하고 이룰 수 있다.[15]

2. 예배의 기획 방침

① 한국교회들이 대부분 성례전을 기존 주일 오전 대예배 순서에 넣어서 급하고 형식적이며 간소하게 드리는 경향이 많다. 그런 아쉬움 때문에 이 예배를 기획하게 되었다.

② 이 예배는 주일 오후 예배 시간에 세례자와 교인들, 교회학교 학생들이 동참하는 전교인 간세대 예배로 진행된다.

③ 이 예배는 교육적인 성격이 강한 예배이다. 교회학교 학생들은 실물교육의 의미에서 세례식과 성찬식을 간접적으로 경험할 수 있다. 또한 목사님의 대화식 설교를 통해서 성만찬의 유래와 의미를 가르쳐 줄 수 있다.

④ 이 예배는 성례전 예배이기 때문에 그동안의 간세대 예배와는 달리 차분하고 진지하게 드려진다. 예배 참여자들이 세례와 성찬을 통해서 주님의 구속의 은혜와 은총에 감사하고 응답하는 예배이기 때문이다.

⑤ 이 예배는 1부 세례식과 2부 성찬식이 연결되어 있지만, 교회 형편에 따라서 1부와 2부를 따로 분리해서 다른 주일에 진행해도 된다.

⑥ 세례식과 성찬의 순서는 일일이 적지 않았다. 이는 모든 목회자가 이미 다 알고 있는 내용이

---

15) 정장복, 『예배학 개론』, (서울: 예배와 설교 아카데미, 1999), 9장과 10장 부분 발췌, 일부 인용.

라 생각했기 때문이다.

⑦ 이 예배에서는 교회학교 학생들이 가급적 뒷자리에 함께 모여 앉되, 시선이 가려져서 불편하지 않도록 배려해 주어야 한다. 모든 순서에 참여하지는 못해도 중요한 의식을 지켜보아야 하기 때문이다. 성찬 시간에는 교사들만 성찬에 참여하고, 학생들은 바라만 보고 먹지 않도록 미리 알려 주는 것이 좋다.

3. 예배의 사전 준비

1부 : 세례식

① 설교 동영상 "세례의 의미"

② 세례식(세례그릇, 명찰, 강단 방석)

③ 수세자에게 교회가 주는 선물, 세례증서

④ 예배로의 초대(부목사), 말씀 낭독자(청년부) 선정

2부 : 성찬식

① 설교 동영상 "성찬의 유래와 의미"

② 대화식 설교를 위한 강단 구성(테이블과 의자, 마이크) 4인 가족

③ 성찬식(성찬기, 떡과 포도주)

④ 말씀 낭독자(중등부) 2명 선정

4. 예배 순서

1부 : 세례식

예배 선언 .... 인도자(목사님)

예배로의 초대 .... 부목사

찬송 .... (찬284장 "오랫동안 모든 죄 가운데"/통206장) .... 다함께

성시교독 .... (시편 32편/교독문 19)) .... 인도자+다함께

기도 .... 장로님

말씀 봉독 .... (갈 2:20, 요 15:5) .... 청년들

설교 .... (세례의 의미) .... 목사님

   (요한의 세례 장면과 세례의 역사, 의미 등을 동영상으로 보여 준다)

세례식 준비와 입장 .... 수세자

세례식 .... (호명, 서약, 세례, 선포) .... 목사님+장로님

축하송 .... ("너는〈당신은〉 시냇가에 심은 나무라") .... 다함께

   (수세자들은 뒤돌아서 교인을 향해 서 있는다)

축하선물 증정 .... 교회가 주는 선물(장로님), 교우들이 주는 선물(지인들)

세례증서 주기 .... 목사님

   (이 시간에 세례증서를 주되 다시 걷었다가 다음 주간에 세례를 받은 사진과 함께 개인적으
   로 배부한다)

축하 인사 나누기 .... 차례대로

   인도자 : 주 예수 그리스도의 은총과 하나님의 사랑과 성령님의 인도하심과 보호하심이 세례
          를 받은 여러분 모두에게 있기를 바랍니다.
   온 교우 : 언제나 하나님의 은혜와 믿음 안에서 강건하고 아름답게 성장하여 하나님의 영광
          과 기쁨이 되기를 바랍니다.
   수세자 : 주님의 축복과 성도들의 사랑 안에서 매일 주님을 신뢰하고 의지하며, 주님을 사랑
          하고 섬기며 살겠습니다.

(다시 뒤돌아서 강단을 향해 자리에 앉는다)

수세자들에게(당부의 말씀) ··· 목사님

찬송 ···················· (찬220장 "사랑하는 주님 앞에"/통278장) ················· 다함께

2부 : 성찬식

"세례식에 이어서 바로 성찬식을 진행하겠습니다" ················· 인도자(목사님)

찬송 ···················· (찬258장 "샘물과 같은 보혈은"/통190장) ················· 다함께

말씀봉독 ························· (눅 22:14-20) ························· 중등부 2명

설교 ·················· (대화식 설교 + 영상 "성찬의 의미") ················· 목사님 + 4인 가족

참회의 고백 ··· 인도자

   (멘트 후에 잠시 침묵과 묵상의 참회기도, 피아노 반주 필요)

공동 회개기도문 ··· 다함께

   인도자 : 주여, 우리에게 자비를 베푸소서. 우리의 허물을 고백합니다.
   다함께 : 다른 사람들 앞에서 우리의 신앙을 삶으로 고백하지 못하였습니다.
   인도자 : 주여, 주님 앞에서나 사람 앞에서 불성실함과 거짓겸손으로 살았습니다.
   다함께 : 주여, 우리에게 자비를 베푸소서. 우리의 허물이 너무나 많습니다.
   인도자 : 이웃에게 사랑을 나누어 주기보다는 개인적인 물질 축적에 관심이 많았습니다.
   다함께 : 이웃의 마음을 상하게 하는 교만과 우월감, 무자비함이 많았습니다.
   인도자 : 함부로 뱉은 경솔하고 해로운 말들로 인하여 상처 준 적도 많았습니다.
   다함께 : 주여, 우리에게 자비를 베푸소서. 우리의 허물을 용서하소서.
   인도자 : 주는 것보다 받는 것을 더 좋아하고 섬김보다 대접받는 것을 더 좋아했습니다.
   다함께 : 올곧은 진리의 편에 서기보다 그저 편안한 경향에 어울려 휩싸였습니다.
   인도자 : 하나님의 나라와 그의 의보다는 나의 유익과 만족을 우선으로 했습니다.
   다함께 : 주여, 우리에게 자비를 베푸소서. 우리의 연약함을 용서하소서.
   인도자 : 교회를 위해서 섬김과 헌신과 봉사에 인색하고 게을렀습니다.
   다함께 : 사회와 국가, 친지와 친척들을 위해서 빛과 소금으로 살지 못했습니다.
   인도자 : 만나는 사람들에게 그리스도의 평화와 화해를 실천하지 못했습니다.
   다함께 : 우리에게 진정한 참회와 회개의 마음, 깨진 마음을 주옵소서.
   인도자 : 주의 은총으로 용서의 기쁨과 평화를 맛보기를 원합니다.
   다함께 : 주여, 우리에게 자비를 베푸소서. 우리의 연약함을 용서하소서.

용서의 선언 ··· 인도자

성찬식 진행 .... (제정의 말씀, 분병분잔, 찬송) .... 목사님 + 성찬위원

찬송 .... (찬436장 "나 이제 새 생명 얻은 몸"/통493) .... 다함께

공동 다짐기도문 .... ("나를 기념하라") .... 다함께

인도자 : 주님, 이 시간에도, 이후로도 늘 기억하게 해 주소서.
다함께 : 주님이 떡과 포도주를 마시던 의미를 늘 기억하겠습니다.
인도자 : 주님, 우리가 주님의 말씀을 늘 기억하게 해 주소서.
다함께 : 주님의 살과 피를 기념하라 하시던 말씀을 늘 기억하겠습니다.
인도자 : 주님, 주님의 명령을 오래오래 기억하게 해 주소서.
다함께 : 주님 오실 날까지 기념하고 지키라는 명령을 간직하겠습니다.
인도자 : 주님, 우리의 삶 속에서 성찬의 의미가 살아나게 해 주소서
다함께 : 주님의 용서와 희생, 사랑을 실천하며 살겠습니다.
　　　　주님의 사랑과 구원의 역사에 감사하면서 살겠습니다.

사도신경으로 믿음을 고백해요 .... 다함께

파송의 기도 .... 목사님

5. 진행 도움 자료

① 예배 선언(인도자/목사님)

"오늘 우리는 그리스도 안에서 이미 한 몸이 된 우리 교우들과 지금까지 소정의 교육을 받고 신앙고백을 함으로 우리의 신앙공동체에 새로 들어오게 된 형제자매들과 함께 예배를 드립니다. 이 세례식과 성찬예식을 통하여 주님의 거룩한 임재 앞에 주님이 베풀어 주시는 은혜로 나아갈 수 있게 하여 주시옵소서. 주님께만 모든 영광과 존귀를 드립니다."

② 예배로의 초대(세례교육 담당 부목사/또는 담당 장로님)

"너희는 여호와께 감사하며 그의 이름을 불러 아뢰며 그가 행하신 일을 만민 중에 알릴지어다. 그에게 노래하며 그를 찬양하고 그의 모든 기사를 전할지어다. 그의 성호를 자랑하라 여호와를 구하는 자마다 마음이 즐거울지로다"(대상 16:8-10).

"그런즉 누구든지 그리스도 안에 있으면 새로운 피조물이라 이전 것은 지나갔으니 보라 새 것이 되었도다"(고후 5:17).

③ 세례식 준비와 입장(세례받을 이들)

오늘 세례받을 이들은 처음에는 맨 뒷자리에 앉아서 예배를 드린다. 세례식을 할 시간이 되어 목사님이 이름을 호명하면 차례대로 맨 앞자리를 향해 천천히 걸어간다. 예배당 중앙 통로에 주단이나 하얀색 천을 깔아놓고 이 천을 밟고 들어가게 하면 더욱 의미가 있을 것이다. 이때 피아노 반주, 또는 음향으로 찬송가곡을 들려준다(찬양대가 할 수도 있다).

④ 수세자들에게(목사님)

* 오늘 세례를 받으신 여러분에게 앞으로 달라질 것들과 꼭 기억해야 할 것들에 대해서 당부의 말씀을 드립니다. 꼭 기억해 주시기를 바랍니다.

1. 이제 여러분은 (교단이름) ○○교회의 세례교인으로 등록되셨습니다.
2. 이제부터 여러분은 교회 신앙공동체의 일원이 되셨기 때문에 성찬에 참여할 수 있습니다.
3. 이제부터 여러분은 교회의 직분을 담당할 수 있고, 교인으로서의 책임과 의무를 지니게 됩니다.
4. 이제부터 여러분은 교회의 공동의회 회원이 되어 교회의 중요한 의사결정에 참여하실 수 있습니다.
5. 세례는 여러분의 신앙생활에 중요한 이력이 되므로 꼭 날짜와 교회, 주례목사를 기억해야 합니다.

⑤ 2부 성찬식 : 참회의 고백(인도자)

"만일 우리가 스스로 죄를 짓지 않았다고, 죄 없는 사람이라고 말한다면 우리는 스스로 자신을

속이고 진리를 저버리는 것이 됩니다. 그러나 우리가 우리의 죄를 하나님께 고백하면 진실하고 의로 우신 하나님께서 우리의 죄를 용서하시고 우리의 모든 불의를 깨끗하게 씻어 주실 것입니다(쉬운성경 요일 1:8-9 말씀 참조). 그러므로 이제 하나님 앞에서 우리의 삶을 돌아보고 반성하면서 우리의 죄와 허 물을 고백하는 시간을 잠시 갖겠습니다."

(잠시 침묵과 묵상의 참회기도, 피아노 반주 필요)

⑥ 2부 성찬식 : 용서(사죄)의 선언(인도자)

"우리 주 예수 그리스도께서는 죄인 된 우리를 구원하시려고 세상에 오셨고, 수난을 당하셨고, 십 자가에 죽으셨습니다. 의로우신 주님께서 잘못을 통회하고 고백하는 여러분의 죄와 허물을 용서해 주시고 깨끗하게 씻어 주실 것을 믿습니다. 여기에 하나님의 약속의 말씀이 있습니다. '여호와께서 말씀하시되 오라 우리가 서로 변론하자 너희의 죄가 주홍 같을지라도 눈과 같이 희어질 것이요 진홍 같이 붉을지라도 양털 같이 희게 되리라'(사 1:18). 그러므로 나는 이제 성부와 성자와 성령의 이름으로 여러분의 죄가 용서받은 것을 선포합니다."

⑦ 파송의 기도(목사님)

세례식과 성찬식을 거행하는 성례전 예배였기 때문에 평소 예배와는 다르게 2가지의 기도, 즉 사 도신경과 파송의 기도를 넣었다. 예배 종반부에 믿음을 고백하는 사도신경과, 세례와 성찬으로 은혜 받은 성도들을 세상으로 파송하기 위한 기도를 넣었다.

"늘 영광 중에 계시고, 늘 우리를 새롭게 빚어 가시는 하나님,
　오늘 주님이 베풀어 주신 성찬 식탁에서 예수 그리스도의 현존을 느끼게 하시고,
　우리를 다시 새롭게 하시니 감사드립니다.
　우리의 믿음을 강건하게 하시고, 우리의 사랑을 증진시켜 주시고,
　성령의 능력 안에서 기쁨과 용기와 평화를 가지고
　우리를 기다리는 이웃과 세상으로 힘차게 나아가게 하옵소서.
　우리 주 예수 그리스도의 이름으로 기도드립니다(성도들 : 아멘)."

⑧ 대화식 설교(예문)

  * 이 설교는 교회학교 학생들(아동, 중고등부)이 세례식과 성찬식을 지켜보면서 기독교의 가장 중요하고 전통적인 의식의 의미를 깨달을 수 있도록 돕는 대화식 설교 모델이다. 질문과 답변으로 진행되며 영상의 도움을 약간 받게 될 것이다. 성찬식의 원래 모델은 예수님이 제자들과 함께하셨던 최후의 만찬이지만, 그곳에서 하신 예수님의 말씀을 더 잘 이해하기 위해서는 출애굽기의 유월절 식사를 설명할 필요가 있었다.

  * 강단에 한 가정(4인 가족)이 의자를 놓고 앉아 있고, 목사님은 그들 앞에 서 있거나, 또는 강단 앞으로 나와서 마이크를 들고 말씀하셔도 된다. 이 4인 가족과 목사님은 사전에 대본을 만들어서 어느 정도는 연습을 해야 한다.

● 영상으로 - 출애굽기의 유월절 식사 장면을 간단하게 보여 준다

아이 ① : 저 장면을 보니까 아빠가 해 주신 말씀이 생각나는데요. 저렇게 식탁에 3가지 음식을 놓고 식사하는 건, 다른 때와는 다르게 굉장히 특별한 날이기 때문이죠? 그리고 저 3가지 음식은 누룩 넣지 않는 빵, 쓴 나물, 포도주가 맞지요?

목사님 : 우와! 잘 알고 있네요. 정확하게 알고 있어요. 성경을 보면 왜 이스라엘 백성이 그날 밤에 이렇게 했는지 더 분명하게 알 수 있어요. 출 12:1-10, 25-32, 13:1-10, 14:5-31을 읽어 보면 되는데, 지금 다 읽을 수는 없으니까 두 부분만 엄마와 아빠가 읽어 줄래요?

엄마 : (출 12:1-10를 읽는다.)

아빠 : (출 12:25-32를 읽는다.)

목사님 : 그 말씀은 이런 뜻이에요. (설명하기) 그래서 이스라엘 백성은 해마다 유월절이라는 명절이 되면 그때처럼 밤에 이런 음식을 먹는 거예요.

아이 ② : 그런데 왜 이스라엘 사람들은 그날 밤 누룩 넣지 않은 빵을 먹었을까요? 별로 맛도

없는 그런 딱딱한 빵을 먹은 걸 보니 무슨 뜻이 있었던 거지요?

목사님 : 이스라엘 백성은 맛도 없고 부풀지도 않은 딱딱한 빵을 먹었어요. 아니, 어쩌면 먹지 도 못하고 그냥 싸갖고 출발했다는 것이 더 정확한 표현일 수 있어요. 왜냐하면 미 처 화덕에 구울 시간도 없이 급하게 애굽을 떠나야 했거든요. 그런 이유 때문에 굽 지 않는 빵을 먹게 된 거예요. 이 누룩 빵을 먹는 이유는요. 원래 빵에 누룩을 넣어 발효시키면 맛도 있고 먹기도 좋지만, 하나님은 일부러 누룩을 넣지 말라고 하셨어 요. 그건 누룩을 넣은 빵이 우리의 죄악에 젖은 생활을 상징하기 때문이에요. 좀 어 려운가요? 우리들도 특별한 날, 특별한 음식을 먹으면서 그 음식에 담긴 뜻을 생각하 지요? 그처럼 누룩을 넣지 않는 빵은 죄악을 버리고 깨끗한 생활을 하라는 뜻이에 요. 알겠어요?

아이 ① : 목사님, 왜 이스라엘 사람들은 오늘 밤에 쓴 나물을 먹나요? 아까 화면에도…. 무슨 뜻이 있기에 평소에는 안 먹는 쓴 나물을 먹는 거지요?

목사님 : 그래요, 쓴 나물은 뜻이 있는 음식이에요. 이스라엘 백성은 그 당시 다른 나라 애굽 에 가서 살고 있었어요. 애굽 사람들이 이스라엘 백성을 엄청 학대하고 괴롭히고 힘 들게 했어요. 그래서 이스라엘 백성은 애굽에서 겪었던 힘들고 고통스러운 것을 기억 하면서 쓴 나물을 먹는 거예요. 이 쓴 나물은 세상에서 살고 있는 많은 사람들의 고 통을 기억하자는 뜻이에요.

아이 ② : 왜 이스라엘 사람들은 그날 밤에 꼭 포도주를 마셔야 했나요? 포도주 말고 다른 음 료는 안 되는 건가요?

아빠 : 아까 읽은 출애굽기 12장 8절에 보면 포도주를 마신다는 말이 없었잖아요? 왜 그렇지 요? 출애굽기에서는 어린양을 불에 구워 먹는다고 했거든요.

목사님 : 아버님이 참 좋은 질문을 해 주셨어요. 네! 맞아요! 출애굽기 12장, 13장, 14장을 보면, 유월절이 처음 만들어졌을 때는 포도주에 대한 이야기는 없었어요. 아버님이 질문한 대로 원래는 양고기를 먹었지요. 포도주는 이스라엘 사람들이 나중에 애굽에서 나 온 자신들의 조상들이 하나님으로부터 구원받은 것을 축하하고 기억하기 위해 마셨

던 거예요. 그러면…, 어머님! 이 포도주나 어린양 고기에 대한 뜻을 알고 계신가요?

엄마 : 네, 자세히 설명하긴 좀 어려워도…. 포도주나 어린양 고기는 예수님을 상징한다고 배

운 것 같은데요.

목사님 : 네! 정확히 알고 계시는군요. 포도주는 어린양 고기 대신 나중에 자연스럽게 정하게

된 규칙이었지만, 거기에 담긴 뜻은 굉장해요. 아주 오래전에 이스라엘 백성이 지켰던

유월절과 유월절 식사 3가지 음식에 대해서는 이제 잘 알겠지요? 그 사람들이 그 식

탁에서 무슨 기도를 드렸을지 궁금하지 않나요?

아이 ① ② : "우리 조상들과 우리를 구원해 주신 하나님께 감사드립니다"라고 했을 것 같은

데요.

목사님 : 네! 잘 알고 있네요. 그들은 하나님께 감사의 기도를 드렸어요. 자, 그러면 한참 시간이

흐른 신약으로 넘어와서 예수님이 제자들과 함께 식사하시던 모습을 보겠습니다.

● 영상으로 - 예수님의 최후의 만찬 장면을 간단하게 보여 준다

목사님 : 예수님이 십자가에 못 박히시기 전날 밤, 즉 목요일 저녁에 제자들과 함께 식사하시

던 장면이에요. 그런데 이날은 오래전부터 이스라엘 백성이 귀한 명절로 지켜 오면서

하나님께 예배하던 유월절 바로 전날이지요. 바로 그날이 출애굽기에 나온 유월절과

같은 시기라니 참 신기하지요? 예수님은 그 자리에서 3가지 말씀을 하셨어요. 어머님

은 혹시 그것이 무엇이었는지 기억나세요?

엄마 : 2가지는 기억나요. 빵과 포도주를 나누어 주시면서 이것은 내 살과 피라고 하셨어요.

그런데 또 한 가지는 뭐였지요?

아빠 : 아, 그건 내가 다시 올 때까지 이것을 기억하고 기념하라는 말이었던 것 같아요. 그런데

목사님! 그때 그 자리에 있던 제자들은 예수님이 왜 그런 말씀을 하셨는지 알고 있었을

까요? 만약 저라면 이해하기 어려웠을 것 같아요. 어떻게 빵이 예수님의 몸이 될 수 있

고, 포도주가 예수님의 피가 될 수 있을까요? 이해하기 어려운 말씀 아닌가요?

목사님 : 물론 그들도 어려운 말씀이었기 때문에 당장은 깨닫지 못했어요. 어떻게 쟁반에 있는 빵과 포도주를 보고 자기의 살과 피라고 하시는데, 금방 이해할 수 있겠어요? 그러나 우리 예수님께서 십자가에 달려 돌아가시고, 부활하신 다음에는 똑똑히 이해하고 알게 되었지요.

아이 ① : 참 신기하게도 이날 밤 예수님도 누룩을 넣지 않는 빵을 드셨네요. 왜 그 빵이 자기의 살이라고 하셨는지 알려 주세요.

목사님 : 예수님은 그 빵을 가지고 축복하시고 그것을 조각내어 제자들에게 나누어 주셨어요. 이것은 출애굽기에 나온 유월절에 사람들이 누룩을 넣지 않고 채 굽지도 못한 빵을 나눠 먹는 거랑 비슷하지요? 이 빵이 바로 우리를 위해 죽으신 예수님의 몸이라고 하신 것은 예수님이 우리를 죄에서 구원하시기 위해서 자신의 몸을 우리에게 주시겠다는 뜻이에요. 예수님은 우리를 위해서 자기 몸이 십자가에 못 박히시고 찢기시고 말로 다할 수 없는 고통과 아픔을 겪으셨어요.

아이 ② : 아! 예수님도 포도주를 마시셨네요. 이 포도주에도 뜻이 있는 건가요?

목사님 : 마가복음 14장 12-25절을 보면 이것은 우리를 위해 십자가에서 흘리신 예수님의 피를 상징하는 것이에요. 이 포도주가 피 색깔과 같지 않나요? 우리는 이것을 마실 때마다 우리의 죄를 용서해 주시려고 십자가에서 피 흘리시며 돌아가신 예수님의 사랑을 생각하게 되지요. 예수님이 죽으셨다가 부활하신 것을 보고 그때서야 제자들은 예수님이 십자가에서 흘리신 피가 포도주와 같은 뜻이라는 걸 알았어요. 그리고 고통받고 힘들어하신 예수님의 몸이 바로 예수님이 먹으라고 주셨던 빵과 같은 뜻이라는 것도 알게 되었지요. 그래서 예수님의 피와 살로 우리에게 영원한 구원과 새 생명을 주셨다는 것을 확실하게 알게 되었어요. 그때부터 제자들은 믿음이 분명해진 거예요.

아이 ① : 그러면 오늘 하게 될 성찬식이라는 것이 예수님이 하신 말씀대로 그날을 기억하며 지키는 건가요?

아이 ② : 교회에 다니면 누구라도 여기에 참석할 수 있나요?

목사님 : ○○도, ○○도 이 성찬식에 참여하고 싶지요? 그런데 여기에는 예수님께서 자신을 위해 죽으셨음을 믿는 사람들, 그리고 부활하심으로 자기에게 영원한 생명을 주셨음을 믿고 고백하는 사람들만이 이 빵을 먹고 포도주를 마실 수 있어요.

아이 ① : 저도 그 성찬식에 참여하고 싶어요. 저는 어려도 예수님에 대한 믿음이 분명히 있거든요.

아이 ② : 저도요! 저도 예수님이 저를 구원하시기 위해 십자가에 돌아가신 것을 믿어요.

목사님 : 그건, 아쉽지만 교회가 정한 규칙이 있어요. 여러분이 16세가 되어 세례를 받고 나면 그때부터는 성찬식에 참여할 수 있어요. 오늘은 그냥 어른들이 하는 걸 잘 지켜보고 있다가 나중에 세례를 받으면 그땐 함께해요. 알았죠? 그때까지 몸도 튼튼하게 자라고 믿음도 예쁘게 자라기를 바랄게요.

아빠 : 목사님, 오늘 저희들에게 성찬식의 의미를 잘 설명해 주셔서 감사드려요. 우리 아이들도 세례받고 성찬에 참여할 때까지 믿음으로 잘 키울게요. 감사합니다.

목사님 : (기도하기)

6. 추가 활용 자료

① 나를 돌아보기(자신에게 던지는 질문)

성찬을 앞두고 우리에게 필요한 것은 죄를 고백하는 회개와 참회이다. 회개의 공동기도문을 함께 낭독하거나 개인적인 참회의 묵상 시간도 있겠지만, 이런 방법으로도 해 볼 수 있다. 인도자(목사님)는 아래와 같은 질문을 천천히 낭독하고 성도들은 침묵 속에서 대답해 본다.

① 여러분은 주님이 여러분을 위하여 죽으셨으며, 여러분을 위하여 부활하셔서 여러분의 믿음의 주가 되었다는 사실을 믿습니까?

(네, 아니오)

② 여러분은 주님의 죽으심과 부활하심을 다른 사람에게 소개하며 자랑하고 있습니까?

(네, 아니오)

③ 여러분은 자신이 하나님의 백성이요, 그리스도인이라고 확신하고 있습니까?

(네, 아니오)

④ 여러분은 가정에서나 직장에서 그리스도인으로서의 책임을 다하고 있습니까?

(네, 아니오)

⑤ 여러분은 하나님의 약속의 말씀을 진실로 신뢰하며 그 말씀을 따라가고 있습니까?

(네, 아니오)

⑥ 여러분은 하나님의 영광을 위해 참고 희생하고 불편을 감당하는 삶을 살고 있습니까?

(네, 아니오)

⑦ 여러분은 사랑과 평화를 위해 섬기고 낮아지며 배려하는 삶을 살고 있습니까?

(네, 아니오)

⑧ 여러분은 그리스도의 피로 정결함을 입고, 몸도 마음도 생활도 깨끗합니까?

(네, 아니오)

② 수세자들을 위한 작은 배려

대부분의 교회에서는 예배의 편의를 위하여 맨 앞자리에 수세자들을 앉게 한다. 그래야 바로 서약과 세례를 베풀기에 편리하기 때문이다. 하지만 그것은 예배 집례자들의 편의일 뿐, 수세자들에게는 오래도록 남을 기억을 주지는 못한다. 다른 교인들과 예배를 집례하는 목사님에게는 늘 진행되는 세례식이겠지만, 수세자들에게는 특별한 날이다. 그럼에도 왜 그렇게 세례식이 형식적이고 무미건조한지 모르겠다. 수세자들에게 그날이 정말 왜 특별한 날이며, 기억해야 할 날인지를 알려 주는 것도 교육목회의 한 방법이다.

그래서 그들의 행복하고 긴 여운이 남는 신앙적인 추억을 위해 작은 배려가 필요하다. 예배의 처음부터 맨 앞자리에 앉히지 말고, 예배당 뒷자리에서 앞자리로 입장하도록 한다. 가슴 떨리고 긴장되는 입장을 통해 세례식에 임하는 그들의 마음을 경건하게 준비하게 하는 것도 좋다. 그들이 걸어가는 통로에 흰 천이나 무지개 색 주단을 깔아 주는 것도 좋다.

예배 후 목사님이 성도들과 인사하는 로비에서 그날 한 번만 목사님 옆에서 성도들과 인사를 나누는 특별한 순서도 시도해 볼 수 있다. 일생에 한 번, 목사님 곁에서 성도들의 축복의 인사를 받을 수 있는 기회가 된다. 세례받은 날은 그들이 교회공동체의 일원으로 당당히 소속되는 아주 소중하고 특별한 날이기 때문이다.

③ 수세자들을 위한 간소한 기념 파티

많은 교회들은 세례식이 끝나면 대부분 가족이나 지인들, 교우들이 꽃다발이나 선물을 들고 강단에 올라가서 기념사진을 찍기도 한다. 그 외에도 수세자들과 지인들을 위해 교회 로비에 작은 식탁을 준비해서 우유와 꿀차를 컵에 담아놓고 한 잔씩 마시면서 백설기나 흰떡을 먹으면 좋다. 모세의 출애굽 이후 젖과 꿀이 흐르는 가나안땅에 입성하게 된 것을 기념해서 이스라엘 백성은 유월절을 지켰다. 세례는 이제 죄악 된 애굽 세상에서 벗어나 가나안 땅에 들어가 새 언약 백성으로 살게 된 것을 기념하는 의미가 있다. 그러므로 세례의 의미가 담긴 간단한 음식을 먹으며 지인들에게 축하를 받는 것도 좋을 것이다. 하나님의 약속인 "젖과 꿀이 흐르는 땅"에서, 젖은 우유로, 꿀은 꿀차로, 가나안땅의 첫 번째 곡식은 백설기떡이나 무지개떡으로 그 의미를 살려 보자.

8장. 창립기념일 예배

1. 예배의 의미

교회의 창립기념일은 임마누엘 하나님에 대한 신앙고백이 되는 역사적인 날이다. 따라서 하나님의 교회로서의 존재 의미를 새롭게 하는 신앙고백과 현 시대 지역사회에 자리 잡고 존재하며 구원사역을 담당하는 교회로서의 사명을 재확인하는 의미를 살려야 한다. 그래서 창립기념일은 '하나님의 교회로서 사명을 다하고 있는가?', '지역 교회로서 책임감과 사명감을 다하고 있는가?'라는 질문을 하면서 그동안 함께하신 하나님께 감사하는 의미를 포함해야 한다.

여러 기념 주일과 절기를 충실히 지키다 보면 정작 창립기념주일 예배는 소홀해지기 쉬운 면도 있다. 그렇지만 창립기념주일 예배의 본래적인 의미와 목적을 살리는 전교인예배와 잔치를 한다면 교인들에게 교회의 존재와 사명감에 대해 깊은 감동을 안겨 주면서, 한 교인 된 공동체의식을 깊이 느끼게 해 줄 것이다.

여러 교회들의 창립기념일 예배에 대해 아쉬운 점이 있다면 간혹 전시효과적 예배에 치중하거나, 예수님의 사역과 관련된 업적 쌓기 방향으로 기획되는 경우가 있다는 것이다. 물론 예수 그리스도의 사역 차원에서 보면, ○○ 주년 기념으로 해외 현지교회 설립, 선교지 답사, 선교사 파송, 국내 개척교회나 지교회 설립 등을 하는 경우도 선교적인 측면에서 창립기념 행사라고 볼 수 있다. 또한 유명한 찬양선교단 초청 연주회나 성가대의 유명한 대작(大作) 공연 음악회, 부흥회를 하는 것도 성도들에게 은혜를 끼치기 위한 행사라고 볼 수 있다. 하지만 어린이들이나 중고등부, 노인들은 이 가운데서 어떤 참여를 해서 어떤 은혜를 받을지에 대해서는 조심스럽게 염려도 든다.

다른 어떤 예배나 행사를 하더라도 전교인이 공감하고 감동이 있는 창립기념 예배가 되어야 한다. 교회를 섬기는 목적이 새로워지고 교인으로서의 자부심이 생길 만큼 교인들도 모두 행복하고 감사한 창립기념 예배와 행사가 되어야 한다. 과거에도 함께하셨고, 지금도 함께하시며, 미래에도 함께하실 영원하신 하나님을 찬양하며, 우리 교회가 세상 속에서 어떻게 존재해야 할까를 재헌신의 약속으로 드리는 예배가 되기를 바란다.

2 예배의 기획 방침

① 교회의 과거(회고), 현재(감사), 미래(비전)를 담아 내는 역사(history)가 있는 예배
② 교회의 역사 속에서 자신의 역사(story)를 참여와 협력으로 만들어 가는 예배
③ 교회의 역사자료를 충실하게 보관하고 정리해 가는 예배(자료영상)
④ 목회자와 찬양대의 비중보다 교인들의 참여도가 훨씬 많은 예배
⑤ 전교인 연령층이 함께 사전에 준비하고 만들어서 봉헌하는 예배

3. 예배의 사전 준비

① 방송, 영상팀
- 소리 음향 준비(시작할 때, 마칠 때)
- "생일 축하합니다" 가사와 안내

- "우리 교회의 지나온 흔적 밟기" 영상 + 내레이터 정하기, 화면과 맞추는 연습

- "우리 교회 1호 신자" 인터뷰 영상, 또는 사진 소개

- "우리 교회 미래 그림" 자료화면

- "이런 교회가 되게 하소서"에서 세대별 대표의 기도문 사이에 찬208장을 부르는 순서 설명

② 생일축하 케이크와 양초 꽂아 두기, 점화봉 놓아두기 - 강단에 설치

③ 세대별 대표 선정

- "생일 축하합니다" 순서에서 앞에 나와 촛불 꽂기, 축하 노래 부르기

- "이런 교회가 되게 하소서" 순서에서 세대별 대표 선정, 기도문 작성하기,

④ 각 부서별로 찬양과 율동 준비

⑤ 부서별 순서대로 담당자와 역할 준비하기

- 청년부 / 말씀 봉독, 헌금봉헌(또는 남선교회)

- 노년부 / 봉헌 특송

⑥ 비전 헌금 봉투

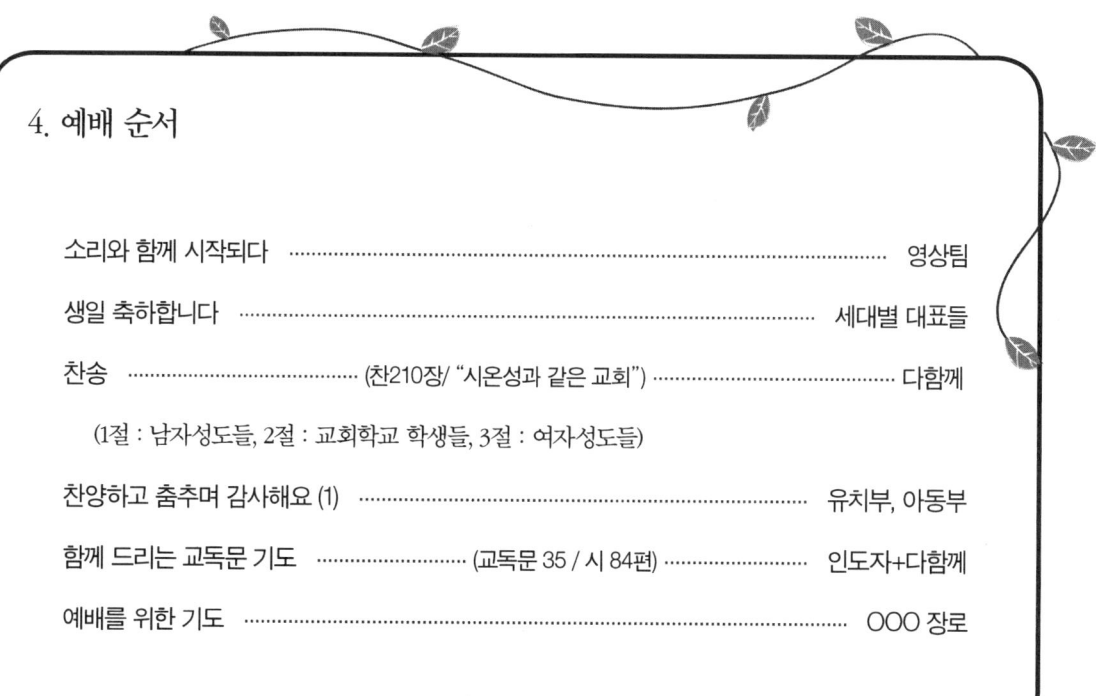

4. 예배 순서

소리와 함께 시작되다 .... 영상팀

생일 축하합니다 .... 세대별 대표들

찬송 .... (찬210장/ "시온성과 같은 교회") .... 다함께

　　(1절 : 남자성도들, 2절 : 교회학교 학생들, 3절 : 여자성도들)

찬양하고 춤추며 감사해요 (1) .... 유치부, 아동부

함께 드리는 교독문 기도 .... (교독문 35 / 시 84편) .... 인도자+다함께

예배를 위한 기도 .... ○○○ 장로

■ 〈여호와삼마의 하나님을 찬양합니다〉 / 회고

우리 교회의 지나온 흔적 밟기 ··· 영상팀, 나레이터

"우리 교회 1호 신자" 소개 ··· 해당되는 분

찬송 ····························· (찬29장 "성도여 다 함께") ····························· 다함께

■ 〈에벤에셀의 하나님을 찬양합니다〉 / 감사

찬양하고 춤추며 감사해요 (2) ····························· 청소년부, 청년부, 악기팀

말씀 봉독 ·· 청년부

설교 ······································· (   ) ······································ 담임목사

찬양대의 특별 찬양 ························· (   ) ······················· 찬양대

찬양하고 춤추며 감사해요 (3) ··· 기관, 사역팀

■ 〈임마누엘의 하나님을 찬양합니다〉 / 비전

"우리 교회, 미래 그림" ·· 담임목사

비전 헌금 봉헌 ··················· (봉헌 특별 찬양 /노년부) ··················· 청년부(남선교회)

봉헌 기도 ··· 담임목사

"이런 교회가 되게 하소서" ···························· (찬208장) ··········· 세대별 연속 기도

다함께 찬양으로 ···················· (찬620장 "여기에 모인 우리") ···················· 다함께

축도 ··· 담임목사

소리와 함께 마치다 ·· 영상팀

5. 진행 도움 자료

① 소리와 함께 시작되다

영상팀에서는 PPT 화면으로 "우리 교회는 ( )년 ( )월 ( )일에 (주소:)에서 태어났습니다. 오늘 우리 교회는 창립 ○○주년 기념 예배를 드립니다"라고 보여 주면서 소리를 들려준다. 이 소리는 징소리(또는 트럼펫 소리나 농악대 소리)를 녹음하여 준비한다.

② 생일 축하합니다

첫 소리의 여운이 점점 잦아들 무렵 본당 뒤쪽에서 몇 사람이 앞으로 천천히 걸어 나간다. 이들은 영유아 대표 1명(엄마 손을 잡거나 안겨서), 아동부, 중고등부, 청년부, 30대, 40대, 50대, 60대, 70대 교인 대표 1명이다. 인원은 교회의 형편에 따라 조절할 수 있다. 이들은 앞으로 나아가서 강단 앞에 높이 장치되어 있는 생일 케이크에 촛불을 1개씩 밝힌다. 케이크 옆에는 점화봉이나 불 켜진 양초가 놓여 있다. 연령 순서대로 하나씩 촛불을 케이크에 꽂고 나서 함께 찬양을 부른다. 이 찬양의 1절은 세대별 대표들이, 2절은 남자성도들이, 3절은 여자성도들이 박수를 치며 부른다(영상팀에서는 이 노래 가사와 파트별 담당자를 화면으로 보여 주어야 한다). 단상에 계신 목사님도 내려와서 세대별 대표들과 함께 촛불을 끈다.

> 생일 축하합니다. 생일 축하합니다. 사랑하는 우리 교회 생일 축하합니다. 생일 감사합니다.
>
> (세대별 대표들)
>
> 생일 축하합니다. 생일 축하합니다. 사랑하는 우리 교회 생일 축하합니다. 생일 감사합니다.
>
> (남자 성도들만)
>
> 생일 축하합니다. 생일 축하합니다. 사랑하는 우리 교회 생일 축하합니다. 생일 감사합니다.
>
> (여자 성도들만)

③ 찬양하고 춤추며 감사해요 (1), (2), (3)

예배의 시작 부분에서 유치부, 아동부가 먼저 찬양과 율동으로 교회의 생일을 축하하는 것은 교회의 시작과 탄생을 기념하기 위한 것이다. 그래서 '찬양하고 춤추며 감사해요 (1)'은 가장 나이가 어린 부서인 유치부, 아동부에서 담당한다.

'찬양하고 춤추며 감사해요 (2)'는 교회의 현재 모습을 하나님께 보여드리며 감사하는 순서이기 때문에 청소년부나 청년부에서 찬양과 함께 악기 연주를 들려주는 시간이면 좋다. '찬양하고 춤추며 감사해요 (3)'은 교회의 사역과 관련된 여전도회, 남선교회, 장로권사팀, 사역팀(전도팀, 구제, 봉사팀)의 찬송과 율동이 이어진다. 성도들이 준비하고 참여하면서 자신의 경험과 추억을 만들어 가는 귀한 시간이 될 것이다.

④ 우리 교회의 지나온 흔적 밟기(영상, 내레이터)

어느 교회에나 나름대로 역사를 정리한 자료는 있기 마련이다. 이 순서는 교회의 역사(연혁)를 영상화면과 내레이터의 음성으로 들어보는 시간이다. 교회 요람에 나온 대로 무미건조하게 내용을 작성하지 말고 조금 부드럽게 설명하는 방송 원고처럼 연도별로 중요한 사항을 정리해서 PPT 화면으로 보여 주고 내레이터가 읽도록 한다. 이는 화면 안의 내용이나 사진, 내레이터의 발음 속도에 따라 유기적으로 진행되어야 하므로 사전연습이 많이 필요하다.

내레이터를 아동부 어린이와 부모님이 교대로 읽어도 좋다. 교회의 역사가 짧으면 그 내용이 지루하지 않지만, 교회의 역사가 긴 경우에는 요약이 필요하다. 10년을 한 기간으로 잡고, 그 기간마다 징소리를 울려 주면서 10년 동안의 역사 중에서 핵심적이고 중요한 사항만 화면과 음성으로 보여 주고 들려주는 것이다. 이에 관련한 자료사진을 편집해서 보여 주어도 좋다. 담임목사님의 부임이나 사임, 교회의 이전, 큰 행사 등은 중요한 역사이므로 꼭 밝혀야겠지만, 부교역자의 부임 사임이나 작은 행사는 생략해도 좋다.

⑤ 우리 교회 1호 신자를 소개합니다

교회가 개척 창립되고 난 후, 첫 세례자나 첫 유아세례자에 대한 기록은 당회록에 기록되어 있을 것이다. 창립교인들의 기억을 더듬어 보면 교회 창립 후 첫 번째 전도의 열매가 된 신자, 청년부 커플로서 첫 번째 결혼한 사람들도 있을 것이다. 그들이 현재까지 교회에 출석하고 있다면 그들을 소개하는 시간을 갖는다. 교회 내에 있는 창립교인들이나 초창기에 어려운 형편 중에도 열심히 사역하던 교역자들을 찾아서 그들의 회고담을 담을 수도 있다. 사전에 미리 찍은 영상 인터뷰로도 할 수 있고, 그들이 강단 앞에 나와서 직접 자신들의 사연과 신앙을 고백할 수도 있다.

⑥ 설교

이 날은 다른 순서가 많으므로 목사님의 설교는 10분 이내에 끝나야 한다. 이 예배의 주제가 스토리(과거를 회고하고, 현재에 감사하며, 미래를 설계하는)가 있는 예배이기 때문에 목사님의 설교도 이런 주제와 연관 지어서, 교회관에 대해 설교해도 좋을 것이다.

⑦ 우리 교회, 미래 그림(미래 비전 소개)

여러 교회에서 흔히 작성하는 "○○교회 비전 선언문"이 신학적이고 추상적이며 개념적인 경우를 많이 보았다. 교인들은 이러한 비전선언문을 너무 식상하게 생각한다. 형식적인 절차로서 한 번 읽고 나면 아무도 기억하지 못하는 선언문 낭독은 아무런 의미가 없다. 창립기념일 예배는 교회의 구체적인 발전과 사역 방향이 담긴 계획을 선포하는 자리이다. 따라서 5개년 계획, 10개년 계획을 당회에서 수립해서 발표해야 한다. 이미 세워져서 실행되고 있는 교회에서는 그 계획이 지금 몇 년차인지를 알려 주면서 향후 수정하거나 보완해야 할 부분을 추가로 설명한다. 이때에도 영상팀이 자료 화면을 구성해서 목사님의 설명을 보완하면 좋다.

⑧ 비전 헌금 봉헌

바로 위의 순서인 "우리 교회, 미래 그림"을 듣고 교회의 비전을 키우기 위한 헌금봉헌 시간을 가진다. 성도들이 교회의 비전을 위해서 정성으로 준비하도록 사전에 많은 홍보를 해야 한다. 봉헌위원은 청년부나 남선교회에서, 봉헌 특송은 노년부에서 준비한다.

⑨ 이런 교회가 되게 하소서

예배의 처음 부분에 나왔던 세대별 대표 중에서 20대, 30대, 40대, 50대의 대표들 4명이 강단 앞으로 나와서 준비된 마이크에 대고 기도문을 낭독한다. 이 순서에서는 세대별 대표들의 기도문 낭독과 교인들의 응답찬송 부르기가 교대로 진행된다. 제일 먼저 교인들이 찬송가 208장 1절 부르기 ⇒ 20대 대표 기도문 낭독 ⇒ 찬송가 208장 2절 부르기 ⇒ 30대 대표 기도문 낭독 ⇒ 찬송가 208장 3절 부르기 ⇒ 40대 대표 기도문 낭독 ⇒ 찬송가 208장 4절 부르기 ⇒ 50대 대표 기도문 낭독 ⇒ 찬송가 208장 5절 부르기로 마치게 된다.

부교역자들이나 준비위원회에서 점검해야 할 사항이 3가지 있다. 첫째는 기도내용과 주제가 중복되거나 표현이 비슷하지 않도록 사전에 기도문 내용을 살펴보고 낭독시간에 적절한 분량으로 기도할 수 있도록 길이를 조절해야 한다. 둘째는 주보 순서지 옆에 기도문 낭독과 교인들의 응답찬송 순서를 자세히 적어 주어서 교인들의 찬송 부르기가 잘 연결되도록 해야 한다. 셋째는 피아노 반주자와도 사전에 연습해야 한다. 순서가 다 끝나면 세대별 대표는 맨 앞좌석에 함께 앉는다.

⑩ 소리와 함께 마치다

축도 후의 후주는 경쾌한 행진곡풍의 음악을 준비해서 후주를 대신한다. 교회가 새로운 미래를 향해 전진하는 느낌이 들도록 밝고 씩씩하며 경쾌한 곡을 준비한다. 예배를 마친 후에는 성도들과 목사님들이 서로 신나고 즐거운 시간을 갖는다.

6. 추가 활용 자료

① 그래픽으로 보는 우리 교회 역사(예배 영상자료)

창립기념일 예배라고 하면서도 설교만 교회론을 언급하고 평상시 주일 예배와 크게 다르지 않게 보내는 경우가 많다. 그렇기 때문에 성도들은 창립기념주일 예배의 무미건조함에 식상해한다. 창립기념일 예배는 교회를 사랑하는 맛을 되찾게 해 주어야 한다. 앞으로 우리 교회가 어떻게 발전해야 할

까를 생각하게 해 주어야 한다. 이때 교회 역사를 그래픽 통계자료로 보여 주면 어떨까? 여러 항목의 연도별 통계 자료를 넣은 흥미로운 영상을 만들어 보자.

- 연도별 교인 증감 통계

- 연도별 세례자 통계

- 연도별 임직자 통계

- 교회 장소 이전의 역사

- 부교역자, 교육전도사의 부임 이임 변동 상황

- 우리 교회의 선교지원 발전의 역사

② ○○교회와 사람들(인터뷰 영상 만들기)

창립기념으로 개척교회를 짓거나 외국 선교지에 현지 교회를 세우는 것은 교회적인 대형 사업인데도 성도들의 큰 호응 없이 지나가 버리는 경우가 있다. 창립기념 음악회나 부흥회, 연주회 등 같은 대단위 행사도 소수의 교인들에게만 흔적이 남는 행사가 될 수 있다. 성도들이 자신의 일처럼 기뻐하고 참여하면서 기념할 수 있는 교인들의 진정한 축하잔치가 되도록 기획하면 좋겠다. 진정으로 모든 교인들이(어린이부터 노인들까지) 즐기고 공감하며 참여하는 신앙공동체로서의 축제가 되어야 할 것이다.

성도들은 사역보다 '사람'에 더 관심 있다. 성도들은 '사연'을 통하여 깊은 공감 속에서 감사와 찬송을 드릴 수 있다. 과거 교역자들이나 우리 교회를 떠난 교인들의 인터뷰를 만들어 보자. 요즘은 직접 가지 않아도 얼마든지 인터뷰 영상을 만들 수 있는 장치가 많이 있다. 현재 교인들 중(어른들만이 아니라 교회학교 학생들)에도 인터뷰를 해서 몇 가지를 질문해 보자. 짧게 요약한 편집 영상은 예배 중에 보여 주고, 편집하지 않은 긴 영상은 교회 로비나 식당에서 보여 주면 이야기 웃음꽃이 만발하게 필 것이다.

③ 한국교회사 사진 전시회

개교회의 역사를 자세히 아는 것 못지않게 중요한 것은 한국교회사를 아는 것이다. 한국 기독교의 초기부터 현대, 최근까지의 중요한 사건과 역사를 알아보는 것은 어린이들뿐만 아니라 성인 성도에게도 교육적인 측면에서 좋은 영향을 미친다. 따라서 한국교회사의 중요한 일들을 사진과 도표로 교회 로비에 전시할 수 있다. 이뿐만 아니라 교회 청년부나 남선교회에서 교회 근처의 기독교 유적지나 역사 깊은 교회를 방문하고 탐방해서 사진과 기행문을 같이 곁들여서 전시하면 더욱 좋다(우리 지방에서 제일 오래된 교회, 기독교 순교의 흔적이 있는 6·25 당시의 교회 탐방 등).

④ 우리 교회 역사자료 전시회

창립기념일에 교회 로비나 전시 공간에 역사자료 전시회를 열어 보면 좋을 것이다. 교회 사무실에 보관되어 있거나 교회의 원로분들이 갖고 있는 희귀한 역사자료를 모아 보라! 교회 당회실이나 사무실, 원로장로님, 권사님들은 물론이고 교인들에게 광고하면 10여 년 전의 자료들도 어렵지 않게 모을 수 있을 것이다. 초기 당회록 사본이나 초창기 주보 모음, 옛날 사진이나 문서 자료(세례증서, 표창장, 구역보고서, 헌금봉투, 성경공부 교재), 교회 이름을 새긴 옛날 달력이나 시상품들, 예전에 사용하던 성찬기, 교회의 깃발, 강단 종, 강단에 비치했던 성경들, 중요한 행사에서 찍은 사진 등. 이를 위해 전시대를 만들고, 종이자료나 사진자료 등은 훼손되거나 손때가 묻지 않게 투명 아스테이지 등으로 감싸며, 거기에 친절하게 자료 설명문을 곁들여 주면 설명하는 사람이 따로 없어도 누구나 쉽게 이해할 수 있다.

⑤ 홈커밍데이(Home-coming Day)

사람들은 누구나 추억에 젖으면 가장 순수해진다. 또한 나와 동일한 추억을 갖고 있는 누군가와 깊은 유대감을 느낀다. 여러 이유로 교회를 떠나서 다른 곳에 살고 있는 옛 교인과 교역자들을 초대해 보는 시간을 갖는 것은 어떨까? 교인들은 개인적인 연고를 통해서 1달, 2달 전부터 교회가 준비한 초대장을 발송하고 연락하면서 옛날 교우들을 초대할 수 있다.

교회 준비위원회에서는 참석할 이들의 명단을 계속 확인하면서 명찰과 기념품을 준비하고, 예배 때 이들이 부르게 될 특송과 예배 후의 잔치음식을 마련하며, 사진 찍기 등의 이벤트를 기획할 수 있다. 이러한 홈커밍데이를 위해 여러 기관에서 일을 분담해서 준비하는 것이 좋다. 이 과정 속에서 교회 창립기념일이 설레는 천국잔치가 될 것이다. 이는 마치 세상 곳곳으로 흩어진 하나님의 백성이 다시 옛 교회(새 예루살렘)로 모인 신약성경의 마지막 장면과도 같다. 새하늘과 새땅, 새예루살렘 성에서 함께 모인 천국백성의 기쁨과 환희가 홈커밍데이에서 재현될 것이다.

⑥ 타임캡슐 묻기

5년마다 타임캡슐을 교회 내의 일정한 장소에 묻고, 10년 후에 그것을 열어 보는 것은 어떨까? 타임캡슐은 밀봉력이 뛰어나야 하며, 습기나 압력에 훼손되지 않도록 단단해야 한다. 이 타임캡슐에 넣을 것들은 개인의 소망을 적은 쪽지, 교인명부나 요람, 10년 후에 꼭 이루고 싶은 개인의 기도문, 10년 후 열었을 때 그 교회에 남아 있다면 교회로부터 축복의 선물을 받을 사람 ( )명의 이름, 성도들의 개인 물건(서예 작품, 만들기 작품, 비망록, 아끼는 비장품) 등이다. 5년마다 묻을 때에 어디에 묻었는지, 몇 년도에 꺼낼 것인지는 교회 중직자들이 알고 있어야 한다.

⑦ 교회 생일 떡 돌리기

교회 절기마다 지역 주민들에게 작은 선물을 하는 것은 교회의 아름다운 미덕이다. 창립기념일에 지역 주민을 섬겨 보는 것은 어떨까? 예를 들어 생일 떡에 "우리 교회가 여러분의 도움으로 몇 번째 생일을 맞이했습니다. 우리 교회는 앞으로도 이곳에 존재하면서 여러분에게 사랑을 나누고 싶습니다. 감사합니다. 사랑합니다. 축복합니다. ○○ 교회 드림"이라는 스티커를 붙여서 교회 인근 버스정류장, 아파트 놀이터나 경로당, 인근 전철역, 시장 근처, 복지기관 등으로 나가는 것이다. 이를 통해 교회를 홍보하고 섬김을 실천할 수 있다.

9장. 추수감사절 예배

1. 예배의 의미

성경에 나오는 '초막절'(장막절)은 이스라엘 백성이 종살이하던 애굽에서 해방되고 힘들고 어려웠던 광야의 시간들을 기억하며 자신들을 구원해 주신 하나님을 회상하는 절기였다. 초막절은 이스라엘의 3대 명절 중 하나로 가나안에 정착한 이후에 한 해의 농사한 것을 다 거두어들이고 7일 동안 하나님 앞에서 지켰던 절기였다. 40년간의 광야에서의 유랑을 상기하면서 장막(tent)에서 하나님의 계약을 새롭게 기억하고, 자신들이 구원받았음과 하나님의 백성된 것을 새롭게 인식하면서 감사를 드리는 시간이었다.[16]

추수감사절은 구약시대 이스라엘 사람들이 지킨 이 초막절(수장절)에 근거하고 있다. 한국의 추수감사절은 미국의 추수감사절과 연관되어 있다. 미국의 추수감사절은 1620년 신앙의 자유를 찾아 메이플라워호를 타고 잉글랜드에서 미국으로 건너간 청교도들이 혹독한 겨울 날씨와 풍토병을 이겨 내고 이듬해인 1621년 가을, 새 땅에서 첫 결실을 거두고 인디언들과 함께 감사의 축제를 열었던 역사적 사건을 기념하는 절기이다.

---

16) 장로회신학대학교 기독교교육연구원, 『교육교회』, 2002년 11월호, p.10.

한국교회는 1904년부터 추수감사절을 교회의 절기로 지켜 왔다. 처음에는 장로교 단독으로 11월 10일을 감사절로 지키다가 1914년에는 미국 선교사가 한국에 입국한 것을 기념하는 뜻으로 11월 셋째 주 수요일로 날짜를 변경했고, 그 후에 11월 셋째 주일을 추수감사절로 지키게 되었다. 요즘에는 고유 명절인 추석 무렵이나 추수기인 10월에 감사절을 지키는 교회가 많아지고 있다.[17]

감사절 예배는 단순히 과거에 베풀어 주신 은혜에 대한 기억만이 아니라 그것을 회상하고 나의 사건으로, 현재의 사건으로 경험하는 '회상'의 차원으로 드려져야 한다. 바른 예배도, 섬김도, 헌신도 결국 이 기억으로부터 나오는 것이다. 하나님께서 주신 은혜와 베풀어 주신 구원에 대한 마음 깊은 감격이 있는 사람의 입술에서는 "내게 주신 모든 은혜를 내가 여호와께 무엇으로 보답할까?(시 116:12)"라는 찬양이 터져 나올 것이다. 이러한 진실된 마음을 가지고 감사로 예배드릴 때 하나님은 그것을 가장 기뻐하신다(시 50:23). 추수감사주일은 '기억하는 것'과 '아는 것'에 초점을 맞추어 내가 누구인지, 누가 나의 주인인지를 분명하게 인식하고, 자기정체성을 확인하는 시간이 되어야 한다. 내가 어떻게 살아왔고, 또 앞으로 은혜로 살아가게 될 존재임을 자각하면서 그 감사의 폭을 넓혀야 한다.

2. 예배의 기획 방침

① 전교인 예배에 대한 공감대를 조성하고자 노력했다.

② 성도들 개인적으로 예배를 미리 준비하게 했다.

③ 가족 단위로 많은 순서에 참여하게 했다.

④ 추수감사절의 의미인 '감사'가 다양하게 표현되도록 했다.

⑤ 개인의 감사가 가족, 공동체의 감사로 확장되도록 했다.

⑥ 함께하는 순서를 많이 넣어서 활동적인 예배가 되도록 했다.

---

17) 장로회신학대학교 기독교교육연구원, 『교육교회』, 2003년 10월호, p.4.

3. 예배의 사전 준비

① 교인 개인별 준비물

- 특별한 의상들(한복 등), 감사나무에 꽂을 과일모양 종이에 내용 적어오기

- 가족별로 감사절 헌금봉투 장식하고 꾸며오기

② 교회 준비물

- 감사절 나무, 화분에 담고 바퀴달린 화분 받침(끈이나 막대로 끌어올 수 있도록 장치)

- 감사 열매 종이를 많이 준비해서(유치부 교사회 담당) 일주일 전 주보에 미리 끼워 두기(여분의 과일모

  양 종이가 많이 준비되어 있어야 당일 예배 전에도 사용할 수 있다.)

- 미리 준비하지 못한 가정을 위해 기존의 감사절 헌금봉투 준비

- 영상자료(한가족 감사일기, 감사절 통신)

- 성경 봉독을 할 때 사용할 큰 두루마리

- 헌금 담을 커다란 대바구니

- 과일 쌓기와 헌금 테이블 장식

- 예배당 입구와 본당의 강단 장식

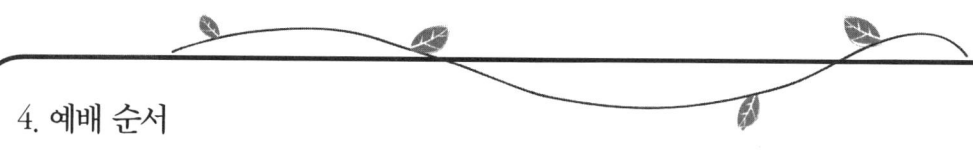

4. 예배 순서

** 시작 전 - 영상으로 예배 안내하기(헌금, 감사나무 등)

예배의 부름과 기원 ·· 인도자

영광의 찬송 ··············· (찬26장 "구세주를 아는 이들"/통14장) ··············· 다함께

고백의 기도 ··· 다함께 읽기

　"거룩하신 하나님, 우리에게 무한한 은혜로 베풀어 주신 것들을 다 헤아리지 못하고 감사하

지 못했던 것들을 이 시간 고백합니다. 모든 것이 주님으로부터 왔다는 것을 깊이 인정하지 못하고 주님께서 허락하신 것을 내 개인의 욕심과 이익을 위해서만 사용했음을 고백합니다. 또한 주님께서 베푸신 이 아름다운 자연과 곁에 두신 사람들에게 감사하며 누리지 못했던 무지와 무감각을 용서해 주시기를 소망합니다."
(인도자 : 이제 침묵으로 기도를 계속합니다. 멘트.)

사함의 확신 ··· (사 65:17-18a) ················· 인도자

신앙고백(사도신경) ··· 다함께

감사의 교독문 ··· 다함께

    인도자 : 즐거운 마음으로 여호와를 섬기고 노래하며 그 앞에 나아가라
    다함께 : 온 땅이여! 여호와께 기쁨으로 노래하고 찬송하라
    인도자 : 여호와는 선하시고 그의 성실하심은 대대로 영원하도다
    다함께 : 감사하며 성전에 들어가고 찬송하며 그 뜰에 들어가라
    인도자 : 여호와께서 우리를 축복하심으로 땅이 농산물을 내었도다
    다함께 : 여호와께 감사하며 그의 행하신 일을 세상에 선포하라
    인도자 : 여호와의 한결같은 사랑과 은혜에 전심으로 감사하라
    다함께 : 여호와를 찾는 자들에게는 즐거움이 있으리라 할렐루야!

감사의 찬송 ··················· (찬587장 "감사하는 성도여"/통306장) ··················· 다함께

    (1절-여자성도, 2절-학생들, 3절-남자성도, 4절-다함께)

감사절 통신(영상) ·· 영상팀

예배를 위한 기도 ·· OOO 집사

성경 봉독 ············· (구약: 신 16:10,13-15 / 신약: 엡 5:19-20, 골 2:6-7) ·············· 형제(자매) 2명

감사의 찬송 ······························· ("감사함으로 그 문에 들어가며") ······························· 다함께

말씀 선포 ····························· ("온전한 즐거움, 넘치는 감사") ····························· 담임목사

결단의 기도 ·· 다함께

    인도자 : 하나님은 우리를 위하여 온 세상을 지으셨습니다.
           놀랍고 신기하고 아름다운 세상을 우리에게 주셨습니다.
    다함께 : 감사합니다. 정말 감사합니다. 하나님께 감사! (감사! 크게 외치며 한 손 들고)
    인도자 : 하나님은 이 아름다운 세상에 우리를 창조하셨습니다.
           온 세상을 다스릴 권세와 능력과 하나님의 복을 주셨습니다.
    다함께 : 감사합니다. 정말 감사합니다. 하나님께 감사!
    인도자 : 하나님은 우리에게 땅과 바다의 곡식과 먹을 것을 주셨습니다.
           이제는 땅의 열매와 소산을 우리 손으로 거두게 해 주셨습니다.
    다함께 : 감사합니다. 정말 감사합니다. 하나님께 감사!

인도자 : 하나님은 그의 아들 독생자 예수님을 보내 주셔서
　　　　 우리를 위해 십자가 지시고 영원한 생명과 구원을 주셨습니다.
다함께 : 감사합니다. 정말 감사합니다. 하나님께 감사!
인도자 : 지금까지 우리는 하나님으로부터 너무나 많은 복을 받았습니다.
　　　　 하나님께서는 우리가 이 복을 마음껏 누리기를 원하십니다.
다함께 : 감사합니다. 정말 감사합니다. 하나님께 감사!
인도자 : 하나님은 약하고 가난한 이웃, 마음 아프고 슬픈 이웃을 섬기라고,
　　　　 이제는 그 감사와 기쁨과 복을 나누라고 하십니다.
다함께 : 섬기겠습니다. 찾아가겠습니다. 하나님께 감사!
인도자 : 이제는 나에게서 우리에게로, 교회에서 이 사회와 세상으로
　　　　 우리의 감사와 기쁨을 전달할 사명을 감당하겠습니다.
다함께 : 우리는 겸손과 성실과 친절로 나아가겠습니다. 하나님께 감사!

한가족 감사일기 ·· 담당 가족

(4인 가족 출연, 영상 화면에 기도문과 후렴송)

① 유치부 어린이(자녀 1)
 - 성도들 : 후렴송 (주께 감사하세 그는 선하시며 인자하심이 영원함이라)
② 아동부 어린이(자녀 2)
 - 성도들 : 후렴송 (주께 감사하세 그는 선하시며 인자하심이 영원함이라)
③ 엄마
 - 성도들 : 후렴송 (주께 감사하세 그는 선하시며 인자하심이 영원함이라)
④ 아빠
 - 성도들 : 후렴송 (주께 감사하세 그는 선하시며 인자하심이 영원함이라)

성도들의 봉헌예물 ··· 다함께

① 감사절 나무 드리기
② 감사절 헌금 드리기
③ 찬송의 예물 드리기

봉헌 기도 ··· 청년부 대표 + 다함께

① 대표기도 (청년부)
② 중보기도 (모두 함께 통성으로)

축도 ·· 담임목사

송영 ·· 반주 음악

** 찬양대 순서는 자유롭게 넣을 수 있습니다 **

5. 진행 도움 자료

① 영상으로 예배 안내하기

평소와는 달리 축제처럼 드려지는 추수감사절 예배에서는 사전 준비도 많이 필요하지만, 은혜로운 예배를 드리기 위해서는 사전안내를 충실하게 해야 한다. 예배 직전에 부교역자들이 마이크를 들고 예배 순서에 대한 설명을 하거나 영상으로 예배 순서 진행에 따른 행동을 알려 주는 것이 매우 유익하다. 그렇게 사전안내가 잘 된 예배와 아무런 안내 없이 그저 교인들이 순서에 따라 행동해 주기만을 기대하는 예배와는 예배의 호응도 면에서 결과가 크게 달라질 것이다.

② 감사절 통신

이 순서는 영상팀이 기획하고 제작한 영상 프로그램이다. 이 순서는 (a) 가을의 편지(시와 함께 자연풍경, 사람, 교회, 가정, 세상, 성경 등 감사할 이유 등을 담은 영상 만들기), (b) 감사 모자이크(교인들 인터뷰 영상 촬영 및 편집하기), (c) 감사절 백일장(감사절 3행시를 모아서 영상으로 만들기) 중에서 한두 가지 영상을 만들면 된다.

- 가을의 편지: 시와 가을풍경이 어우러지도록 영상을 편집한다. 낭독자 선정이 필요하다.
- 감사 모자이크: 캠코더로 1달 전부터 영상팀에서 촬영을 시작한다. 성도들에게 "하나님께 정말 깊이 감사했던 사연이나 추억은?"이라는 내용으로 인터뷰를 하고 영상으로 편집한다.
- 감사절 백일장: 1-2주일 전에 영상팀에서 예배 후에 간단한 설문지 '감사절 3행시'를 나눠 주고 성도의 사진과 함께 내용을 편집한다.

③ 성경 봉독

한 가정의 형제나 자매간 2명을 선정하여 두루마리 성경(크게 만든 것)을 가지고 나와서 한 절씩 교대로 읽도록 한다.

④ 한가족 감사일기

- 4-5인 가족을 선정하여 그 연령대에 맞는 감사의 기도문을 4-5줄 내로 작성한다.

- 영상팀에서 기도문 내용을 편집하여 화면에 비춰 준다.

- 한 사람씩 기도가 끝날 때마다 성도들은 후렴송을 부른다.

(a) 유치부 어린이(자녀 1) : 예를 들어 아래와 같다.

> "우리에게 햇빛과 비를 주셔서 싱싱하고 맛있는 과일을 먹게 해 주신 하나님! 감사합니다. 저는 이 가을이 제일 좋습니다. 왜냐하면 과일도 많고 놀러 다니기도 제일 좋은 날씨이니까요. 그렇지만 봄에 볼 수 있는 새싹과 나뭇잎, 꽃도 너무 예뻐요. 밤하늘의 별과 달도 신기하고 비와 눈이 오는 것도 재밌고 너무 좋아요. 이렇게 봄, 여름, 가을, 겨울 4계절이 있어서 너무 행복해요. 그래서 감사드립니다."

(b) 아동부 어린이(자녀 2) : 건강한 몸, 학교생활, 교회생활에 대한 감사

(c) 엄마 : 가정생활, 가족의 건강과 경제적인 안정에 대한 감사

(d) 아빠 : 평안한 직장생활, 부모님의 건강, 친척들에 대한 감사

⑤ 성도들의 봉헌 예물

(a) 감사나무 드리기

- 유치부 교사들은 색지에 여러 과일 모양을 오리거나 인쇄해서 성도들 숫자만큼 만든다.

- 성도들은 일주일 전에 나누어 준 과일모양 색지에 '1년 동안 감사했던 일들'을 몇 가지 적어서 가져온다.

- 예배당 입구 출입문 앞에 놓여 있는 감사나무에 과일 쪽지를 걸고 예배당에 입장한다.

- 순서가 되면 수많은 과일모양 색지가 걸려서 화려하게 장식된 감사나무를 담당한 한 가족이 예

배당 입구에서부터 강단까지 끌고 들어온다.

- 교인이 많으면 2-3개의 화분을 준비할 수 있고, 감사절 예배 후에도 1-2주간 더 예배당 입구에 놓아둘 수 있다.

(b) 감사 헌금 드리기

- 한 주간 동안 가정에서 가족들이 만든 감사절 헌금 봉투로 헌금을 드린다.
- 헌금을 봉헌할 그릇은 교회에서 큰 대나무 바구니(또는 중간 사이즈)를 준비하여 흰색 레이스나 낙엽으로 바닥을 깔고, 성도들이 헌금시간에 나와서 헌금하게 한다.

(c) 찬송의 예물

- 찬양대가 여러 곡의 찬송을 메들리로 부를 수도 있고, 교회학교의 부서별 발표회로도 진행할 수 있다. 찬양 외에도 연주나 연극 등의 다양한 순서로 준비하면 더욱 좋다.

** 감사나무 드리기, 감사 헌금 드리기 순서에 성가대 감사 찬양 메들리나, 방송실에서 준비한 찬양 테이프를 들려주면 더욱 좋을 것이다. "감사함으로 그 문에 들어가며, 날 구원하신 주 감사, 감사해요 주님의 사랑" 등의 찬양이나 반주음악이 있으면 매우 좋다.

⑥ 봉헌 기도

청년부 대표가 나와서 헌금 봉헌의 의미와 중보기도(더 많은 섬김이 필요한 현장에 전도와 이웃사랑, 감사를 표현해서 세상에 너그러움과 화평을 줄 수 있도록)를 먼저 한다. 그 후에 바로 이어서 목사님이 전교인과 함께하는 통성기도를 인도한다. 통성기도의 내용은 '감사와 나눔, 봉사'의 삶을 위한 결단의 내용으로 하고, 통성기도가 끝나고 나면 바로 목사님의 축도로 자연스럽게 연결한다.

6. 추가 활용 자료

① 추수감사절 찬양

감사 제목이 풍성한 추수감사절에는 평소와는 달리 국악찬송, 국악합주단, 사물놀이 등 한국적인 가락과 곡조를 사용해 보는 것이 좋다. 이를 위해서 노년부나 남선교회, 교회학교의 청년부나 중고등부에서 사물놀이나 국악합주단 연습을 미리 연습하고 준비하면 흥겹고도 신나는 예배를 드릴 수 있다.

② 감사의 문 만들기

감사절 1달 전이나, 최소한 2주일 전부터 교회의 현관이나 로비, 예배당 입구에 커다란 나무나 화분으로 '감사의 문'을 꾸며 본다. '감사의 문' 주제는 시편 100편 4절 말씀 "감사함으로 그의 문에 들어가며"로 삼고, 여러 성구(시 96:1-2, 시 106:1 등)나 과일, 곡식 모양 나뭇잎으로 장식할 수 있다. 또는 예배당에 올라가는 계단 옆이나 벽 공간에 '감사에 대한 격언'을 색지나 액자에 써서 붙여 놓을 수 있다.

> - 감사는 우리의 주머니에 무엇이 있기 때문이 아니라 우리의 마음에 무엇이 있기 때문입니다.
> - 감사는 인간의 감정 중에서 가장 좋은 감정입니다.
> - 감사의 생활은 기쁨의 생활로, 찬송의 생활로, 기도의 생활로 이어집니다.
> - 넘어질 때의 감사는 일어설 때의 축복이 됩니다.
> - 조건 없는 감사는 조건 없는 축복이 됩니다.
> - 감사의 마음은 또 다른 소유가 아니라 또 다른 나눔입니다.
> - 감사의 분량은 행복의 분량과 똑같습니다.

③ 감사절 헌금봉투 전시회

추수감사절에는 헌금봉투를 직접 만들어 보는 것도 좋다. 가족별로 만들 수 있고, 개인별로 만들 수 있다. 미리 만들어 오지 못한 성도들은 교회가 준비한 감사절 헌금봉투에 봉헌한다. 예배가 끝난 오후부터는 헌금봉투 전시회를 교회 로비에서 진행한다. 창의적인 솜씨로 만든 봉투, 정성껏 노력해서 만든 봉투, 봉투에 적힌 감사의 고백을 보면서 성도들은 진정한 헌금과 예물에 대한 것을 감동적으로 느낄 것이다. 우수작은 심사를 거쳐서 다음 주에 시상해도 좋다. 다만 헌금봉투가 대형봉투이거나 지나친 노력과 장식으로 본래의 소박한 의미가 퇴색하지 않도록 주의할 필요가 있다.

④ 전교인 애찬뷔페 점심 식사

절기 때마다 교인들이 특별한 식사를 함께하는 것도 어린 교회학교 학생들에게는 특별한 추억과 즐거운 경험이 될 것이다. 이 날은 교회 로비나 주차장, 넓은 공간에서 애찬식을 하도록 한다. 구역별로 조금씩 반찬을 준비해 와서 전부 한 곳에 펼쳐 놓고 뷔페식으로 가져다 먹는다. 다양한 메뉴를 통해서 하나님께서 우리에게 얼마나 풍성한 먹을거리를 주셨는지 실감하게 될 것이다. 구역에서 전날 모여 준비하고 감사절 예배 후에 전교인이 함께 먹으면 풍성한 축제 분위기가 형성된다. 남선교회에서는 마당에서 삼겹살을 구워 전교인이 고기를 먹을 수 있도록 봉사하면 더욱 금상첨화가 될 것이다.

⑤ 추수감사절 간식 코너

점심시간 애찬뷔페 후 간식 코너에 이런 꼬치와 컵을 만들어 놓으면 어떨까? 이름하여 무지개꼬치와 과일모둠컵이다. 무지개꼬치는 여러 먹을거리를 큰 깍두기처럼 썰어서 꼬치에 꽂은 것이다. 가래떡이나 흰색 절편, 소시지, 피망(빨강, 초록), 단무지, 쑥절편, 메추리알, 오이, 당근, 단감, 사과 등을 모양 좋게 한 입에 쏙 들어갈 크기로 썰어서 꼬치에 꿰어 진열해 놓는다. 바로 옆에는 포도, 방울토마토, 참외 등의 과일을 한 입에 들어갈 정도로 작게 썰어서 종이컵에 모둠으로 담아놓는다. 성도들은 식사 후 간식 코너에서 무지개꼬치와 과일모둠컵을 가져와 먹을 수 있다.

⑥ 전교인 '아나바다 장터'

보통의 바자회를 하게 되면 물품에 대한 판매나 구입으로 현금이 오고가기 마련이다. 그러나 추수감사절 오후에 열리는 전교인 '아나바다 장터'는 그저 순수한 나눔에 초점을 둔다. 아무런 조건 없이 나누어 주고 싶은 물품을 진열해 놓고, 자리를 비워 둔다. 그냥 아무 대가 없이 갖고 싶은 물건을 그냥 가져가게 하는 것이다.

⑦ 숨겨진 천사(hidden angel box)

로비나 현관 쪽에 천사 모양으로 큰 박스를 미리 장식해 놓는다. 그러면 성도들은 은밀하게 상대방에게 주고 싶었던 현금이나 현물을 그 박스에 넣어둔다. 박스 옆에는 포스트잇 메모지를 놓아둔다. 선물을 주는 사람은 자기 이름은 쓰지 않고 "이것을 ○○○에게 전달해 주세요"라는 문구만 적는다. 이는 평소에 드러내 놓고 주지 못했던 물건이나 현금을 줄 수 있는 좋은 기회가 된다. 교회 내의 담당부서(사회부, 봉사부, 권사회)에서는 메모지에 쓰인 대로 ○○○에게 그 선물을 전달해 준다. 받는 사람이 민망하거나 당황하지 않도록 조심스럽고 은밀하게 전달해 주어야 한다. 담당 부서에서는 물품 목록만은 작성해 둘 필요가 있다.

⑧ 지역 주민과 감사 나누기

추수감사절 오후에 교회 인근으로 전교인이 함께 나가서 지역 주민에게 감사의 선물을 나누어 주는 것도 좋다. 교회의 형편에 맞게 약간의 떡이나 과일, 한과, 주스 등 한두 가지씩 먹을거리를 준비한다. 그리고 "추수감사절의 풍성한 기쁨과 은혜를 여러분과 함께 나누기를 원합니다. 사랑합니다. 축복합니다. ○○교회"의 스티커를 만들어서 붙인다. 그리고 버스 정류장, 노인정, 인근의 공공기관(파출소 등)에 찾아가서 나누어 준다.

⑨ 공동체적인 감사의 기도 릴레이

위에 제시한 감사절 전교인 예배가 자신과 가족중심의 감사 표현에 더 무게를 두었다면 이번에는 이렇게 해 보면 어떨까? 1년 동안의 한국 사회와 역사 속에서 감사했던 것(장로님 대표), 교회를 돌아보면서 감사했던 것(교역자 대표), 교회학교를 돌아보면서 감사했던 것(교회학교 교사 대표), 지역을 돌아보면서 감사했던 것(교인 대표), 교인들과 가정을 돌아보면서 감사했던 것(교인 대표)을 놓고 차례대로 기도하는 것이다. 한 사람씩 기도가 끝날 때마다 교인들은 후렴 찬송(짧지만 감사의 내용이 있는)을 부른다.

⑩ 예배 중에 '나의 시편 23편' 함께 읽기

다윗의 시편 중에서 최고의 백미는 23편이다. 예배 중에 그가 임마누엘의 하나님에 대한 깊고 깊은 감사와 찬송을 노래한 이 23편을 읽어 보면 좋다.

주보에 다음과 같은 내용의 시편 23편 말씀을 적어 주고, (   )에는 자기 이름을 넣어서 전교인이 함께 읽도록 한다.

여호와는 나의(   ) 목자시니 내게(   ) 부족함이 없으리로다.

그가 나를(   ) 푸른 풀밭에 누이시며 쉴 만한 물가로 인도하시는도다.

내(   ) 영혼을 소생시키시고 자기 이름을 위하여 의의 길로 인도하시는도다.

내가(   ) 사망의 음침한 골짜기로 다닐지라도

해를 두려워하지 않을 것은 주께서 나와(   ) 함께 하심이라

주의 지팡이와 막대기가 나를(   ) 안위하시나이다.

주께서 내(   ) 원수의 목전에서 내게(   ) 상을 차려 주시고

기름을 내(   ) 머리에 부으셨으니 내(   ) 잔이 넘치나이다.

내(   ) 평생에 선하심과 인자하심이 반드시 나를(   ) 따르리니

내가(   ) 여호와의 집에 영원히 살리로다.

⑪ 짧은 설교를 대신하여 내레이션과 찬송곡을 할 수 있다

평소와 같은 목사님의 강의식 설교가 아니라 3가지 형식이 반복하면서 보고(읽고) 듣고 노래하는, 정적인 면과 동적인 면이 연합된 설교 형식이다. 영상 읽기 - 내레이션 듣기 - 찬송 부르기가 메시지의 주제를 따라서 반복해서 진행된다.

(1) 주신 복을 세어 보세요

영상화면 : 에베소서 1장 3절 말씀

내레이션 : "하나님께서는 그리스도 안에서, 하늘에 속한 온갖 신령한 복을 우리에게 주셨습니다. 하늘에 속한, 하나님의 신령한 복을 주셨다는 것은 땅에서도, 이 땅에 살면서 누릴 온갖 복을 다 주셨다는 뜻이기도 합니다. 우리가 노력하고 힘써서 애써서 얻은 것들이 아닌데도 우리가 누리고 있는 것들이 얼마나 많은지 아십니까? 이 시간에는 하나님께서 우리에게 주신 것이 무엇인지 하나씩 생각해 보기 바랍니다. 하나씩 헤아리다 보면 우리에게 얼마나 귀하고 좋은 것들을 주셨는지 알 수 있습니다. 우리는 영광의 찬송을 부를 수밖에 없습니다."

찬송 : "세상 모든 풍파 너를 흔들어"(찬429장/통489장)

(2) 사랑도 감사도 다 한 나무에서

영상화면 : 마태복음 26장 7절 말씀

내레이션 : "한 여자가 예수님께로 와서 그 머리에 아주 비싼 향유를 부었습니다. 그 향기는 순식간에 방안을 가득 채웠습니다. 그 여자는 예수님에 대한 감사를 그렇게 표현했습니다. 그 여자는 예수님에 대한 사랑과 존경을 향유로 표현했던 것입니다. 주님도 우리에게 아까워하지 않고 자신의 생명까지 다 주셨습니다. 우리도 이 여인처럼 사랑하는 마음으로 아까워하지 않고 예물을 다 드릴 수 있었으면 좋겠습니다. 감사한 마음이 크면 클수록 하나님에 대한 사랑과 헌신도 점점 커지니까요."

찬송 : "내게 있는 모든 것을"(찬50장/통71장)

"값비싼 향유를 주께 드린"(찬211장/통346장)

(3) 말로 다 할 수 없는 감사를

영상화면 : 에베소서 5장 19,20절 말씀

내레이션 : "바울은 우리에게 오늘 이렇게 권면합니다. 감사를 우리의 말로 아름답게 표현하라

고 합니다. 서로 말하면서, 서로 들으면서 다 같이 하나님께 영광이 되기 때문입니다. 말로 다 할 수 없는 이 지극한 은혜에 대한 감사를 우리의 입술에 담아서 입술의 열매를 하나님께 올려드리기로 합시다. 우리의 입술에서 시처럼, 찬송처럼, 노래처럼 하나님의 이름을 높이고, 하나님께 감사하는 말이 흘러나오기를 이 시간 소원합니다. 감사의 말을 귀담아 듣고 계신 하나님이 우리 곁에 계십니다."

찬송 : "내 영혼에 햇빛 비치니"(찬428장/통488장)

　　　"큰 죄에 빠진 나를"(찬295장/통417장)

(4) 감사한 한 사람이 되어 봅시다

영상화면 : 누가복음 17장 15-17절 말씀

내레이션 : "예수님은 건강한 자에는 의원이 필요 없고 병든 자에게라야 쓸 데 있다고 하셨습니다. 예수님은 의인을 부르러 온 것이 아니라 죄인을 부르러 왔노라고 말씀하셨습니다. 여기에 불치병, 저주받은 고통스러운 참혹한 한센씨병을 얻은 사람들 10명이 있었습니다. 그들은 어느 한 순간에 예수님을 만나서 기적처럼 병이 낫게 되었습니다. 그들은 모두 기뻐하며 자기들의 집으로 가 버렸습니다. 그런데 한 사람만 예수님께로 돌아와 엎드려서 감사의 인사를 했습니다. 예수님은 물으셨습니다. "10사람 중에서 9명은 어디 있느냐?" ○○교회 성도 여러분, 우리는 9명 중에 있습니까? 돌아온 1명 중에 있습니까?

찬송 : "감사하세 찬송하세"(찬594장/통x)

　　　"날 구원하신 주 감사"

10장. 성탄맞이 전야제

1. 전야제의 의미

이 전야제는 한국교회사에서 초창기부터 오랫동안 전통적으로 지켜온 성탄축하 행사였다. 지금도 교회학교, 특히 유치부나 아동부에서는 연간계획에서 빠지지 않고 준비하는 중요한 행사이다. 대부분의 교회에서는 12월 24일 성탄절 이브 날에는 행사를 하고, 다음날 25일 성탄절에는 예배를 드린다. 오랜 세월 동안 이러한 패턴으로 지내오면서 자리 잡은 고정관념은 항상 24일 저녁에 행사를 열되, 주로 유치부나 아동부가 일종의 학예회 형식의 발표를 하도록 했다. 그러다 보니 교사나 어린이들 모두가 성탄절 예배보다는 전야제 행사에 비중을 두게 되었다.

이제는 변화하는 사회나 교회 환경을 직시하면서 오랜 고정관념을 깨야 한다. 새롭게 디자인된 성탄맞이 행사가 필요하다. 첫째로 시간의 문제는 24일 밤늦게까지 피곤하게 행사 진행에 몰두하지 말고, 성탄맞이 행사를 대림절 넷째 주일 오후예배나 그 주간의 수요일에 한다. 그리고 24일 성탄절 이브 날에는 가족과 함께 지내도록 유도하는 것이 좋다. 둘째는 유치부나 아동부만 준비하고 보여 주는 학예회 형식에서 벗어나 전세대가 함께 어울리고 성탄을 축하하는 본래적인 의미의 간세대 대림절 행사가 되어야 한다. 셋째로 편중에 대한 문제를 개선해야 한다. 그동안 성탄맞이 행사는 화려하고 다양한 순서가 많은 반면 성탄절 예배는 단조롭고 지루한 예배였다. 모든 연령층(부서)에서 여러 형식의 성탄축하 순서를 준비하고, 성탄맞이 행사와 예배 시간을 골고루 분배하여 편중되지 않도록 해야 한다. 그래서 둘 다 더욱 참신하고 은혜로우며 간세대적인 감동이 있도록 해야 한다.

2. 예배의 기획 방침

① 전세대(전교인)가 함께 준비하고 공연하는 대림절 축제의 목적을 최대한 살린다.
② 예배 순서를 다른 순서로 바꾸어도 예배의 본질은 변하지 않도록 한다.
③ 대림절 행사와 성탄절 예배 사이에 의미적인 연결성을 가지고 있다.
④ 예배의 주제가 모든 순서에 포함되어 성도들이 잔잔한 은혜를 받을 수 있다.
⑤ 여러 부서의 순서 중에서 사정에 따라 가감할 수 있다.

3. 예배의 사전 준비

① 방송 영상팀
- 종소리 시그널 음악
- "빛으로, 아기로 오신 사람" 편집 영상
- "성탄축하 메시지" 목사님의 성탄 인사말 사전 인터뷰 및 편집
- "성탄절" 3행시 - 설문지, 화면 구성, 내레이터 2명,
- 성탄시의 배경화면
- 폐회찬송(찬622장) 가사 PPT
② 아동부 어린이 기도문, 파일, 마이크
③ 성탄목 장식하기

- 교회학교 부서별 대표 7명 선정, 인사말 대본

- 성탄 트리, 단어판 7개, 마이크

④ 부서별 순서

- 유치부(부모님과 함께하는 찬양율동, 노래극)

- 아동부(말씀암송 릴레이, 악기팀 + 찬양팀)

- 중등부(영어찬송과 핸즈극), 고등부(악기연주)

- 여전도회(중창단), 남선교회(중창팀), 권사회

- 교역자(가족)의 체조 찬양

⑤ 3세대 가족 낭독극

- 3세대 한가족 6인 선정, 대본 연습,

- 무선 마이크, 복장(한복이나 정장)

⑥ 성탄시 낭독

- 신혼부부 1쌍 선정, 파일, 마이크

⑦ 캔들송(폐회 찬송)

- 종이컵 + 양초 다수,

4. 예배 순서

( )년 성탄맞이 전야제 "그곳으로, 베들레헴으로 갑시다"

종소리와 함께 …………………………………………………………………………	영상팀
"빛으로, 아기로 오신 사람" ……………………………………………………………	영상팀
찬송 ……………………………… (찬114장/그 어린 주 예수) ………………………………	다함께
"성탄 축하 메시지" …………………………………………………………………………	영상팀

기도 ·· 아동부 어린이

함께 읽는 기도 ··· 다함께

　　　인도자 : 예수님을 기다리고 기다리는 소망의 마음이 여기 있습니다.
　　　다함께 : 빨리 베들레헴으로 갑시다. 예수님을 만나러 갑시다.
　　　인도자 : 천사들과 함께 부를 찬송의 선물이 준비되었습니다.
　　　다함께 : 빨리 베들레헴으로 갑시다. 예수님을 만나러 갑시다.
　　　인도자 : 예수님께 드릴 우리 교회의 소중한 선물이 준비되었습니다.
　　　다함께 : 빨리 베들레헴으로 갑시다. 예수님을 만나러 갑시다.
　　　인도자 : 목자들처럼 동방박사들처럼 경배하면서 갑시다.
　　　다함께 : 빨리 베들레헴으로 갑시다. 기뻐하며 찬송하며 갑시다.

성탄목 장식하기 ·· 교회학교대표들

찬송 ································ (찬122장/참 반가운 성도여 1,2절) ················· 다함께

유치부 어린이와 부모님이 함께하는 찬양 율동(　　　) ······························ 유치부

중등부 영어 찬송과 핸즈극(　　　　) ··· 중등부

여성 중창단(　　　　) ··· 여전도회

유치부 노래극(　　　　) ··· 유치부

고등부 악기팀 연주(　　　　) ··· 고등부

말씀 암송 릴레이(　　　) ··· 아동부

3세대 가족 낭독극 "예수님을 만난 사람들" ··· 3세대 가족

찬송 ······························· (찬126장/천사 찬송하기를) ···················· 다함께

권사회 찬송(　　　) ··· 권사회

아동부 악기팀과 율동팀 협연(　　　) ··· 아동부

교역자(교역자 가족들) 체조 찬양(　　　) ·· 교역자팀

"성,탄,절" 3행시 코너 ··· 영상팀

　성탄시 낭독 ·· 신혼부부

남선교회 중창팀(찬양,악기,율동)(　　　) ··· 남선교회

찬송 ································ (찬622장/거룩한 밤) ···················· 출연진 + 다함께

축도 ·· 담임목사

5. 진행 도움 자료

① 종소리와 함께

영상팀에서는 성당의 종소리를 다운받아 준비한다. 유럽의 중세 시대에 울리던 성당 종소리는 한 번만 울리는 것이 아니라 여러 종이 연속적으로 울리는 환상적인 하모니를 갖고 있다. 본당의 조명을 어둡게 한 상태에서 이러한 종소리를 잠시 들려준다.

② "빛으로, 아기로 오신 사람"

성탄절에 대한 구약의 예언들과 신약의 성취들을 영상으로 편집한다. 말씀 자막도 넣고, 예수님 탄생 당시의 여러 사건들도 영상을 편집해서 보여 준다.

③ "성탄 축하 메시지"

일주일 전에는 영상팀이 담임목사님을 찾아가 성탄 인사말을 인터뷰하고 이를 편집한다. 담임목 사님의 서재나 당회실에서 촬영한다. 목사님의 성탄절의 관한 추억, 교인들에게 보내는 성탄절 인사, 전야제에 수고한 이들에 대한 감사와 축복의 인사 등을 담는다.

④ 기도

교회학교를 대표하여 아동부 어린이가 기도한다. 미리 기도문을 크게 프린트하여 파일에 끼워서 정중하게 들고 나와 기도하도록 한다. 기도문은 짧고, 모든 사람들이 이해할 수 있도록 쉬운 언어로 작성한다.

⑤ 성탄목 장식하기

교회학교 부서를 대표한 7명(유치부, 아동부 1,2, 중등부, 고등부, 청년부 1,2)이 앞으로 나와서 멘트를 하고 준비한 단어판을 성탄목에 건다. 순서를 마친 후에 성도들과 함께 찬송을 부르고 퇴장한다(준비물/ 성탄트리, B5 용지 크기의 단어판, 마이크).

청년 1 : 거리마다 수많은 네온사인과 화려한 성탄 트리…. 그 속에서 우리는 오늘 성탄절의 본질과 핵심을 알고 싶어요. 핵심적인 것을 간절히 추구합니다. 그래서 저는 성탄절에 "본질"이라는 단어를 주님께 드리고 싶어요.

청년 2 : 저는 "새벽이슬 같은 주의 청년들"이라는 시편 말씀을 정말 좋아해요. 요즘은 말도 혼잡하고 세상도 혼잡하고 문화도 혼잡해요. 그래서 저는 새벽이슬 같은 "정결함"이라는 말을 주님께 드리고 싶어요.

유치부 : 저는 성탄절이 되면 행복하고 좋습니다. 너무 즐겁고 기분이 좋아요. 그래서 저는 이 성탄목에 "참 좋아요"라는 말을 드리고 싶어요.

아동부 1 : 저는 우리 반 친구들이랑 선생님도 좋고, 우리 전도사님도 좋아요. 그래서 ○○ 교회에 다니는 것이 행복하고 감사해요. 그래서 저는 이 성탄목에 "감사"라는 말을 걸어드리고 싶어요.

중등부 : 저는 중등부에서 예배를 드리고 성경공부를 하면서 예수님을 좋아하는 것만이 아니라 진심으로 존경하고 받들어야 한다는 것을 점점 알게 되었어요. 그래서 저는 "존경"이라는 말을 예수님께 드리고 싶어요.

아동부 2 : 저는 사랑이 최고로 값진 거라고 믿어요. 우리를 위해 이 땅에 오신 예수님도 우리를 사랑하시기 때문에 오셨고, 저도 그 예수님을 사랑하기 때문에 교회에 다니잖아요? 그래서 저는 "사랑"이라는 말을 주님께 드리고 싶어요.

고등부 : 고등부 학생으로서 신앙적인 비전과 사회인으로서의 비전이 있는데요. 그 비전을 이루기 위해 학교생활도 열심히, 신앙생활도 열심히, 믿음과 사랑도 열심히 하고 싶어요. 그래서 저는 오늘 아기예수님께 "열정"이라는 말을 드리겠어요.

* 청년부 1 : 성도 여러분, 여러분은 성탄 트리에 어떤 말을 드리고 싶은가요?

중등부 : 여러분이 가장 값지게 바라보는 신앙적인 가치관은 무엇인가요?

유치부 : 지금 이 시간, 마음으로 주님께 선물로 드리시기를 바랍니다.

⑥ 말씀 암송 릴레이

아동부 어린이 2-3명이 성탄절과 관계된 말씀을 암송한다. 서로 돌아가면서 한 절씩 하거나, 1명이 말씀 주소와 사회를 보고, 2명은 말씀을 교대로 암송한다. 성탄맞이 행사에서 이 순서는 예배에서의 성경 봉독과 일맥상통하기 때문에 성경 봉독을 대신할 수 있다.

⑦ 3세대 가족 낭독극 "예수님을 만난 사람들"

교회 내에 보면 3세대가 함께 출석하는 가정이 있다(어린이 세대, 부모 세대, 조부모 세대). 이러한 가족에게 낭독극 대본을 주고 사전에 가정에서 연습하도록 한다. 강단에서 3세대 가족 6명이 단정한 옷이나 한복을 입고 한 줄로 서서 무선마이크를 들고 낭랑한 목소리로 대본을 외우면 된다. 자기 차례 때에는 한두 걸음 앞으로 나와서 외우고(또는 대본을 들고), 낭독이 끝나면 다시 뒤로 물러선다. 이 순서는 목사님의 설교를 대신하는 내용이기 때문에 성탄맞이 행사에서 설교는 없어도 무방하다.

성탄맞이 전야제

3세대 가족 낭독극

"예수님을 만난 사람들"

아이 1 : 우리는 지금 예수님께서 나신 성탄절을 기쁜 마음으로 기다리고 있습니다. 이 시간 성경 속에서 성탄절의 사람들을 만나 보도록 해요. 그리고 2천 년 전의 베들레헴으로 달려가서 여러분도 예수님을 만나 보세요(밝고 큰 목소리로).

할아버지 : "천사가 이르되 마리아여 무서워하지 말라 네가 하나님께 은혜를 입었느니라. 보라 네가 잉태하여 아들을 낳으리니 그 이름을 예수라 하라 그가 큰 자가 되고 지극히 높으신 이의 아들이라 일컬어질 것이요 주 하나님께서 그 조상 다윗의 왕위를 그에게 주시리니 영원히 야곱의 집을 왕으로 다스리실 것이며 그 나라가 무궁하리라."

어머니 : 가브리엘 천사에게 예수님 탄생을 예고 받은 마리아는 얼마나 놀랐을까요? "하나님께 은혜를 입은 자"라고 했지만, 두렵고 떨리고 '어떻게 이런 일이 나에게?'라는 마음도 있었을 거예요. 그러나 마리아는 겸손하게 "주의 여종이오니 말씀대로 내게 이루어지이다"라고 천사에게 말했습니다.

할머니 : "요셉도 다윗의 집 족속이므로 갈릴리 나사렛 동네에서 유대를 향하여 베들레헴이라 하는 다윗의 동네로 그 약혼한 마리아와 함께 호적하러 올라가니 마리아가 이미 잉태하였더라."

아이 2 : "거기 있을 그 때에 해산할 날이 차서 첫아들을 낳아 강보로 싸서 구유에 뉘었으니 이는 여관에 있을 곳이 없음이러라."

아이 1 : 성경은 예수님이 가장 낮고 겸손하게 이 세상에 오심을 알려 줍니다. 편안히 해산할 방 한 칸 없이 예수님은 여관 집 마구간에서 태어나셨습니다. 베들레헴에는 그 당시 호적하러 온 사람들이 많이 있었습니다. 그러나 예수님을 알아보는 사람들은 없었습니다. 우리들이 지금 베들레헴에 있었던 사람들 중 한 사람이라면 주님을 알아볼 수 있었을까요?

어머니 : "그 지역에 목자들이 밤에 밖에서 자기 양떼를 지키더니."
아버지 : "주의 사자가 곁에 서고 주의 영광이 그들을 두루 비추매 크게 무서워하는지라."
어머니 : "천사가 이르되 무서워하지 말라. 보라 내가 온 백성에게 미칠 큰 기쁨의 좋은 소식을 너희에게 전하노라."
아버지 : "오늘 다윗의 동네에 너희를 위하여 구주가 나셨으니 곧 그리스도 주시니라."

아이 2 : 깊은 밤, 양을 지키고 있던 베들레헴 들판의 목자들에게 천사들이 나타났습니다. 천사가 전한 소식은 예수님 탄생의 소식, 온 세상에 크고도 놀라운 기쁜 소식이었습니다.

아이 1 : 이어서 천사들의 합창소리가 들렸습니다. "지극히 높은 곳에서는 하나님께 영광이요, 땅에서는 하나님이 기뻐하신 사람들 중에 평화로다." 목자들은 "빨리 베들레헴으로 가서 주께서 우리에게 알려 주신 일을 보자." 하고 달려갔습니다. 우리들도 목자가 되어 지금 이 시간, 베들레헴으로 빨리 달려갑시다.

할아버지 : "박사들이 왕의 말을 듣고 갈새 동방에서 보던 그 별이 문득 앞서 인도하여 가다가 아기 있는 곳 위에 머물러 섰는지라."

아이 2 : "그들이 별을 보고 매우 크게 기뻐하고 기뻐하더라."

할머니 : "집에 들어가 아기와 그의 어머니 마리아가 함께 있는 것을 보고 엎드려 아기께 경배하고 보배합을 열어 황금과 유향과 몰약을 예물로 드리니라."

아이 1 : "그들은 꿈에 헤롯에게로 돌아가지 말라 지시하심을 받아 다른 길로 고국에 돌아가니라."

아버지 : 박사들은 별이 머물러 선 곳에서 아기 예수를 만났습니다. 정성껏 준비한 3가지 예물, 황금과 유향과 몰약을 드렸습니다. 박사들은 그렇게 기대하던 아기 예수님을 만난 기쁨으로 가슴이 벅차올랐습니다. 우리들이 박사들이었더라면 무슨 예물을 드렸을까요?

할아버지 : "시므온이 아기를 안고 하나님을 찬송하여 이르되 주재여 이제는 말씀하신 대로 종을 평안히 놓아 주시는도다. 내 눈이 주의 구원을 보았사오니 이는 만민 앞에 예비하신 것이요 이방을 비추는 빛이요 주의 백성 이스라엘의 영광이니이다 하니"

아버지 : 시므온은 그리스도를 보기 전에는 죽지 않는다는 성령의 음성을 듣고 오랫동안 예수

님을 기다린 사람이었습니다. 그리고 말씀대로 약속대로 그는 예수님을 만납니다. 시므온은 얼마나 기쁘고 감사했을까요?

할머니 : "또 아셀 지파 바누엘의 딸 안나라 하는 선지자가 있어 나이가 매우 많았더라 그가 결혼한 후 일곱 해 동안 남편과 함께 살다가 과부가 되고 팔십사세가 되었더라. 이 사람이 성전을 떠나지 아니하고 주야로 금식하며 기도함으로 섬기더니 마침 이 때에 나아와서 하나님께 감사하고 예루살렘의 속량을 바라는 모든 사람에게 그에 대하여 말하니라."

어머니 : 안나는 오직 소원이 그리스도를 만나는 것이었습니다. 과부였지만 84세까지 성전을 사랑하고 금식하고 기도하면서 아기 예수님을 만날 준비를 해 온 경건한 여인입니다. 안나 할머니는 성전에서 아기 예수님을 만나고, 감격과 기쁨의 눈물을 흘렸습니다. 그리고 안나는 모든 사람에게 아기 예수의 나심을 전했습니다.

가족 모두 : 2천 년의 시간을 넘어 올해의 성탄절에도 예수 그리스도는, 지금 이곳에 계십니다.

어머니 : 이 시간 하나님 말씀에 순종한 마리아처럼

아이 2 : 기뻐하며 경배한 목자들처럼

아버지 : 먼 길을 찾아와 예물을 드린 동방의 박사들처럼

할아버지 : 의로운 사람 시므온처럼

할머니 : 기도의 어머니 안나처럼

가족 모두 : 예수님을 만나고 기뻐하는 사람들이 모두 다 되시기를 바랍니다. ○○ 교회 모든 성도에게 메리 크리스마스!! (손을 흔들며)

⑧ 교역자(교역자 가족들) 체조 찬양

1년에 1-2회 정도는 간세대적인 예배나 행사에서 교역자팀, 작은 교회에서는 교역자 가족들이 준비한 순서로 행사를 진행해 볼 수 있다. 교역자들도 그의 가족들도 하나님 앞에서는 예배자요, 신앙 공동체에서는 한 가족이며 하나님의 백성이기 때문이다. 시간을 갖고 함께 모여서 연습하다 보면, 서로 즐거운 대화를 나누면서 교제할 수 있고 더 가까워질 수 있다. 체조 형식의 찬양에 동작도 맞추고 소품도 사용해서 환상적인 체조찬양을 보여 주면, 성도들에게 큰 웃음과 은혜를 안겨 줄 것이다.

⑨ "성탄절" 삼행시 코너

영상팀에서는 일주일 전에 성도들에게 삼행시 쪽지를 나누어 주고 다 된 것은 미리 걷어서 영상으로 편집한다. 한 화면에 한 사람의 삼행시를 넣고, 그 옆에 사진을 넣는다. 여러 성도의 삼행시를 내레이터 두 사람이 교대로 읽어 주면 더 이해하기 쉽고 지루하지 않다.

> 올해 성탄절 전야제 때에는 여러분이 참여할 수 있는 "삼행시" 코너가 있습니다. 여러분의 재치 넘치는 삼행시를 적어 주세요.
>
> 소속 (   )   이름 (   )
>
> 성 :
> 탄 :
> 절 :

⑩ 성탄시 낭독

이 순서는 교회 내에서 결혼한 지 얼마 안 되는 풋풋한 신혼부부가 맡아서 해 보자. 신혼부부는 낭송시를 가지고 등장한다. 영상팀에서는 영상과 배경음악(바이올린이나 현악기곡)을 준비하여 부부의 낭송에 맞추어 영상을 보여 준다(베들레헴 들판의 목자들과 천사들, 동방박사들과 헤롯왕, 여관집 장면들). 성탄시로는 여러 좋은 시들이 있다(참고 : 이해인 시인의 "당신이 오신 날").

⑪ 찬송(찬622장/거룩한 밤) 캔들송 부르기

이 찬송은 장엄하고 화려한 데다 가사도 좋아 성탄맞이 행사에서 마지막 폐회곡으로 부르기 알맞은 곡이다. 이전 순서인 남선교회 중창팀이 찬송을 부르고 있을 때, 유치부, 아동부와 중등부의 전체 출연진은 본당 뒤편에서 촛불을 하나씩 받아들고 준비하고 있어야 한다. 남선교회 중창팀 순서가 끝나고 바로 이어서 622장 전주가 2번 정도 들리면 출연진들은 강단 앞으로 나온다. 그들은 강단 앞에 몇 줄로 서서 촛불을 들고 이 찬송을 부른다. 조명은 꺼지고 영상 화면에 가사가 떠오른다. 교회학교 출연진들은 성도들을 향하여 서서 촛불을 조금씩 흔들면서 부르고, 성도들은 일어나서 강단 위쪽의 영상 화면의 가사들을 보면서 이 찬송을 부른다. 본당의 조명을 어둡게 했기 때문에 이 가사를 부를 때는 더욱 숙연하고 은혜 넘칠 것이다. 이 찬송이 끝나면 바로(조명을 켜지 말고 어두운 그 상태에서) 목사님의 축도로 성탄맞이 전야제를 마친다.

6. 추가 활용 자료

① 준비팀 구성

교회에서 추진할 수 있는 여러 간세대적 행사에서 그 특성을 100% 발휘할 수 있는 프로그램이 있다면 그것은 성탄맞이 행사라고 할 수 있다. 그동안 쌓은 전통이 있기 때문에 훨씬 쉽고 조금만 노력해도 그 효과를 충분히 누릴 수 있다. 더 효율적이고 짜임새 있는 진행을 위해서 6개의 소그룹 준비팀으로 역할을 나누어 구성해 보자(영상, 조명, 음향, 반주, 설치/소품, 마이크, 강단비품, 관리/입퇴장 순서 관리). 각자 맡은 영역에서 사전 연습과 리허설을 거쳐 순서에 맞춘다면 어성버성하지 않고 훌륭한 진행을 하게 될 것이다.

② 연극 공연

연극은 항상 유치부나 아동부에서 담당하는 것처럼 생각하는 경우가 많다. 사실 연극 한 편을 연습하고 공연하기란 생각보다 훨씬 어렵다. 그래서 해마다 돌아가면서 기관별로 담당시키는 방법이 있

다. 해마다 아동부→중등부→여전도회→고등부→남선교회→청년부, 6년마다 한 번씩 돌아오는 순
환 사이클로 해서 기관별로 연극을 준비하면 된다. 해마다 분담해서 준비하면 성도들도 색다른 즐거
움을 느끼고 은혜를 받을 수 있다.

③ 기관별 부서별 찬양

교회의 어르신들은 성탄맞이 전야제를 교회학교의 학예회 정도로 생각하기도 한다. 그렇게 해 오
셨고 보아 왔기에 그런 생각이 드는 것이다. 이제는 전교인이 함께 준비하고 성탄을 축하하는 축제로
열어야 한다. 그래서 모든 부서에서 축하 순서를 준비하되 일부는 성탄맞이 전야제를, 일부는 성탄절
축하 예배를 맡으면 된다. 대부분 이때에는 찬양이나 율동에 치중하는 경향이 있는데 영어찬송, 외국
어찬송, 국악찬송, 체조찬양, 워십댄스, 악기팀의 연주(리코더, 오카리나, 기타, 하모니카, 리듬악기합주단) 등으
로 색다른 변화를 줄 수 있다. 극 종류로는 짧은 스킷 드라마, 마임극, 낭독극도 시도해 볼 수 있다.

④ 성탄절 영상 만들기

전야제 순서에서 사용된 "성탄절 3행시" 외에도 "내가 만약 동방박사라면? 아기 예수님께 무얼
드릴까요?"라는 설문지도 받아볼 수 있다. 예수님이 지금 이 세상에 오신다면 자신들이 말구유에 누
워 계신 아기 예수님께 무얼 드릴지 적어보고 그 이유를 짧게 설명하는 것이다. 성도들은 기발하고
재치 넘치는 선물들을 적게 될 것이다. 그러면 방송팀은 이 내용을 편집해서 영상으로 보여 준다. 또
는 "성탄절, 나의 이야기"라는 제목으로 교회 내의 어른 성도들에게 지난 날 성탄절의 추억을 인터
뷰해 본다.

⑤ 쪽지 전시회

성도들에게 설문지로 돌린 "성탄절 3행시"나 "내가 만약 동방박사라면?"라는 영상을 편집해서 보
여 주기도 하지만, 그렇게 하지 못할 경우에는 교회 로비나 벽 공간에 설문지를 모자이크 식으로 연
속으로 붙여 놓아 전시회로 열 수도 있다. 이렇게 전시회를 할 경우에는 사전에 설문지를 색지로 인
쇄하면 전시했을 때 더 시각적으로 화려하다.

⑥ 성탄절 5가지 애찬식

　성탄맞이 전야제가 끝난 후에 성도들을 위한 작은 애찬식을 마련해 본다. 성탄절을 상징하는 5가지 간식과 함께 성도들이 담소를 나눌 수 있도록 작은 배려를 베푸는 것이다. 배불리 풍성하게 먹기 위함이 아니기 때문에 소량으로 준비해 오되, 그 의미와 상징에 더 초점을 맞추어야 한다. 5가지 색은 예전적인 의미가 있는 색깔이므로 전야제 행사 후에 광고해 주어야 한다.

> * 흰색 - 하늘나라 상징 (백설기나 가래떡을 먹기 좋게 작게 썰어 놓는다)
>
> * 황금색 - 왕이신 하나님을 상징 (귤)
>
> * 갈색 - 말구유를 상징 (갈색 비스킷, 초콜릿이 묻은 빼빼로 과자)
>
> * 빨간색 - 예수 그리스도 상징 (포도 주스를 종이컵에 따라놓는다)
>
> * 별 - 동방박사들의 별을 상징 (별 모양의 사탕이나 별 과자 종류)

⑦ '성탄절 바로 알기' 게시판 만들기

교회 로비나 게시판에 성탄절과 관계된 몇 가지 상식을 알려 준다.

> * 성탄절의 역사
>
> 　교회의 역사를 보면 최초의 성탄절은 5월에 지켰다고 한다. 12월 25일을 성탄절로 지킨 것은 AD 336년경으로 알려져 있다. 서방 교회는 세상이 춘분(3월 25일)에 생겼으니 구세주도 그때 동정녀에게 잉태되어 9개월 후인 12월 25일에 나셨다고 믿었다. 동방정교회는 4세기경에는 1월 6일에 지키다가 5세기경부터는 12월 25일에 지켰다. 예루살렘 교회는 AD 549년까지도 1월 6일로 지켰으며 아르메니안 교회에서는 지금까지도 1월 6일을 성탄절로 지키고 있다. 중요한 것은 성탄절의 날짜가 언제인지가 아니라 성탄절의 의미와 목적을 바로 하는 것이다. 성탄절을 맞이하기 위한 거룩하고 경건한 준비 기간인 대림절과 성탄절의 의미를 제대로 회복해야 할 것이다.

* 크리스마스와 X-마스

성탄절이 가까워지면 곳곳에 간단하게 X-mas라고 쓴 것을 볼 수 있다. 여기에서 X자는 영어 알파벳의 X가 아니다. 헬라어로 '그리스도'라는 단어의 첫 자인 '크스'라는 글자로, 이 뒤에 축제날을 의미하는 mas가 붙은 것이다. 이것은 그리스도를 예배한다는 뜻이다. 보통 수학에서는 X자를 미지수의 표기로 사용한다. 또한 X는 'No'라는 의미도 있다. 그러므로 표기한 대로 '엑스-마스'로 읽으면 성탄절의 본래 뜻이 무엇인지 모르고 단지 하나의 축제로 지낸다는 뜻이 된다. 또는 '금지한다'는 뜻으로 성탄절을 지키지 않는다는 뜻이 된다. 그러므로 진정한 의미로 사용하려면 번거로워도 'chris-mas'라고 사용함이 옳은 듯하다.

* 크리스마스 카드

세계 최초의 크리스마스 카드는 1843년 영국에서 시작되었다. '빅토리아 & 앨버트' 박물관 관장인 헬리콜 경이 일일이 안부편지를 쓰는 대신 인쇄된 카드를 만들어 낸 것이다. 이 최초의 카드에는 조부모, 부모, 온 가족이 식탁에 둘러앉아 있는 모습이 석판화로 그려져 있었다. 헨리콜 경의 아이디어가 산업으로 발전된 때는 1862년 당시 런던에서 열렸던 제2회 만국박람회에서 그 카드가 팔리기 시작하면서부터였다. 이렇게 하여 크리스마스 카드는 전 세계 어느 곳에서나 사용되기 시작했다.

* 캐롤링(Carolling)

19세기 상반기 영국에서는 집집을 방문하면서 캐롤을 불러 주는 관습이 있었다. 마을의 모든 아이들은 크리스마스에 쓸 자금을 모으기 위하여 11월말부터 각 집을 돌아다니면서 캐롤을 부르곤 했다. 캐롤링은 그리스도 탄생의 기쁜 소식을 천사들이 찬양으로 전했던 것처럼 크리스마스 새벽이면 구주 탄생의 기쁜 소식을 집집마다 전하는 의미를 담고 있다. 한국에서도 6·25 전쟁 후 얼마동안 성탄절 새벽이면 집집마다 돌아다니면서 이 캐롤링의 전통을 유지했었다. 하지만 크리스마스 밤이 너무나 무질서하고 퇴폐적인 것과, 새벽의 노랫소리가 비기독교인 가정에 안면방해가 된다는 불쾌한 원성이 높다 보니 자연스럽게 교회들이 캐롤링을 삼가고 있는 실정이다.

* 성탄찬송 - "고요한 밤 거룩한 밤"

1828년 어느 늦은 밤, 크리스마스를 일주일 앞둔 오스트리아의 작은 시골 성당에는 아직도 불이 켜져 있었다. 그 성당의 26세 된 젊은 신부 모올은 늦은 밤인데도 잠을 이룰 수가 없었다. 앞으로 일주일 후면 성탄미사도 드려야 하고 연극 발표회도 해야 하는데 하나뿐인 오르간이 고장난 것이다. 시골에서는 수리하기도 어려웠고 새로 구입할 형편도 아니었다. 모올 신부는 하나님께 기도를 드렸다. 그리고 깊은 밤 창밖으로 마을을 내려다보았다. 참으로 고요한 밤이었다. 그는 마을의 고요한 모습에 감동을 받아 시 한 편을 지었다. 다음날 아침, 그는 시를 들고 성단의 오르가니스트이자 학교 교사인 구루버를 찾아갔다. "선생님, 제가 시를 한 편 써보았습니다. 이 시에 곡을 붙여 주세요. 그리고 성탄미사 때 기타 연주를 하면 어떨까요?" 그래서 크리스마스 날 시골의 한 작은 성당에서는 이 음악이 기타로 연주되었다. 이것이 바로 그 유명한 "고요한 밤 거룩한 밤"이 생기게 된 유래이다.

** 위의 자료들 외에 더 많은 자료들은 인터넷 사이트에서 성탄절 관련 자료로 검색하면 찾을 수 있습니다.

11장. 성탄절 축하예배

1. 예배의 의미

우리를 구원하기 위해 사람의 모습으로 이 땅에 오신 예수님을 맞이하는 성탄절은 절기 중에서도 최고의 절기라고 할 수 있다. 왜냐하면 성탄절은 기독교 신앙의 출발점이기 때문이다. 그러한 성탄절 예배가 성도들에게 식상하고 지루한 예배가 된다면, 성탄절의 본래적 의미가 퇴색된 것이다. 성탄절 예배를 기쁨과 축하의 분위기가 아닌 딱딱하고 경직된 분위기에서 드리는 교회가 많다. 우리는 성탄절 예배 때 주일 예배와 다름없는 긴 시간, 매년 되풀이되는 내용의 설교를 답습하고 있는 것은 아닐까? 성가대는 성가대의 존재감을 심어 주기 위해서 너무나 장엄한 칸타타를 반복하고 있는 것은 아닐까? 성도들은 매년마다 비슷한 성탄절 예배에 권태감을 느낄지도 모른다.

이와 같은 성탄절 예배에 대한 갱신이 필요하다. 진정으로 아기 예수님 탄생을 축하하고 기쁨 가득한 예배로 변화를 주어야 한다. 주일 예배처럼 되풀이하는 순서에서, 설교 패턴과 길이에서도 모두 새로운 접근이 필요하다. 성탄절 전야제 캐럴 잔치에 너무 많은 비중을 두다보면 정작 성탄절 예배에는 소홀해지기 쉽다. 성탄절 예배는 성도들에게 깊은 감동을 줄 수 있도록 기획해야 한다. 성탄절을 전교인 예배로 드린다고 하면, 성인 성도들은 교회학교 학생들 때문에 어수선해지고 떠드는 분위기가 형성되어 예배를 망칠 거라 생각하고 싫어할 것이다. 또한 교회학교 학생들은 자기들 예배보다 길고 지루해서 숨 막힐 것 같이 답답하다고 생각해서 예배에 참석하지 않을 것이다.

한국교회의 성도들은 변화하고 있다. 경직되고 지루한 예배보다 생동감 있고 즐거운 예배를 원한다. 이제 성도들은 목회자들이 기획한 대로 가만히 앉아서 예배를 드리기보다는 자신들도 직접 순서에 참여하기를 원한다. 이제는 모든 세대의 호응과 공감을 얻는 그런 예배로 변화되어야 한다. 모든 세대, 모든 가족이 함께 예배드리면서 성탄절의 기쁨과 은혜를 찬송하고 축하할 수 있어야 한다.

성탄절 예배는 의미 있고 감동 있는 예배가 되어야 한다. 성탄절 예배에서 중요한 포인트는 아기 예수님에 대한 경배, 주를 맞이한 기쁨, 구원의 복된 소식 전파, 세상을 향한 나눔과 헌신의 결단이다. 성탄절 예배 후에 뜨거운 감동과 기쁨이 흐르는 여운이 있기를 기대한다.

2. 예배의 기획 방침

① 귀로 듣는 예배(설교, 칸타타)에서 눈으로 보는 예배(영상, 찬양, 공연)로 변화를 시도한다.
② 대림절의 '기다리며 준비해요'에서 성탄절의 '기쁨으로 맞이해요'로 연결성을 갖는다.
③ 이 예배는 총 5부의 이야기로 일관성 있게 구성되어 있다.

  (맞이하며 → 생각하며 → 축하하며 → 다짐하며 → 축복하며)
④ 성인 성도의 참여도를 높여서 함께 준비하고, 함께 예배자로 드려짐을 경험하게 한다.
⑤ 교회학교 학생들도 예배에 참여할 수 있는 순서(교독글, 찬송)를 많이 넣는다.

3. 예배의 사전 준비

① 방송 영상팀
- "빛을 찾는 사람들" 편집 영상과 내레이터

- "어둠 속의 소리" 내레이터

- "함께 읽는 고백" 내용 화면

- 축도 후의 후주 음악 다운받기

② 악기들의 즐거운 합창

- 합주단 구성, 연습, 위치(성가대 옆)

③ 성탄 촛불을 밝히며

- 가족 2인 선정(모녀 사이)

- 무선 마이크, 점화봉, 촛대 + 양초(보라색 4개, 흰색 1개)

④ 성탄절 헌금 봉헌

- 헌금 봉헌용 말구유통 만들기,

- 헌금위원 선정(남선교회 회원 중에서)

⑤ 미니 칸타타와 설교

- 성가대의 준비, 내레이션을 목사님의 설교와 접목해서 구성하기

4. 예배 순서

( )년 ○○ 교회 성탄절 예배 "그곳에 우리도 함께 있습니다"

★ 맞이하며

악기들의 즐거운 합창 ·· 합주단

성탄 촛불을 밝히며 ·· 가족 2인

* 예배로의 초대 ·· 목사님 + 다함께
  눅 1:30-33
  "하나님의 약속대로 예수님이 이 세상에 오셨습니다. 성탄절, 이 거룩한 아침에 예수님의 탄생을 축하드리면서 저희 교회의 온 성도들이 한마음으로 예배드립니다. 사랑과 정성과 기쁨이 넘치는 예배를 받아주세요. 예수님의 이름으로 기도합니다. 아멘!"

*찬송 ················(찬122장/참 반가운 성도여) ················ 다함께

기도 ··· 장로님

함께 읽는 교독문 ·· 다함께

인도자 : 사람들을 구원하시기 위해 이 땅에 오신 예수님
다함께 : 호산나! 호산나! 아기 예수 탄생을 축하합니다.
인도자 : 옛날 선지자들의 예언대로 이 땅에 오신 예수님,
다함께 : 구약의 약속을 이루어 주신 예수님을 기다렸습니다.
인도자 : 많은 사람이 예수님의 탄생을 기다렸던 것처럼
다함께 : 우리도 구주 예수님을 기다리고 기다렸습니다.
인도자 : 모든 사람에게 구원의 큰 기쁨이 되신 아기 예수님,
다함께 : 오늘 우리들도 아기 예수님을 만나면서 경배를 드립니다.
인도자 : 할렐루야! 우리 구주 아기 예수 탄생을 축하합니다.
다함께 : 임마누엘! 우리 구주 아기 예수 탄생을 기뻐합니다.

★ 생각하며

빛을 찾는 사람들 ·· 영상팀 + 내레이터

어둠 속의 소리 ··· 내레이터

함께 읽는 고백 ··· 다함께

인도자 : 빈 방 있습니까? 예수님을 맞이할 방이 필요합니다.
다함께 : 우리에겐 빈 방이 없습니다. 이미 방이 다 차버렸습니다.
인도자 : 빈 방 있습니까? 구세주 예수님이 오신답니다.
다함께 : 우린 학교로 직장으로 일터로 너무 바빠요. 방이 없어요.
인도자 : 빈 방 있습니까? 예수님을 맞이할 방이 필요합니다.
다함께 : 우린 재밌는 것도, 즐길 것도 너무 많아요. 방이 없어요.
인도자 : 빈 방 있습니까? 예수님을 모셔드릴 방을 찾고 있습니다.
다함께 : 우리는 다급한 일도 중요한 일도 너무 많아요. 죄송해요.
인도자 : 빈 방 있습니까? 예수님이 우리들에게 물으셨습니다.
다함께 : 예수님을 위한 마음의 빈 방을 미처 준비하지 못했으나
인도자 : 이제는 우리 마음을 비우고 깨끗이 하고 기다리겠습니다.
다함께 : 예수님! 우리의 빈 방에 가장 귀한 주인공으로 와주세요.

빛으로 나아오다 ············ (찬112장/그 밝고 환한 밤중에) ············ 다함께

(1절 : 성가대, 2절 : 교회학교 학생들, 3,4절 : 모두 함께)

★ 축하하며

하모니카(또는 오카리나 등) 악기팀 ·· 악기팀

교회 내 찬양팀(악기와 겸한 찬양) ··· 찬양팀

핸즈마임극(   ) ·· 청년부

워십댄스팀(   ) ··· 여전도회

국악찬송(   ) ·· 노년부

* 찬송 ························ (찬115장/기쁘다 구주 오셨네) ························ 다함께

★ 다짐하며

* 함께 읽는 말씀 ················ (성탄절 교독문 119, 120중에서 택일) ·············· 다함께

성탄절 헌금 봉헌 ··················· (찬111장/귀중한 보배합을) ···················· 다함께

미니 칸타타 ····························· (   ) ······························· 성가대

설교 ····································· (   ) ································· 목사님

함께 읽는 다짐글 ·· 다함께

    인도자 : 우리는 성경에 약속된 예수를 기억합시다.
    다함께 : 우리는 사람으로, 구세주로 오신 예수님을 기억합시다.
    인도자 : 우리는 사람을 끝까지 사랑하신 예수님을 기억합시다.
    다함께 : 우리는 고독하고 배반당하신 예수를 기억합시다.
    인도자 : 우리는 십자가에서 포기하지 않으시고 견디신 예수님을 기억합시다.
    다함께 : 우리는 죄 사함과 구원과 부활을 약속하신 예수님을 기억합시다.
    인도자 : 우리는 예수님의 마음과 성품을 기억합시다.
    다함께 : 우리는 예수님의 생애와 목적을 기억합시다.
    인도자 : 우리는 다시 오신다고 약속하신 예수님을 기억합시다.
    다함께 : 주님만 바라보게 하소서, 주님의 뜻을 따라 살게 하소서. 아멘.

찬송 ························ (찬176장/주 어느 때 다시 오실는지) ···················· 다함께

★ 축복하며

* 함께하는 축복의 인사 ·· 다함께

    인도자 : 여러분의 심령에 축복이 있기를! 가정마다 산업마다 축복이 있기를!

다함께 : 우리나라에 평화가 있기를! 우리 교회에 사랑과 평화가 넘치기를!

인도자 : 마음의 슬픔과 고통과 상처 입은 이들에게 위로가 있기를!

다함께 : 치유를 기다리는 병자들과 힘든 가족들에게 소망이 있기를

인도자 : 가난과 고난과 방황하는 이들에게 믿음의 축복이 있기를!

다함께 : 우리 함께 성탄의 기쁨과 소망을 온 누리에 전합시다! 아멘!

* 성탄의 인사 ·· 다함께

　　"○○님께 성탄의 축복 있기를! ○○님! 메리 크리스마스, 홀리 크리스마스"

* 축도 ·· 목사님

　　(* 표시된 7개 순서는 '일어나서' 하는 순서입니다)

5. 진행 도움 자료

① 악기들의 즐거운 합창

성탄절 예배를 위해 아동부(+중등부와 연합)에서 미니악단이나 합주단을 만들어서 연습하면 된다. 예배가 시작되면 성가대 옆에서 합주단이 캐럴송 메들리를 연주한다.

② 성탄 촛불을 밝히며

본래는 대림절의 4주 기간 동안 4개의 촛불을 밝히면서 성탄절을 준비해야 하지만, 그렇게 하지 못하면 성탄절에 대림절 촛불과 성탄절 촛불을 함께 밝히면 된다. 강단 중앙에 설치된 촛대에서 중앙의 흰색 초는 성탄절, 좌우에 보라색 초 2개는 대림절을 의미한다. 촛불을 켜면서 멘트는 어머니와 딸이 한다. 합주단의 연주가 끝나면 피아노 반주가 잔잔히 흘러나오고 어머니와 딸은 손잡고 강단으로 걸어 나온다. 그리고 강단에 설치된 촛대 앞에 가서 점화봉으로 촛불을 켜면서 차례차례 멘트를 한다.

어머니 : 대림절 첫 번째 주일입니다. 소망의 촛불을 밝힙니다.

아동부 : 구세주로 오실 예수님을 기다립니다. (어머니, 첫 번째 촛불을 켜고)

어머니 : 대림절 두 번째 주일입니다. 평화의 촛불을 밝힙니다.

아동부 : 평화의 왕이 되신 예수님, 어서 오세요. (어머니, 두 번째 촛불을 켜고)

어머니 : 대림절 세 번째 주일입니다. 사랑의 촛불을 밝힙니다.

아동부 : 사랑의 빛으로 오신 예수님, 어서 오세요. (어머니, 세 번째 촛불을 켜고)

어머니 : 대림절 네 번째 주일입니다. 기쁨의 촛불을 밝힙니다.

아동부 : 큰 기쁨의 소식으로 오신 예수님, 어서 오세요. (어머니, 네 번째 촛불을 켜고)

어머니 : 오늘은 성탄절입니다. 생명의 촛불을 밝힙니다.

아동부 : 아기 예수님은 생명의 빛으로 오셨습니다. (어머니, 중앙의 성탄절 촛불을 켜고)

함께 : "나는 세상의 빛이니 나를 따르는 자는 어두움에 다니지 아니하고 생명의 빛을 얻으리라"

③ 예배로의 초대

두 부분으로 나누어 처음에는 목사님이 누가복음 1장 30-33절의 말씀을 읽고, 나중에는 성도들이 주보에 있는 내용을 함께 읽는다.

④ 빛을 찾는 사람들

예배당 조명을 약간 어둡게 한 상태에서 영상팀이 제작한 화면을 바탕으로 내레이터의 질문이 이어진다. 화면을 너무 빠르게 전환하지 말고 내레이터와 호흡을 맞춘다. 내레이터의 목소리는 큰 소리와 작은 소리로 변화를 주어 질문하도록 한다. 같은 질문을 연속으로 할 수 있고, 그 사이에 침묵을 주는 등 변화를 줄 수도 있다.

영상팀 편집 화면	내레이터의 질문
* 발 디딜 틈 없는 백화점, 선물과 사람들 * 자선냄비에 관심 없는 사람들 * 화려한 성탄 트리와 요란한 광고탑 * 술 취한 사람들, 유흥가와 먹자골목 인파 * 외로운 노인들, 쓸쓸한 복지 시설 * 공항의 출국 인파들, 해수욕장의 인파들	* 성탄절의 예수님! 저 사람들은 정말 즐거울까요? * 성탄절의 예수님! 저들이 진정으로 원하는 것은 무엇일까요? * 성탄절의 예수님! 오늘 저들의 깊은 관심은 과연 어디에 있는 걸까요?

⑤ 어둠 속의 소리

영상 화면도 사라지고 조명도 다 꺼진 캄캄한 상태에서 5초간 정적이 흐른다. 그 후에는 나지막한 목소리의 내레이션이 들린다. 첫 번째 질문과 두 번째 질문 사이에 1,2초의 시간차를 두고, 두 번째 질문 후에도 어두운 상태에서 몇 초간 시간을 흘러보낸다. 이때 성도들은 2가지 질문을 조용히 묵상한다. 이것을 2번 반복해도 좋다. 2가지 질문은 "예수님, 왜 이 세상에 오셨나요?"와 "예수님, 우리는 진정으로 예수님을 기다리고 있었나요?"이다.

⑥ 함께 읽는 고백

여전히 예배당의 조명이 꺼진 상태에서 영상 화면으로만 고백문이 떠오르도록 한다. 어두운 상태에서 성도들은 화면에 나온 고백문을 인도자와 교대로 읽는다.

⑦ 빛으로 나아오다

피아노 반주가 시작됨과 동시에 예배당 조명이 천천히 들어온다. 점점 밝아지는 조명과 함께 찬송 112장 1절은 성가대가, 2절은 교회학교 학생들이, 3,4절은 모든 성도가 함께 부른다. 이때 합주단은 악기 연주를 한다.

⑧ 성탄절 헌금 봉헌

성탄절의 헌금 봉헌은 동방박사들을 상징하여 남선교회에서 봉헌을 담당한다. 헌금함은 말구유처럼 만든 통을 강단 앞에 놓고 모든 성도가 직접 앞으로 나가서 말구유에 헌금을 드리게 해도 된다. 성도들이 많아서 시간이 오래 걸리는 경우에는 작은 미니 말구유통을 봉헌위원들이 좌석 라인별로 들고 다니면서 헌금을 걷어도 좋다. 성도들은 찬송 111장을 부르면서 헌금을 한다. 요즘에는 시간 관계상 헌금 봉헌을 생략하고 예배당 입구에 헌금함을 비치해 놓는데 간세대 예배에서는 헌금 봉헌을 새롭게 시도해 보는 것이 좋다.

교회학교 학생들에게는 봉헌의 의미를 알려 준다는 의미에서 직접 강단 앞에 나와서 드리게 하거나 봉헌위원들의 수고를 거쳐 봉헌하게 하는 것도 좋은 교육이 될 수 있다. 커다란 말구유통이든 미니 말구유통이든 스티로폼 박스를 원하는 크기대로 구해서 그 주위를 갈색 한지로 대충 싸고 나뭇잎이나 볏짚, 낙엽으로 장식하면 된다. 이는 유치부나 아동부 교사들이 장식하여 만들 수 있다.

⑨ 미니 칸타타와 설교

대형 교회라면 충분히 가능한 성탄 칸타타지만, 중소형 교회나 작은 교회 같은 경우는 성도들의 사정상 많은 날 동안 연습해서 발표하기가 매우 어렵다. 그래서 간단하게 미니 칸타타를 연습해서 준비하는 경우가 많다. 그래도 역시 여러 곡과 내레이션을 하다 보면 예배에서 차지하는 시간의 비중이 큰 편이다. 성탄절 예배에서는 과감한 변화를 시도하여 목사님의 설교 시간의 비중을 과감히 줄이거나 생략해 보자. 음악으로 듣는 설교라고 생각하여 성가대가 준비한 미니 칸타타를 설교와 연결 지을 수 있다. 연주되는 곡 사이에 있는 내레이션을 목사님의 설교 부분과 접목하면 된다.

이번 성탄절의 메시지에서는 과거의 성탄절(미 5:2, 약속과 예언), 현재의 성탄절(빌 2:5-8, 요 10:10), 미래의 성탄절(마 24:29-39, 벧후 3:12-14)을 간단하게 요약하고 정리해 주어도 좋다. 그러면 초림예수를 믿음으로, 재림예수를 기다리는 소망으로, 성탄절의 신앙을 키워 나가는 메시지가 선포될 것이다.

⑩ 축도 후의 후주

"이제 우리는 내년의 성탄절을 기다리면서 언젠가 다시 오실 주님을 기다립니다"라는 멘트 후에 찬양대와 합주단이 연주한다. 예배 처음에 합주단 연주로 시작한 성탄절 예배를 장엄한 느낌이 드는 합창곡으로 연주하면서 예배를 마무리하는 것이다.

6. 추가 활용 자료

① 대림절 장식

많은 교회가 성탄절을 맞이하면 아무 의미도 없이 그저 세상에서 하는 성탄 트리를 만들고 교회 벽에 꼬마전구를 점등함으로 대림절을 보내고 있다. 이제는 대림절의 깊은 뜻을 살리는 성경적인 장식과 미술 작업이 교회 안에서 일어나야 한다. 그래서 왜 세상 사람들과 다른 성탄절을 교회에서 보내야 하는지 성도들이 알아야 한다. 대림절 기간 동안 교회 로비나 본당 입구에 대강절 화환을 장식하고 보라색 초 4개를 준비하여 매주 1개씩 켜 가면서 대림절의 의미를 되살려 보자. 성탄 트리를 세우되 바로 앞에는 말구유를 만들어 놓고 별 장식과 동방박사 그림 등, 성경적인 대림절의 상징물을 놓아 보자. 주보를 이용하거나 벽의 게시판에 대림절 4주의 의미와 실천사항을 적어 주면 성탄절을 경건하게 지내야 함을 더 잘 알 수 있을 것이다.

② 대림절 가정예배 순서지

대림절 기간 동안 특별새벽기도회를 하는 교회들이 많이 있는데, 이는 신년맞이 특별새벽기도회로 점점 변질되는 것 같다. 대림절 기간을 가정예배를 강조하는 방향으로 보내면 어떨까? 대림절 4주간 동안 일주일에 1-2회 정도 가정예배를 드릴 수 있도록 해 보자. 교회에서는 가정예배 순서지를 제작하여 배부해 주고, 가정에서는 그 순서대로 예배드리면 된다. 특별새벽기도회와 겸해도 좋고, 새벽에 나오지 못한 가정들은 가정예배를 드릴 수 있도록 해 보자.

③ 성탄절 예배에 사용할 수 있는 교독문 2가지

ⓐ

인도자 : 어두움에서 헤매던 사람들이 빛을 보게 되었고,

다함께 : 그늘진 땅에 살던 사람들에게 빛이 비춰졌습니다.

인도자 : 하나님께서 외아들을 우리에게 주셨으니

다함께 : 그 이름은 전능하신 하나님이십니다.

인도자 : 그분은 영원토록 계시는 아버지이시며

다함께 : 평화의 왕, 소망의 빛이 되십니다.

인도자 : 그분은 하나님의 나라를 굳게 세우고,

다함께 : 영원토록 하나님의 나라를 지켜 주실 것입니다.

인도자 : 구세주 우리 주님이 우리 곁으로 오셨습니다.

다함께 : 우리 주님을 찬송으로 기쁨으로 맞이합니다.

ⓑ

인도자 : 오늘은 아기 예수 나신 날, 진심으로 축하합니다.

남　자 : 가슴 가득 기쁨과 소망으로 주님의 오심을 환영합니다.

여　자 : 기쁨에 넘치는 사랑으로 주님의 오심을 환영합니다.

인도자 : 인류의 구원을 위해 세상에 오신 예수님을 뜨겁게 환영합니다.

남　자 : 주여. 우리의 환영과 영접을 받으시고 우리와 함께하소서.

여　자 : 하늘보좌를 떠나 이곳에 오신 예수님, 감사하며 환영합니다.

다같이 : 주의 권능과 영광을, 주의 사랑과 은혜를 온 세상에 보여 주소서.

④ 예배와 연극

성탄절 공연을 위해 준비한 연극이 있다면 24일 전야제(캐럴잔치)에서 해도 좋고, 25일 성탄절 예배

에서 해도 좋다. 연극과 설교가 연결되는 형식이면 더욱 효과가 클 것이다. 이러한 설교를 연극식 설교라고 하는데, 새로운 패턴의 설교를 도입하는 것도 간세대 예배에서는 아주 좋은 시도이다. 연극을 꼭 아동부나 유치부에서 해야 한다는 고정관념을 버리고 다른 성인부서에서도 준비할 수 있다.

⑤ 성탄절 헌금(목적헌금)

성탄절 이전에 미리 성탄절 헌금을 사용처가 뚜렷한 목적헌금으로 봉헌하자고 사전에 광고한다(복지시설, 구호단체, 선교회, 선교사, 농어촌 미자립교회 등). 봉헌기도 시간에 목적헌금이 사용되는 곳을 위해 함께 통성으로 합심기도하고 봉헌하는 것도 좋다.

⑥ 찾아가는 성탄절 예배

성탄절 예배를 마친 후에 교인들은 교회를 떠나 가족, 지인들과 오후 시간을 함께 보낸다. 교인들 중에 원하는 분들은 예배팀을 만들어 지역의 노인정, 요양병원, 복지시설, 장애인 수용시설, 군부대, 교도소 등에 찾아가서 예배를 드릴 수 있다. 예수님이 이 땅에 찾아오셨던 것처럼 우리도 외롭고 힘든 이들을 찾아가는 것이다. 물론 사전에 방문에 대한 허락을 먼저 받아야 할 것이고, 예배 순서 외에 간식이나 필요한 물품, 레크리에이션과 찬양 등을 준비할 수도 있다. 예배를 드린 후에 봉사(세탁, 청소, 설거지, 미용, 보수 등)를 하는 것도 좋다.

엔드 라인에서

요즘 교회들이 내세우는 캐치프레이즈 문구를 보면 정말 멋지다. 광고계의 카피를 모방하여 교회를 마케팅한다는 느낌도 살짝 든다. "사도행전적 교회를 추구하는 교회", "오고 싶고, 머물고 싶은 교회", "기쁨과 사랑이 충만, 저절로 행복해지는 교회" 등, 어느 교회 문구가 좋다 싶으면 너도나도 모방하는 것 같다. 교회 홈피나 교회 차량에 쓰인 걸 보면 같은 문구도 많다. 그런 정감 있는 문구로 '아~ 저 교회 가고 싶다, 다니고 싶다'는 마음이 들도록 유도하는 것이다.

교회 표어가 그저 말장난에 불과한 것이 아니라 진정성이 있는지, 성도들이나 목회자들이 자부심을 갖고 자랑할 수 있는지, 오늘도 그런 교회를 만들기 위해 모든 열정을 다 쏟아 부으며 노력하고 있을 목회자들을 생각해 본다. 하지만 밤낮으로 노력하고 애쓰고 있지만 의도대로 기도대로 되지 않아서 절망하는 많은 목회자들도 있을 것이다. 이 책은 이런 분들이 목회하는 데 작은 도움이 되었으면 하는 마음을 담아 전교인(간세대적) 목회를 안내한 것이다.

목회의 새로운 접근을 찾으며 변화를 갈망하는 교회가 있다면 이 책을 통해서 의욕과 열정을 회복하는 기회가 되길 바란다. 전교인(간세대적) 목회를 통해서 교인들도, 목회자들도 주님 안에서 행복해지기를 진심으로 바란다. 교인들은 누구나 신앙 안에서 행복해지기를 소원한다. 교인들이 교회 생활을 행복해하고 즐거워할 때, 목회자도 그것을 보면서 행복해질 수 있다. 또한 목회자가 자신의 목회를 즐겁고 행복하게 할 때, 교인들도 그런 목회자를 바라보며 함께 행복해할 수 있다. 예수 안에서 교회 안에서의 행복한 삶과 예배는 교인과 목회자 모두에게 활력과 은혜를 줄 것이다. 교회 안에 은혜가 있고, 신앙생활에 재미가 있고, 감동이 있을 때 서로가 행복하다. 전교인(간세대) 목회는 목회자와 교인들에게 이런 행복을 안겨 줄 수 있다.

전교인 예배와 목회를 시도하려면 먼저 창의적 접근을 할 수 있어야 한다. 옛날이나 지금이나 변화를 두려워하고 타성에 안주하려고 한다면 신앙생활이나 목회는 지지부진해질 뿐더러 권태기를 맞게 된다. 변함없이 꼭 지켜야 할 신앙의 전통과 교리는 분명히 존재한다. 그러나 그것에 접근하고 그것을 펼치는 방식은 창의적이어야 한다. 더 은혜롭고 감동적이고 행복한 목회를 위해서 하나님의 지혜를 구해야 한다(약 1:5). 그리하여 창조적이고 신선한 접근과 방법으로 실천해야 한다.

현실적으로 전교인(간세대적) 목회로 펼치기에는 한국적 상황에서 여러 가지로 고려해야 할 사항이 있다. 기존의 고정관념 때문에 설득해야 할 것도 많다. 교회의 상황에 따라 적용할 수 있는 범위도 다를 수 있다. 우선 절기 예배부터 전교인 프로그램으로 시도하는 것이 좋다고 생각한다. 절기 예배에서부터 호응도와 만족도를 높여 간다면 다른 행사도 차차 전교인 목회로 연결할 수 있을 것이다.

전교인 목회는 정성이 있어야만 모든 세대가 공감하고 감동과 은혜를 누릴 수 있다. 창의적 접근이 시작이라면 정성 어린 진행은 과정이다. 이 세상에 정성만큼 오랫동안 감동을 불러일으키는 것이 있을까? 정성을 들이는 것은 힘들고 어렵지만 그 이상의 은혜로 다가올 것이다. 교회 안의 모든 세대의 교인들이 예배자가 되어 함께 참여하고 함께 은혜받는 한 몸으로서의 신앙공동체가 회복되는 행복한 교회들이 늘어나기를 진심으로 소망한다.

MEMO

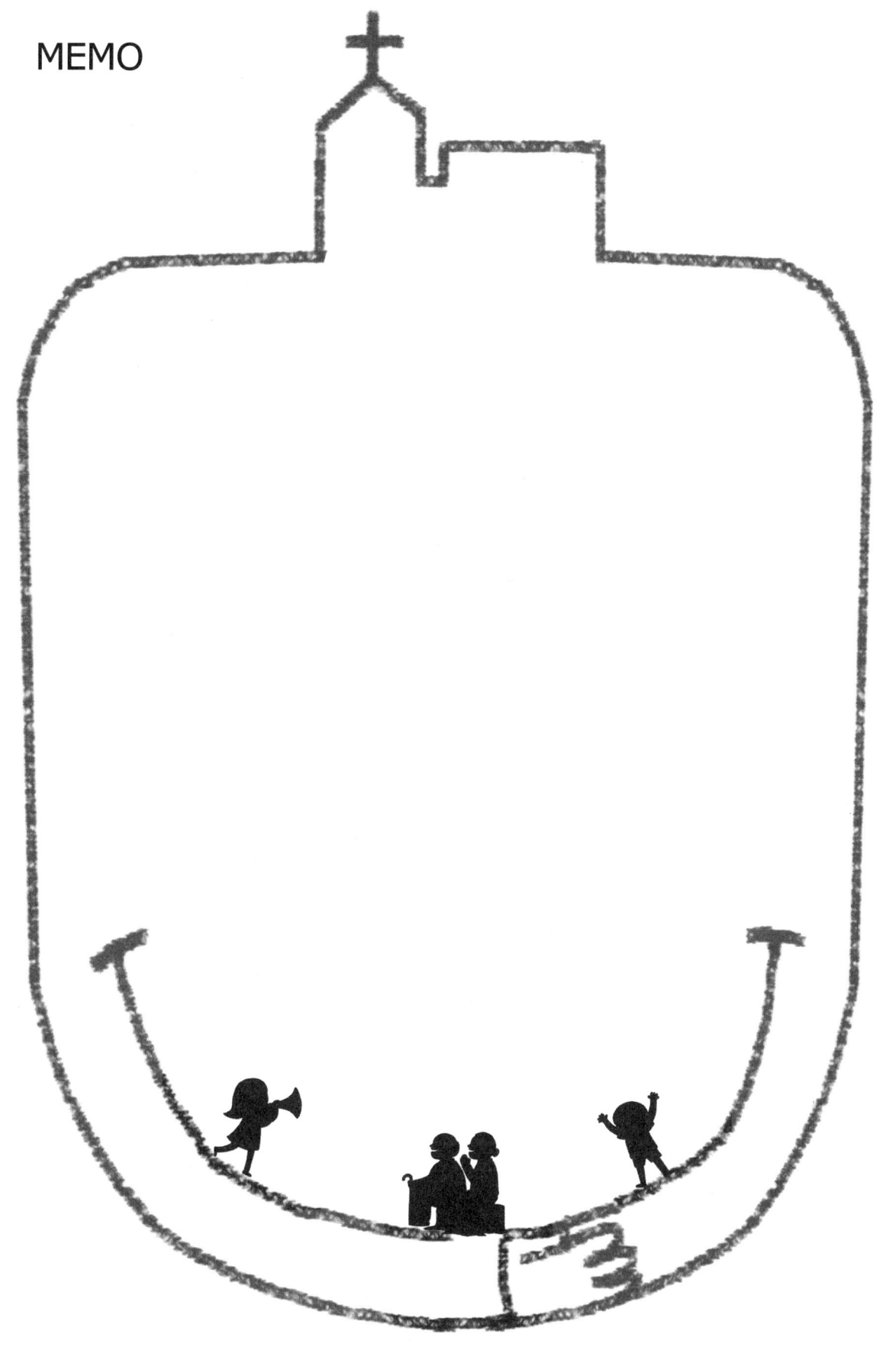

MEMO

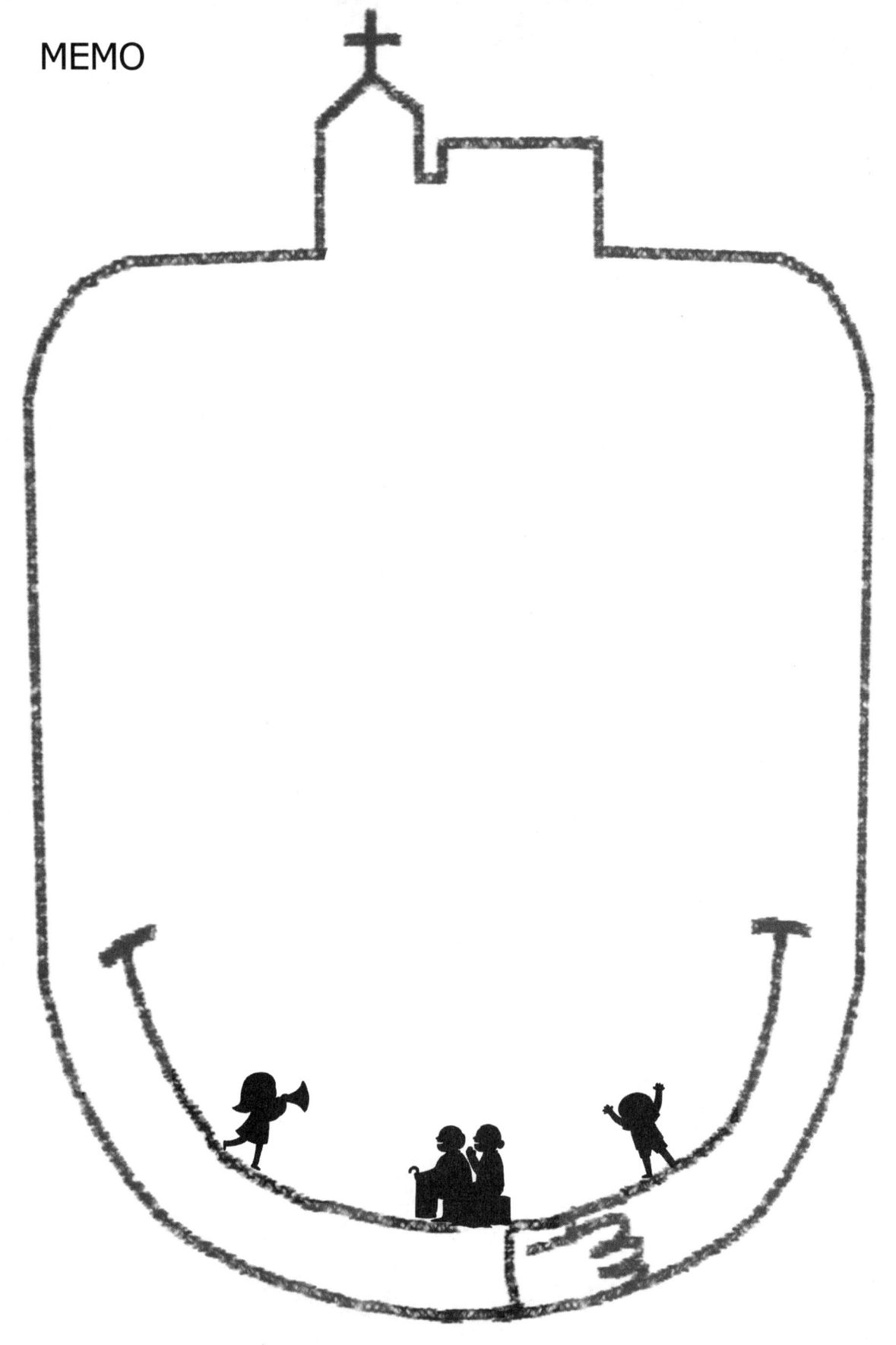

MEMO

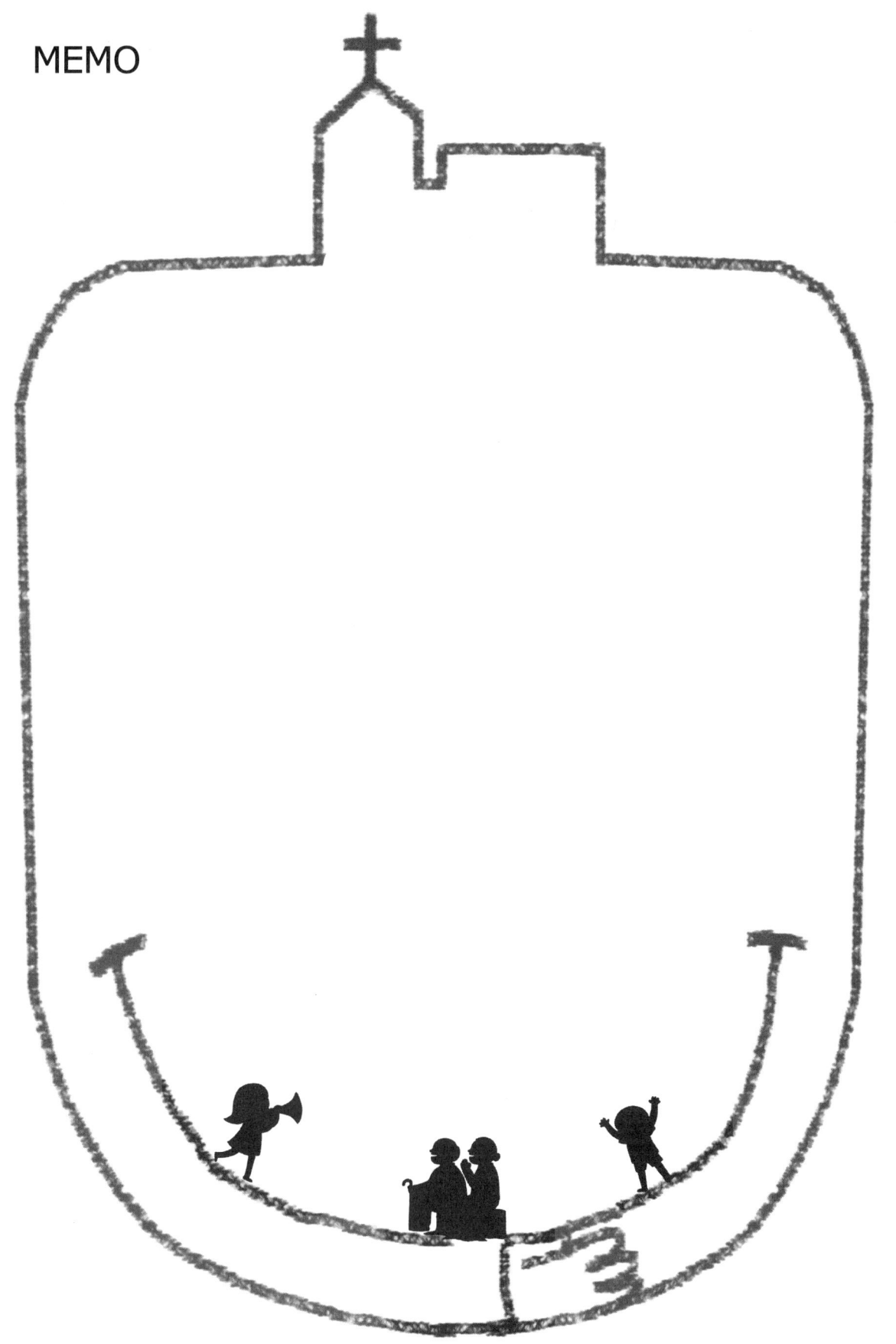

MEMO

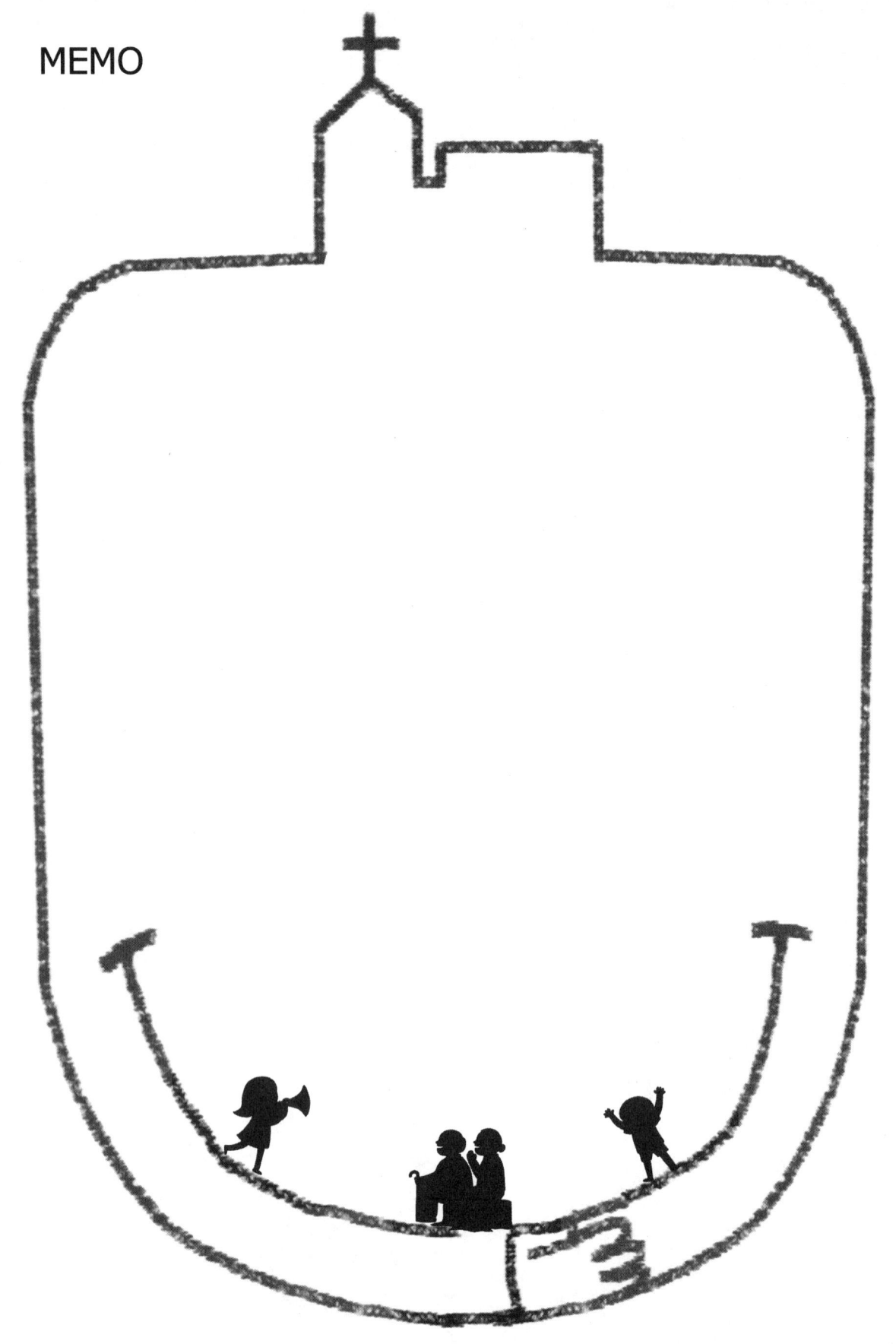

MEMO

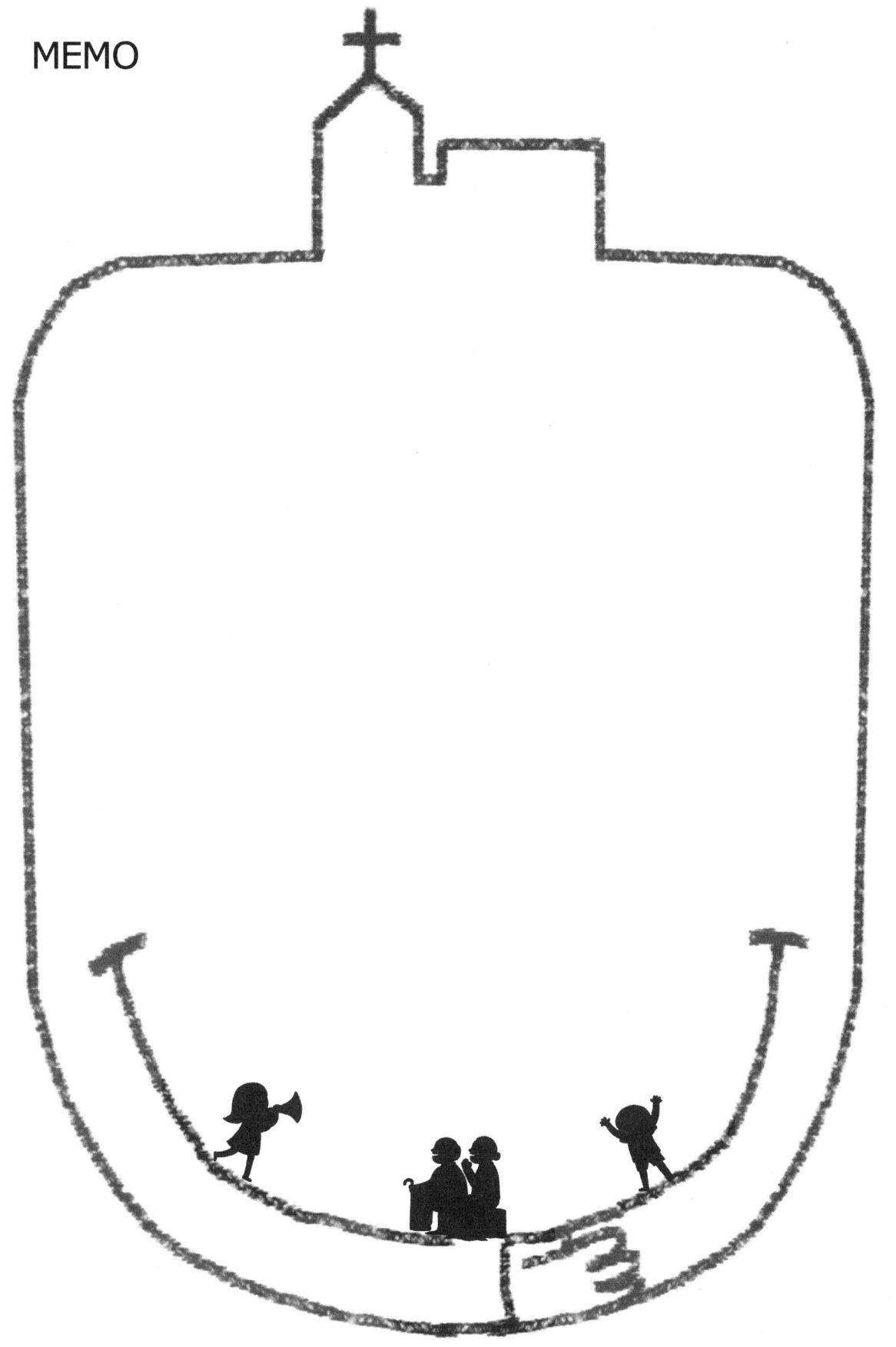

MEMO

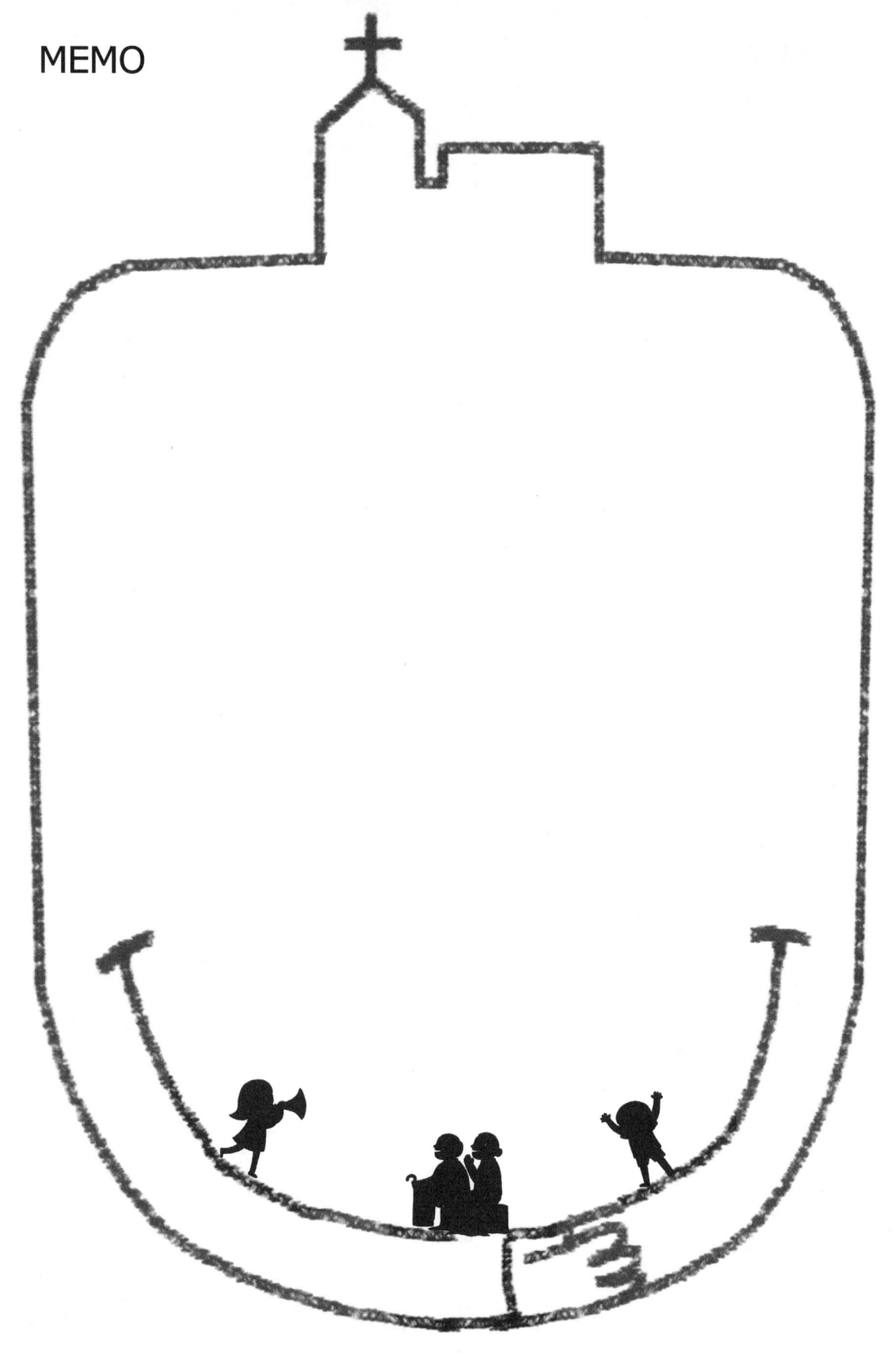